Origens culturais da Revolução Francesa

Roger Chartier

Origens culturais da Revolução Francesa

Tradução
George Schlesinger

Título original em inglês: The Cultural Origins of French Revolution

Fundação Editora da UNESP (FEU)
Praça da Sé, 108
01001-900 – São Paulo – SP
Tel.: (0xx11) 3242-7171
Fax: (0xx11) 3242-7172
www.editoraunesp.com.br
www.livrariaunesp.com.br
feu@editora.unesp.br

CIP – Brasil. Catalogação na fonte
Sindicato Nacional dos Editores de Livros, R.J.

C435o

Chartier, Roger, 1945-
Origens culturais da Revolução Francesa / Roger Chartier; tradução George Schlesinger. – São Paulo: Editora UNESP, 2009.
320p.
Tradução de: The cultural origins of the French Revolution
Inclui bibliografia
ISBN 978-85-7139-931-0

1. Política e cultura - França - História - Século XVIII. 2. Iluminismo - França. 3. Violência - França - História - Século XVIII. 4. França - História - Revolução, 1789-1799 - Causas. I. Título.

09-2727. CDU: 944.04
CDU: 94(44)"1789/1799"

Editora afiliada:

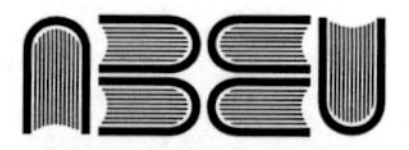

Para
Isabelle

Sumário

Introdução:
As origens culturais da revolução francesa
ou
Por que escrever um livro que já existe?

Quando publicou *Les origines intellectuelles de la Révolution Française*, em 1933, mais de cinquenta anos atrás, teria Daniel Mornet formulado a pergunta e mostrado todas as respostas possíveis, de uma vez por todas? Assim como o Pierre Menard, de Borges, que reescreveu *Don Quixote* palavra por palavra, linha por linha, estarão os historiadores inexoravelmente condenados a reafirmar as observações de Mornet e recapitular suas conclusões?

Existem duas maneiras possíveis de apresentar essa objeção. Em primeiro lugar, nosso conhecimento não é mais (ou não é mais exclusivamente) o que foi há cinquenta anos, e há um grande número de monografias sólidas capazes de dar sustentação a uma análise do tema como um todo. Em segundo, mesmo que suponhamos que nem a pergunta nem as respostas tenham mudado, nossa relação com o problema das origens da Revolução teria de ser apresentada em termos diferentes daqueles familiares a Mornet e seus contemporâneos, da mesma forma que o *Quixote* de Menard não era mais a obra de Cervantes porque quatro séculos separavam seus textos idênticos. A história se tornou mais circunspecta na designação da causalidade, e os historiadores aprenderam prudência e ceticismo a partir da difícil tarefa de sujeitar a emergência brutal do evento revolucionário a categorias racionais, bem como de sua inabilidade de conceber o desenvolvimento histórico como exigido e comandado por um fio discernível.

Será que acreditamos que ao substituir o termo *intelectual* pela palavra *cultural* poderemos escapar dos perigos de um tipo de predição retrospectiva que fornece previsão após o fato? Tal mudança nos permitiria, é claro, fazer eco ao curso da historiografia nos últimos vinte ou trinta anos, que tem ressaltado a pesquisa em sociologia cultural em lugar da tradicional história de ideias. É também uma forma de afirmar que mesmo as inovações conceituais mais originais e poderosas estão inscritas nas decisões coletivas que regulam e comandam as construções intelectuais antes que elas adquiram expressão em pensamentos claros. Acima de tudo, no entanto, indicaria uma mudança na própria investigação. Agora é menos importante saber se o fato já estava presente nas ideias que o anunciavam, prefiguravam ou exigiam, do que reconhecer decifráveis e aceitáveis as mudanças na crença e na sensibilidade capazes de gerar uma destruição tão rápida e profunda da velha ordem política e social. Nesse sentido, atribuir "origens culturais" à Revolução Francesa não estabelece, de forma alguma, as causas da Revolução; em vez disso, destaca determinadas condições que a tornaram possível por ser concebível.

Uma última palavra. Este fino volume não é uma sinopse nem tampouco uma síntese. Foi concebido e escrito como um ensaio. Sua intenção não é resumir o que sabemos sobre o assunto, mas, ao contrário, sugerir dúvidas e interrogações referentes a algumas das hipóteses de trabalho e princípios de inteligibilidade mais amplamente aceitos. Meu método privilegia comentários sobre textos individuais, velhos e novos, e deve muito ao trabalho dos historiadores que, em anos recentes, viraram de cabeça para baixo nossa compreensão das práticas e pensamentos dos franceses durante o século XVIII. Espero apenas clarear algumas novas perspectivas sobre um problema já desgastado.

Assim, minha intenção não é reescrever Mornet, mas somente – de forma mais modesta ou temerária, como o leitor preferir – levantar algumas questões que não lhe teriam ocorrido.

Introdução dos editores ingleses

> Em Paris, nesta simbólica noite de 14 de julho, noite de fervor e de júbilo, aos pés do obelisco alheio ao tempo, nesta Place de la Concorde que jamais foi tão digna de seu nome, [uma] grande e imensa voz... espalhará aos quatro ventos da história a canção que expressa o ideal dos quinhentos marselheses de 1792.

As palavras, de linguagem tão rebuscada, com o tom das instruções para os grandes festivais públicos da Revolução Francesa, são de Jack Lang, ministro francês da Cultura, Comunicações, Grandes Obras Públicas e do Bicentenário. O texto é do programa para a grandiosa ópera-parada apresentando "a Marselhesa para o Mundo", o espetáculo televisionado internacionalmente de Paris, coroando as comemorações oficiais do bicentenário da Revolução Francesa.

A linguagem do ministro foi adequadamente moldada para a ocasião. Foi bem escolhida para celebrar Paris como cidade histórica mundial – berço jubiloso dos princípios modernos de democracia e direitos humanos – e a Revolução de 1789 como a momentosa afirmação das aspirações humanas universais de liberdade e dignidade, que transformaram, e ainda estão transformando, o mundo inteiro. E não foi menos bem escolhida a opção de passar sobre os eventos da Revolução desde o início até o fim, afirmando que as paixões políticas produzidas por suas graves lutas finalmente cessaram de dividir os franceses entre si.

O espetáculo na Place de la Concorde exemplificou o lema inconfesso da comemoração oficial do bicentenário: "A Revolução acabou". Optando por uma celebração condizente com a predominância centrista, estado de espírito consensual da França do final da década de 1980, a missão presidencial encarregada das comemorações concentrou-se nos valores subscritos pela vasta maioria dos cidadãos franceses de todas as convicções políticas – os ideais exaltados na Declaração dos Direitos do Homem. Isso ofereceu à nação – e ao mundo – a imagem de uma França finalmente em paz consigo mesma: um povo a salvo de disputas, desfrutando tranquilamente dos direitos humanos, que constituem o verdadeiro patrimônio revolucionário da França, confiante na maturidade das instituições francesas e em sua aptidão para encarar os desafios e as oportunidades de uma nova ordem europeia, firme no empenho do país em assegurar respeito universal pelo credo democrático – a contribuição mais fundamental ao mundo das nações. Nenhum indício de subsequente radicalização, nenhum eco de conflito social, nenhuma sombra do Terror poderia macular esta temporada de celebrações. Segue-se que os tradicionais protagonistas e representantes no grande debate sobre o caráter e os propósitos da Revolução, Danton e Robespierre, teriam de ser deixados de lado. O herói de 1989 foi Condorcet: sábio, filósofo, reformista, revolucionário "moderado", vítima da Revolução, não conseguiu se sobrepor nem se fazer vigorar.

Mas a Revolução – ambígua, complexa, subversiva como continua sendo, mesmo duzentos anos depois – ainda se provou refratária à domesticação. Nem mesmo o solene espetáculo do bicentenário na noite de 14 de julho pôde escapar de certos contrapontos traiçoeiros. Espectadores que assistiram à emocionante parada que se estendeu dos Champs-Elysées até a Place de la Concorde já sabiam que esse mesmo trajeto seria em breve percorrido por participantes de uma comemoração contrarrevolucionária devolvendo um simulacro da guilhotina ao seu mais notório sítio revolucionário. Esses espectadores ficaram comovidos pela pungente marcha de jovens chineses empurrando suas bicicletas em evocação ao recente massacre na Praça Tienanmen, mesmo que esse brutal silenciamento das exigências por direitos humanos estivesse sendo justificado por Beijing como uma defesa relutante da Revolução contra perigosos elementos contrarrevolucionários. Os espectadores ficaram emocionados com a heroica interpretação de Jessye Norman da *Marselhesa,* ainda que o hino lembre a todos que tenham o cuidado de prestar atenção à letra que esse canto de libertação, agora universal, foi também uma feroz canção de guerra clamando pelo derramamento do "sangue impuro" do inimigo. No exato dia da parada, uma polidamente exasperada Margaret Thatcher, contestando publicamente a reivindicação francesa da paternidade dos Direitos do Homem e insistindo na identificação da Revolução com o Terror, lembrava ao mundo a assustadora equação 1789 = 1793. De sua parte, os participantes enviados pela URSS para marchar na parada, vestindo trajes mais russos do que soviéticos, levantaram questões acerca do axioma socialista de que a Revolução Russa foi a conclusão necessária da Francesa. Na medida em que homens e mulheres por todo o mundo comunista se levantavam por direitos humanos, seria ainda possível enxergar 1917 como o autêntico futuro de 1789?

As tensões e contradições da comemoração possuem dinâmica política e cultural própria, mas se nutrem das tensões e contradições da interpretação histórica. Se na França a Revolução foi declarada finda, sua história está longe de terminar – seja ali ou em qualquer outro lugar. De fato, o bicentenário da Revolução Francesa reabriu apaixonados debates historiográficos a respeito de seu significado, debates que começaram com a própria Revolução. Já em setembro de 1789, leitores do *Révolutions de Paris* – um dos primeiros e mais lidos jornais que viriam a desempenhar um poderoso papel em moldar a consciência revolucionária – exigiam "um quadro histórico e político de tudo o que aconteceu na França desde a primeira Assembleia de Notáveis", que deveria ser oferecido como meio de explicar a natureza da "estarrecedora revolução que acaba de acontecer". Desde o início, tanto observadores como participantes buscaram captar as causas, a natureza e os efeitos daqueles impressionantes eventos. E se concorreram todos para o momentoso caráter da Revolução, diferiam veementemente quanto à sua necessidade, meios e missão fundamental. Burke e Paine, Barnave e de Maistre, Condorcet e Hegel foram apenas os primeiros de uma estonteante lista de pensadores que responderam à necessidade de investigar a identidade e a significância históricas de um fenômeno que, desde seus primórdios, pareceu exigir – mais que isso, desafiar – a compreensão histórica.

Essa rica tradição de história político-filosófica da Revolução, que ressoou ao longo de todo o século XIX, foi emudecida e profundamente modificada na esteira das comemorações do centenário. Na França, o ano de 1889 inaugurou uma nova era na historiografia revolucionária, dedicada ao matrimônio entre republicanismo e positivismo subjacente à própria criação da Terceira República. Esse matrimônio deu luz, dentro da universidade, à cátedra de História da Revolução Francesa na Sorbonne, para a qual Alphonse Aulard foi eleito em 1891. Dessa posição, ocupada por mais de trinta anos, Aulard dirigiu a primeira revista acadêmica dedicada ao estudo da Revolução, presidiu a preparação e a publicação das grandes coleções oficiais de documentos revolucionários, e formou estudantes para difundir o evangelho republicano-positivista. Estabeleceu e institucionalizou dentro do sistema universitário uma história oficial, aparentemente científica: uma história dedicada a descobrir e justificar, dentro da história da Revolução, a criação daquelas instituições republicanas, parlamentares, cuja promessa está agora finalmente assegurada nas mais ditosas circunstâncias. Danton, o patriota que estava determinado, em 1793, a instituir em caráter de emergência o regime do Terror para salvar a República em perigo, mas que em 1794 se opôs a sua continuidade uma vez aliviado o perigo, tornou-se o herói da Revolução Francesa de Aulard.

Dada sua autoridade institucional, seu posicionamento como historiador científico e seu republicanismo militante, Aulard foi capaz de marginalizar interpretações conservadoras da Revolução, ridicularizando o amadorismo da medrosa narrativa de Hippolyte Taine acerca de suas origens no espírito filosófico e culminando no horror da violência em massa; e também descartando, como pouco mais do que ideologia reacionária, a análise de Augustin Cochin sobre a gênese e as implicações da sociabilidade jacobina. Dentro da universidade a herança revolucionária tornou-se um patrimônio a ser administrado, em vez de meramente um credo a ser inculcado. O mais talentoso discípulo de Aulard, Albert Mathiez, transformou-se no seu crítico mais virulento. A ruptura foi mais que um conflito edipiano em relação à mãe republicana, Marianne. Mathiez questionou os métodos científicos de Aulard; mas, acima de tudo, detestava a moderação dantonista de seu mentor. Como alternativa a um Danton oportunista, demagógico e traiçoeiro, ele oferecia um Robespierre incorruptível, em torno de quem elaborou uma leitura popular, socialista e leninista da Revolução. A experiência bolchevique reforçava seu robespierrismo, investindo-o de um matiz milenar, e estimulando-o a empreender o seu trabalho mais original sobre o "movimento social" do Terror. Daí por diante a relação entre a Revolução Russa e a Revolução Francesa, entre 1917 e 1793, assombrou a interpretação republicana marxianizada, à qual Mathiez dedicou sua carreira.

Embora a cobiçada cátedra de Aulard tenha sido negada a Mathiez, este lecionou na mesma universidade até sua morte prematura. Seu contemporâneo exato, Georges Lefebvre, partilhava muito de sua sensibilidade política e de seu interesse pela história oriunda de baixo, e o sucedeu como presidente da Sociedade para Estudos Robespierristas. A eleição de Lefebvre para a cadeira da Sorbonne em 1937 provou ser decisiva para a consolidação, na realidade para o triunfo, da interpretação social da Revolução Francesa baseada nos princípios do materialismo histórico. Mais sociológico do que Mathiez em sua abordagem, e mais sutil em seus julgamentos, lançou novas raízes com sua monumental obra sobre os camponeses (cuja autonomia e individualidade ele restituiu) e com seus subsequentes estudos sobre a estrutura social; ele recuperou questões importantes em meio à polêmica vã. Seu rigor, seu talento pedagógico e a discreta qualidade de seu marxismo – corporificada efetivamente ao máximo no celebrado estudo sobre 1789 que publicou para o sesquicentenário da Revolução Francesa em 1939 – valeram a ele, à sua cátedra e à interpretação que promovia um prestígio mundial. Após 1945, e até sua morte em 1959, ele presidiu toda a pesquisa internacional na área como diretor de seu Instituto para História da Revolução Francesa na Sorbonne. Sob a égide de Lefebvre, a interpretação republicana marxianizada da Revolução Francesa tornou-se o paradigma dominante da historiografia revolucionária na França após a Segunda Guerra Mundial; e foi largamente adotada, seguindo os líderes franceses nessa área, por um número crescente de historiadores especializados no tema que se tornaram surpreendentemente característicos da expansão acadêmica pós-guerra, em particular nos países de fala inglesa.

Lefebvre passou seu manto de liderança a Albert Soboul, seu aluno, que o sucedeu na cátedra da Sorbonne em 1967. Soboul devia sua fama acadêmica em especial à sua tese pioneira sobre os *sans-culottes* parisienses, um trabalho recentemente sujeito a severas críticas sobre suas análises sociológica e ideológica, sobre sua compreensão do mundo do trabalho e sobre seus métodos com frequência teleológicos e tautológicos. Mas sua influência transcendeu de longe sua aclamada monografia. Alto membro do Partido Comunista Francês, bem como diretor do Instituto para a História da Revolução Francesa, Soboul via a si mesmo como historiador tanto "científico" como "comunista-revolucionário". Incansável, ubíquo e prolífico, recitou tenazmente a narrativa marxista da Revolução Francesa como uma revolução burguesa inscrita na lógica da necessária transição do feudalismo para o capitalismo. Mas seu apetite por confrontação e sua assertiva defesa de uma ortodoxia cada vez mais rígida acabaram convidando – fazendo dele o alvo principal – o assalto revisionista que veio a considerar a interpretação dominante mecanicista, redutiva e errônea.

Desafios à hegemonia da versão da Sorbonne para a história da Revolução Francesa foram fornecidos no final da década de 1950 e começo dos anos 60 pela tentativa de Robert Palmer de redirecionar a atenção para a política democrática de uma Revolução Atlântica e, mais fundamentalmente, pelo ataque frontal de Alfred Cobban às premissas metodológicas e políticas da interpretação marxista. Mas tal era o poder do consenso acadêmico que, condenadas com certo prazer em Paris, essas obras obtiveram apoio imediato relativamente pequeno. Foi só no final da década de 1960 e início da de 1970 que a corrente revisionista adquiriu uma base nativa francesa, tanto intelectual como institucional. A carga foi liderada por François Furet, que deixou o Partido Comunista em 1956 para em seguida gravitar rumo a uma política liberal de centro. Um dos primeiros historiadores franceses a ter íntima familiaridade com os estudos anglo-americanos (e com a vida norte-americana de forma geral), Furet serviu como terceiro presidente da École de Hautes Études en Sciences Sociales, acelerando seu desenvolvimento para torná-la um dos principais centros da Europa para pesquisa em ciências sociais e humanidades – e formidável rival institucional da Sorbonne. Desencantado com o marxismo, também se afastou da tradição dos *Annales* de história social e cultural quantitativa, vigorosamente abraçada nos estágios iniciais de seu trabalho. Durante os últimos quinze anos, tem sustentado uma crítica devastadora ao "catecismo" jacobino-leninista, redirecionando a atenção acadêmica para a dinâmica da Revolução como fenômeno essencialmente político e cultural; para a lógica, contradições e *pathos* de sua invenção da sociabilidade democrática; para sua fecundidade como problema para as indagações políticas e filosóficas do século XIX, sobre cuja inspiração ele insiste que os historiadores devem se pautar.

É uma das grandes ironias da historiografia revolucionária, portanto, que o centenário da Revolução tivesse inaugurado a consolidação da exegese republicana oficial, enquanto o bicentenário tenha marcado a desintegração de sua descendência marxista. O campo de busca está agora mais aberto, mais fluido, mais excitante do que foi por muitas décadas. Da mesma maneira, é agora moldado por preocupações e sensibilidades derivadas de mudanças e experiências recentes. Estas últimas são numerosas e variadas. Qualquer lista abrangente teria de incluir o eclipse do marxismo como força política e intelectual; o declínio dramático do comunismo, em especial na França; o ressurgimento do liberalismo no Ocidente, com sua reabilitação do mercado como modelo e moralidade, afirmando a conexão intrínseca entre liberdade política e *laissez-faire*; a dramática mudança no Leste, do *gulag* para a *glasnost* e a *perestroika*, do maoísmo para a ocidentalização, com seu reconhecimento oblíquo e aberto do fracasso comunista, e a ignomínia estendendo-se de Varsóvia a Moscou e Pequim. Mas tal lista não poderia omitir a memória do Holocausto e os traumas da descolonização, tanto entre colonizados como colonizadores, desde a Guerra da Argélia até os horrores sanguinários do polpotismo. Teria de incluir o impressionante triunfo e a subsequente exaustão dos *Annales* como paradigma, com sua metáfora de níveis de determinação privilegiando a perspectiva de longo prazo e as técnicas quantitativas; a emergência de uma nova história cultural, pluralista e agressiva, alimentada por diversas energias disciplinares e contradisciplinares; o surpreendente desenvolvimento da École de Hautes Études en Sciences Sociales como contrapeso à universidade francesa tradicional e o florescimento de uma tradição de estudos históricos franceses fora da França, cujo desafio à hegemonia parisiense nesse campo não pode mais ser ignorado. Nem se poderia negligenciar a dramática erupção da imaginação revolucionária nos eventos de 1968, e as novas políticas radicais de raça, sexo e gênero, que se tornaram uma preocupação tão profunda nas décadas subsequentes.

As implicações desta nova situação para o estudo da Revolução Francesa são profundas. Muitas premissas fundamentais, não só acerca da Revolução em si, mas também sobre como estudá-la, têm sido questionadas. Embora atualmente a Revolução seja mais bem-entendida como nunca foi anteriormente, o colapso da estrutura hegemônica de aprendizagem e interpretação tem revelado pontos cegos flagrantes naquilo que até agora contribuía para a compreensão e o conhecimento. Ao mesmo tempo em que a visão republicano-marxista inovou em certas áreas, esterilizou a pesquisa em muitas outras. Hoje já não é mais possível evocar complacentemente o caráter burguês da Revolução, seja em termos de causas ou de efeitos; os papéis, na verdade a própria definição, de outros atores sociais precisam ser reexaminados. Uma abordagem política reabilitada está avidamente reocupando o lugar de uma interpretação social com séria necessidade de ser reformulada. Questões de ideologia, discurso, gênero e práticas culturais vieram para o primeiro plano de maneiras renovadas. Cada vez menos historiadores estão dispostos a aceitar ou rejeitar a Revolução "em bloco", enquanto um número cada vez maior se preocupa com a necessidade de sondar e relacionar seus múltiplos e contraditórios componentes. O Terror perdeu o benefício de sua relativa imunidade e isolamento. E apesar de hipérboles extravagantes, e com frequência patéticas, a Direita conseguiu fazer valer seu ponto de que a Vendée em particular – e a experiência contrarrevolucionária em geral – exige um tratamento mais aprofundado e equilibrado, da mesma forma que os terrores pós-termidorianos. Finalmente, há uma sensação generalizada de que a estreita periodização dos estudos revolucionários precisa ser substancialmente ampliada.

Quando a poeira do bicentenário assentar, os historiadores da Revolução Francesa terão muito que fazer. Muitas questões irão requerer pesquisa e discussão genuinamente críticas, buscando reavaliação, bem como uma síntese vigorosa e original. Nossa ambição em editar estas Reflexões do Bicentenário da Revolução Francesa é contribuir para esse empreendimento. Ao organizar a série, que abrange doze volumes, procuramos identificar tópicos e problemas fundamentais – problemas que até agora têm sido tratados de forma fragmentária; tópicos em torno dos quais a sabedoria convencional tem-se desintegrado ao longo dos correntes debates – que serão cruciais para qualquer nova narrativa da Revolução Francesa. E nos voltamos para alguns dos mais aguçados historiadores neste campo, que se tem tornado um campo de estudo cada vez mais internacional, pedindo-lhes que reexaminassem sua própria compreensão desses assuntos à luz de reflexões pessoais, suas próprias e de outros, e apresentassem os resultados dessas reflexões para um público mais amplo em trabalhos relativamente breves, sintéticos, que oferecerão também um ponto de partida crítico para posterior trabalho no campo. Os autores compartilham conosco da crença de que está madura a ocasião para um repensar fundamental. Eles, obviamente, o farão, cada um à sua própria maneira.

Os eventos que tiveram início na França em 1789 têm ocupado, por duzentos anos, uma posição histórica privilegiada. O bicentenário serviu como um dramático lembrete de que não só as nossas noções modernas de revolução e direitos humanos, mas toda a gama do nosso discurso político derivam daqueles eventos. A Revolução Francesa tem sido para o mundo moderno o que Grécia e Roma foram para a Renascença e sua herança: um mundo condensado de atos e fatos, lutas e paixões, significados e símbolos, constantemente reconsiderado e reimaginado na tentativa de abarcar – e implementar – uma compreensão da natureza, condições e possibilidades da ação humana em sua relação com a política, com a cultura e com o processo social. Para aqueles que gostariam de mudar o mundo, a Revolução ainda oferece um roteiro, que é continuamente elaborado e estendido – em parlamentos e prisões; em jornais e manifestos; em revoluções e repressões; em famílias, Exércitos e grupos de debate... Para aqueles que gostariam de interpretar o mundo, ainda apresenta o incansável desafio de compreender a natureza da extraordinária mutação que deu à luz o mundo moderno.

"Grande ano! Você será o *ano regenerador*, e será conhecido por esse nome. A História louvará seus grandes feitos", escreveu Louis-Sébastien Mercier, anatomista literário do século XVIII em Paris, num poético *Adeus ao ano 1789*.

> Você mudou *a minha Paris*, é verdade. Ela está completamente diferente hoje... Durante trinta anos tive um pressentimento secreto de que não morreria sem testemunhar um grande fato político. Alimentei meu espírito com isso: há *algo novo* para a minha pena. Se meu *Tableau* precisa ser *refeito*, ao menos algum dia se dirá: Neste ano os parisienses... se agitaram, e este impulso foi transmitido para a França e para o resto da Europa.

Os historiadores da Revolução Francesa talvez não se despeçam do ano do bicentenário em tons tão enlevados. Mas ao menos farão eco a alguns de seus sentimentos. Nosso *tableau* precisa ser refeito; há algo de novo para as nossas canetas.

Keith Michael Baker e Steven Laurence Kaplan
26 de agosto de 1989

1
Iluminismo e revolução; Revolução e iluminismo

Qualquer reflexão sobre as origens culturais da Revolução Francesa conduz inevitavelmente a um clássico, *Les origines intellectuelles de la Révolution Française – 1715-1787* [As origens intelectuais da Revolução Francesa – 1715-1787], de Daniel Mornet (1933, 1967).[1] A obra de Mornet parece ditar a única perspectiva possível para trabalhos futuros, uma perspectiva que postula uma conexão

---

1 Essa obra foi escrita aproximadamente na metade da carreira de Mornet, discípulo fiel de Gustave Lanson, docente de letras na Sorbonne. Antes da Primeira Guerra Mundial Mornet publicou *Le sentiment de la nature en France. De Jean-Jacques Rousseau à Bernardin de Saint-Pierre*. Paris: Hachette, 1907; Les enseignements des bibliothèques privées (1750-1780). *Revue d'Histoire Littéraire de la France*, p.449-96, jul.-set. 1910; e *Les sciences de la nature en France au XVIIIe siècle*. Paris: Armand Colin, 1911. Três condições, fortemente expressas em seu *Origines intellectuelles...*, são subjacentes à abordagem de Mornet e o distanciaram da crítica literária a-histórica e de inclinação estética: a exigência de captar a produção literária de uma época em sua totalidade em vez de limitar-se a estudar os "grandes" autores e os "grandes" textos da tradição e do cânone literário; a necessidade de investigar não só os textos, mas as

evidente e obrigatória entre o progresso de novas ideias através do século XVIII e a emergência da Revolução como acontecimento. Para Mornet, três leis governavam a penetração de novas ideias, que ele identificou com o Iluminismo, na opinião pública geral. Primeiro, as ideias desciam pela escala social "das classes altamente refinadas para a burguesia, para a pequena burguesia e para o povo" (ibidem, p.2). Em segundo lugar, essa penetração se difundia do centro (Paris) para a periferia (as províncias). Finalmente, o processo foi se acelerando no decorrer do século, começando com minorias que anteciparam as novas ideias antes de 1750 e prosseguindo nos decisivos e mobilizadores conflitos na metade do século, para chegar, após 1770, na difusão universal desses novos princípios. Isso levou Mornet à tese subjacente do livro, de que "foram, em parte, ideias que determinaram a Revolução Francesa" (ibidem, p.3). Embora não negasse a importância – na verdade, a primazia – das causas políticas, Mornet considerou o pensamento iluminista, tanto em seus aspectos críticos quanto reformadores, como precondição necessária para a crise final da velha monarquia à medida que rumava para a revolução.

> Sem dúvida, as causas políticas não teriam sido suficientes para determinar a Revolução, pelo menos de forma tão rápida. Foi a inteligência que estendeu e organizou suas consequências (ibidem, p.477).

---

instituições literárias, a circulação das obras e seu público (o que conduziu Mornet em seu artigo de 1910 a um interesse pioneiro nos inventários das bibliotecas); a importância de usar números e porcentagens para medir a circulação ("o que importa tanto quanto o número é a proporção do número", ibidem, p.457). Em suas obras posteriores, por exemplo, a *Histoire de la littérature française classique, 1600-1700, ses caractères véritables et ses aspects inconnus.* Paris: Armand Colin, 1940, Mornet se afastou da perspectiva de Lanson, o que lhe valeu um crítica mordaz de Lucien Febvre em "De Lanson à Daniel Mornet. Un renoncement?", *Annales d'Histoire Sociale* 3 (1941), artigo reimpresso na coletânea de ensaios de Febvre, *Combats pour l'histoire.* Paris: Armand Colin, 1953.

A despeito de sua prudência e de suas ressalvas (claramente assinaladas no texto por meio de expressões como "em parte", "sem dúvida" e "pelo menos"), Mornet postulou uma ligação necessária entre o Iluminismo e a Revolução. Os motivos da Revolução não estavam, é claro, inteiramente contidos na filosofia, mas sem transformações no "pensamento público" geradas "pela inteligência", tal evento poderia não ter ocorrido quando ocorreu. Isso levou Mornet a uma hipótese de trabalho que nos últimos cinquenta anos tem assombrado tanto a história intelectual como a sociologia cultural do século XVIII.

A quimera das origens

Surgiram dúvidas, no entanto, insinuando que a questão pode ter sido mal colocada. Em primeiro lugar, sob quais condições é legítimo estabelecer um conjunto de ideias e fatos difusos e díspares como "causas" ou "origens" de um acontecimento? Essa operação não é tão autoevidente quanto parece. De um lado, pressupõe um processo de seleção que retém, dentre as inúmeras realidades que constituem a história de uma época, apenas a matriz do futuro evento. De outro, demanda uma reconstrução retrospectiva que dê unidade aos pensamentos e às ações que se supõem ser as "origens", mas alheios uns aos outros, heterogêneos em sua natureza e descontínuos em sua realização.

Seguindo Nietzsche, Michel Foucault nos ofereceu uma crítica devastadora à noção de origem entendida nesse sentido. (Foucault, 1971, p.145-72, 1977, p.139-64). Assumindo a linearidade absoluta do curso da história, justificando uma interminável busca de começos e anulando a originalidade do evento como presente já antes de acontecer, recorrer a essa categoria oblitera tanto a descontinuidade radical de mudanças históricas abruptas quanto a irredutível discordância que separa as várias séries de discursos e práticas. Quando a história sucumbe à "quimera das origens", ela assume, talvez inconscientemente, o fardo de diversas pressuposições: que todo momento histórico é uma totalidade homogênea investida com um significado único e ideal, presente em cada uma das realidades que constituem e expressam o todo; que o devir histórico se organiza como uma inevitável continuidade; que os eventos estão correlacionados, um tecendo o outro num fluxo ininterrupto de mudança que nos possibilita decidir que um deles é a "causa", outro o "efeito". Para Foucault, todavia, era precisamente dessas noções clássicas de totalidade, continuidade e causalidade que a análise "genealógica" ou "arqueológica" deveria fugir se quisesse formular uma narrativa adequada da ruptura e da divergência. Como a *wirkliche Historie* [História] de Nietzsche, tal análise

> transpõe a relação ordinariamente estabelecida entre a erupção de um evento a sua necessária continuidade. Toda uma tradição histórica (teológica ou racionalista) visa a diluir o evento singular numa continuidade ideal – como movimento teleológico ou processo natural. A história "efetiva", no entanto, lida com os eventos em termos de suas características mais específicas, suas manifestações mais agudas (Ibidem, p.161; idem, Language, p.154).

Se a história deve substituir a busca de origens pela "disposição sistemática da noção de descontinuidade" (Foucault, 1968, p.9-40, citação da p.11), a própria pertinência da questão da qual partimos fica minada.

Isto é ainda mais verdadeiro uma vez que a noção de origem impõe o risco adicional de propor uma leitura teleológica do século XVIII que busca compreendê-lo só em relação ao fenômeno supostamente considerado seu desfecho necessário – a Revolução Francesa – e a focalizar apenas o fenômeno visto como gerador desse desfecho – o Iluminismo. Não obstante, o que deve ser questionado é justamente a ilusão retrospectiva inerente ao "movimento regressivo que nos possibilita ler sinais premonitórios quando o evento foi completado, e quando olhamos para o passado de um ponto de chegada que talvez não fosse necessariamente seu futuro" (Goulemot, 1980, p.603-13). Ao afirmar que foi o Iluminismo que produziu a Revolução, a interpretação clássica talvez inverta a ordem lógica: não deveríamos, em vez disso, considerar que foi a Revolução a inventora do Iluminismo, tentando ancorar sua legitimidade num corpo de textos e autores básicos, reconciliados e unidos, apesar de suas extremas diferenças, pela sua preparação de uma ruptura com o velho mundo? (Schleich, 1981, p.210; Gumbrecht & Reichardt, 1985, p.7-88; Popkin, 1987, p.737-50.) Quando reuniram (não sem algum debate) um panteão de ancestrais incluindo Voltaire, Rousseau, Mably e Raynal, quando atribuíram uma função radicalmente crítica à filosofia (se não a todos os *Philosophes*), os revolucionários construíram uma continuidade que foi primeiro um processo de justificação e uma busca de paternidade. Encontrar as "origens" de um evento nas ideias do século – que foi a proposta de Mornet – seria uma forma de repetir, sem saber, as ações das pessoas envolvidas no próprio evento e de sustentar como historicamente estabelecida uma filiação que foi proclamada ideologicamente.

Poderia essa dificuldade ser contornada por uma reformulação que substitua a categoria de origens *intelectuais* por origens *culturais*? Tal substituição, sem dúvida, faria muito por ampliar as possibilidades de compreensão. De um lado, a noção de origens culturais assume que as instituições culturais não são simples receptáculos para (ou resistências a) ideias forjadas em outros lugares. Isso nos permite restaurar uma dinâmica própria para formas de sociabilidade, meios de comunicação e processos educacionais, dinâmica esta que lhes é negada por uma análise como a de Mornet, que os considera apenas do ponto de vista da ideologia que contêm ou transmitem. De outro, uma abordagem em termos de sociologia cultural abre uma larga gama de práticas que devem ser levadas em consideração: não somente pensamentos claros e bem elaborados, mas também representações não mediadas e corporificadas; não só envolvimentos voluntários e racionais, mas também lealdades automáticas e obrigatórias. Isso torna possível situar o evento revolucionário nas transformações de longo prazo que Edgar Quinet designou "temperamento" quando contrastava a natureza inflexível dos reformadores religiosos do século XVI como a posição mais maleável dos revolucionários de século XVIII (Quinet, 1865), abrindo caminho para uma reflexão essencial sobre as variações na estrutura da personalidade ou, para usar a terminologia de Norbert Elias, economia psíquica (idem, ibidem). Mas será essa ampliação de perspectiva suficiente para evitar as ciladas da interpretação teleológica?

> O postulado de que "o que realmente ocorreu" foi devido à necessidade é uma clássica ilusão retrospectiva de consciência histórica, que vê o passado como campo de possibilidades dentro do qual "o que realmente ocorreu" aparece *ex post facto* como o único futuro para esse passado,

escreveu François Furet (1978a, p.35), colocando-nos em guarda contra reconstruções *a posteriori* que parecem estar necessariamente implícitas em qualquer busca de origens.

Mas será evitável esse perigo? Devemos nós, inspirados pela "história contrafactual", nos comportar tal qual não tivéssemos conhecimento de como a década de 1780 terminou? Devemos suspender qualquer julgamento e supor que a Revolução Francesa jamais aconteceu? Seria divertido, até mesmo proveitoso, encarar esse desafio. Mas se o fizéssemos, que questionamento e princípio de inteligibilidade usaríamos para organizar nossa indagação das muitas séries de discurso e prática que se entrelaçam para formar o aquilo que habitualmente é designado como a cultura da França do século XVIII? A História despida de toda e qualquer tentação teleológica estaria arriscada a se tornar um interminável inventário de fatos desconexos abandonados à sua prolífica incoerência, à espera de hipóteses que proponham uma possível ordem entre eles. Gostemos ou não, precisamos trabalhar dentro do terreno delimitado por Mornet (e antes dele, pelos próprios revolucionários) e considerar que nenhuma abordagem de um problema histórico seja possível fora do discurso historiográfico que a elaborou. A questão proposta por *Les origines intellectuelles de la Révolution Française* – a questão da relação entre as ideias formuladas e propagadas pelo Iluminismo com a ocorrência da Revolução – nos servirá como um conjunto de problemas que ao mesmo tempo aceitaremos e descartaremos, que recebemos como legado e continuaremos a sujeitar à dúvida.

Taine: da razão clássica ao espírito revolucionário

A relação de Mornet com os historiadores que o precederam foi exatamente da mesma ordem. Há duas referências bibliográficas fundamentais em seu livro: uma que ele reiterava, discutia e refutava – *L'Ancien Régime* [O Antigo Regime] de Hippolyte Taine – e outra discreta e mencionada quase *en passant* – *L'Ancien Régime et la Révolution* [O Antigo Regime e a Revolução], de Aléxis de Tocqueville (1856). Ambas são obras centrais para a historiografia revolucionária. Mornet fazia duas críticas a Taine. A primeira censurava-o por concluir com excessiva pressa que "o espírito revolucionário" foi difundido desde o início e por basear seu julgamento em textos que eram famosos demais, parcos demais e, além de tudo, construídos erroneamente. Para Mornet, reconstituir o progresso de novas ideias requeria uma abordagem diferente: uma tentativa de medir a penetração dessas ideias (ou a resistência a elas) com base num conjunto de evidências o mais vasto possível, extraídas não somente da literatura ou da filosofia, mas também de memórias pessoais, periódicos impressos, cursos acadêmicos, debates nas academias e lojas maçônicas, e nos *cahiers de doléances*.

É verdade que nesse trabalho a implementação de Mornet de seu chamado ao rigor é com frequência canhestra e tentativa, mantendo-se mais enumerativa que quantitativa, aceitando a evidência de séries incompletas e discrepantes. A preocupação expressa por Mornet (que de forma geral se mantém fiel ao programa elaborado por Lanson na década de 1900) (Lanson, 1903, p.445-53; 1904, p.621-42) forneceu, não obstante, uma base de estudos que modificou profundamente a história cultural francesa nos últimos vinte ou 25 anos, conduzindo-a para o massivo corpo documental, para o tratamento de dados em séries temporais e para a experiência das pessoas comuns.

No entanto, Mornet tinha uma segunda crítica a Taine. Quando este afirmava que o "espírito revolucionário" já existia, completamente formado, na sociedade do Antigo Regime, sendo levado às consequências mais extremas pelos *Philosophes*, dava nova vida à velha teoria da conspiração e à tese de uma revolução planejada. Mornet julgava essa ideia inaceitável.

> Um Lenin, um Trotsky, quiseram uma revolução específica; primeiro a prepararam, depois a organizaram e então a dirigiram. Nada semelhante a isso aconteceu na França. As origens da Revolução são uma história, a história da Revolução é outra (Mornet, 1933, 1967, p.471).

Trata-se de um comentário precioso. Ele abre caminho para todas as linhas de pensamento que distinguem, de um lado, a Revolução sendo inscrita num processo de longo prazo como o desfecho necessário para uma constelação de causas que a fizeram acontecer e, de outro, a Revolução como um evento que institui, por uma dinâmica própria, uma configuração política e social que não pode ser reduzida às condições que a tornaram possível (Furet, 1978a, p.38-9; 1981, p.17-28). Mesmo assumindo que a Revolução tenha tido muitas origens (intelectuais, culturais ou outras), sua própria história não pode ser limitada a elas.

A dupla crítica de Mornet indubitavelmente deixa de captar a originalidade paradoxal do trabalho de Taine – ou seja, a genealogia que faz remontar o "espírito revolucionário" a sua matriz no classicismo francês. Numa carta enderaçada a Boutmy em 1874, Taine descreve seu projeto de trabalho nos seguintes termos:

> [Eu quero] mostrar que Boileau, Descartes, Lemaistre de Sacy, Corneille, Racine, Fléchier são os antecessores de Saint-Just e Robespierre. O que os reteve foi que o dogma monárquico e religioso estava intacto; uma vez que o dogma se desgastou pelos seus excessos e foi derrubado pela visão científica do mundo (Newton, via Voltaire), o espírito clássico inevitavelmente produziu a teoria do homem abstrato, natural e do contrato social. (Taine, 1986).[2]

Além do Iluminismo, a Revolução tinha raízes no triunfo da *raison raisonnante* do classicismo. Substituindo "a plenitude e complexidade de realidades" por um "mundo abstrato", substituindo o indivíduo real tal como de fato existe na natureza e na história por um "homem em geral", o espírito clássico deu ao pensamento filosófico sua estrutura, ao mesmo tempo em que solapava as fundações costumeiras e históricas da monarquia.

A negação da realidade, que reside no coração do classicismo, atingiu sua plenitude na erradicação aculturadora proposta pelos homens da Revolução:

> Em nome da Razão, da qual o Estado somente é representante e intérprete, eles se propõem a desfazer e refazer, de acordo com a razão, e com a razão apenas, todos os costumes, festas, cerimônias e trajes, a era, o calendário, pesos e medidas, os nomes das estações, meses, semanas e dias, de praças e monumentos, nomes de família e de batismo, títulos honoríficos, o tom do discurso, a forma de

2 A carta para Boutmy, de 31 de julho de 1874, é citada na introdução por François Léger. "Taine et les Origines de la France contemporaine", p.XXXI.

> saudação, de cumprimentar, de falar e de escrever, de tal maneira que o francês, como anteriormente o puritano e o quacre, remodelado até mesmo em sua substância interna, exponha, mediante os mínimos detalhes de sua conduta e aparência, o domínio do todo-poderoso princípio que remodela seu ser e a inflexível lógica que controla seus pensamentos. Isso constitui o resultado final e triunfo completo do espírito clássico (ibidem, p.187).[3]

Será que isso deve ser visto como a exuberância ou a embriaguez de uma filosofia contrarrevolucionária reescrevendo a história nacional à luz de seu inevitável, destrutivo e detestável resultado? Talvez não, ou não simplesmente isso. Traçando o "espírito revolucionário" não diretamente às reformas do Iluminismo, mas à tradição em si – à tradição em suas formas mais respeitosas de autoridade, real e divina – Taine deixou de lado o *topos* forjado pela Revolução, que, em sua busca por heróis fundadores, escolheu apenas Descartes (proposto, mas não admitido, para o panteão revolucionário) para ser colocado ao lado dos *Philosophes*. Filiações que fracassaram em vir à tona na consciência dos protagonistas históricos e que teciam relações desconhecidas sob suas proclamadas ideologias são mais interessantes que aquelas que eles alegavam e exaltavam. A esse respeito, Taine contribuiu para a conceitualização do processo cultural que incluía a Revolução, situando-a num intervalo de tempo mais longo do que havia sido considerado, tanto antes dele quanto depois de Mornet. Além disso, quando Taine caracterizava o classicismo em termos de sua rejeição da realidade e de sua negação do mundo social, forneceu um esboço para posteriores análises que definiam a "derreificação" como um traço distintivo da literatura francesa nos séculos XVII e XVIII.

---

3 Taine é citado de *The Ancient Regime*, nova ed. rev. Trad. John Durand. New York: H. Holt, 1896, p.191, 250-1.

> A tragédia clássica dos franceses representa o extremo radical na separação de estilos, na rompimento do trágico com o cotidiano e o real, conseguido pela literatura europeia (Auerbach, 1946, p.365-94, citação p.388).

Este pronunciamento de Erich Auerbach é como uma reminiscência da afirmativa de Taine. Também para Auerbach a estética clássica (que igualmente regia a literatura do Iluminismo, e da qual o drama trágico era apenas um exemplo de expressão) substituía a experiência concreta, cotidiana, a política prática e as existências individuais por uma humanidade universal, absoluta e mítica. Vinte anos antes de Taine, e considerando um intervalo de tempo ainda menor, Tocqueville concebeu a mesma oposição entre o mundo abstrato da razão e "a plenitude e complexidade das realidades", utilizando outro par de categorias contrastantes: "política literária" e "experiência de assuntos públicos".

Tocqueville: política literária e experiência de assuntos públicos

Para Tocqueville, era essencial expressar que a Revolução foi, paradoxalmente, o desfecho inevitável tanto de uma evolução extremamente longa da centralização administrativa assumida pela monarquia quanto de uma ruptura brutal, violenta e inesperada.

> O acaso não desempenhou papel algum na irrupção da Revolução; embora tenha apanhado o mundo de surpresa, foi o desfecho inevitável de um longo período de gestação, a conclusão abrupta e violenta de um processo no qual seis gerações desempenharam um papel intermitente. Mesmo que ela não tivesse ocorrido, de qualquer maneira, cedo ou tarde, a velha estrutura social teria

> sido abalada. A única diferença teria sido que, em vez de ruir de forma tão súbita e brutal, teria desabado pouco a pouco. Numa única e cruel arremetida, sem aviso, sem transição e sem compunção, a Revolução efetivou o que de todo modo tenderia a ocorrer, apenas de forma lenta e gradual. Assim, tal foi a conquista da Revolução (Tocqueville, 1967, p.81).

Embora sua significância estivesse totalmente contida no processo que foi seu início e sua causa, a Revolução foi, não obstante, uma ruptura violenta cujo momento e radicalidade não podem ser deduzidos a partir do processo. Para que isso seja possível, Tocqueville apresentou outras razões, esboçadas no livro 3 do *L'Ancien Régime et la Révolution*, onde tenta encaixar a emergência do evento e seus desenvolvimentos posteriores que conferiram sentido e necessidade ao acontecimento. Para fazê-lo, enfatizou uma cronologia de curto prazo (os trinta ou quarenta anos que precederam a Revolução) e tentou discernir as mudanças culturais que produziram transformações rápidas em ideias e sentimentos. O novo papel assumido pelos intelectuais não foi a menos importante dessas mudanças.

Tocqueville analisa o papel dos intelectuais no livro 3, capítulo I, "Como em torno da metade do século XVIII homens de letras assumiram a liderança na política e as consequências desse novo desenvolvimento".[4] O ponto de partida do capítulo é uma oposição fundamental entre o exercício efetivo do governo por parte de agentes da administração monárquica (que Tocqueville denominava, com certo anacronismo, *fonctionnaires*) e a "política abstrata, literária" desenvolvida pelos homens de letras que haviam-se tornado os árbitros da opinião. Na França posterior a 1750, a autoridade tinha sido desligada do poder, a política,

---

4 As citações de Tocqueville nesse parágrafo e no seguinte provêm de *L'Ancien Régime et la Révolution*, livro 3, cap. 1, p.229-41, citado de *The Old Regime*, cit., p.138-4.

separada da administração, e a discussão pública tinha lugar fora das instituições governamentais. Na visão de Tocqueville, tal situação justapunha perigosamente política sem poder e um poder sem autoridade. E apresentava dois resultados: de um lado, levava a colocar "teorias abstratas e generalizações referentes à natureza do governo" em lugar das lições de "prática" e "experiência", do respeito pelo "complexo de costumes tradicionais" e da "experiência em assuntos públicos". Banida da esfera governamental, e, portanto, carente de qualquer acesso à tomada de decisões administrativas, a vida política poderia apenas ser transposta ou "canalizada" para a literatura – *refoulée dans la littérature*, escreveu Tocqueville, indicando tanto repressão como transferência. De outro lado, a ruptura entre o poder administrativo e a "política literária" investiu esses homens de letras – os "filósofos" e "nossos escritores" – com uma função e uma responsabilidade anteriormente (ou em outras partes) atribuída aos "líderes de opinião pública" normais. Diferentemente da Inglaterra, onde "escritores sobre teoria do governo e aqueles que efetivamente governavam cooperavam entre si" e onde os "políticos profissionais" continuavam a dirigir a opinião pública, na França no final do Antigo Regime os homens de letras se tornaram uma espécie de aristocracia substituta, que era ao mesmo tempo todo-poderosa e não tinha poder real algum.

A razão desse paradoxo reside no processo de centralização. Ao destruir as "instituições livres" que Tocqueville qualificava como "comumente descritas como feudais", e ao enfraquecer a "vida pública" removendo "a nobreza e a burguesia" do exercício do poder, a própria monarquia criou condições que autorizavam a hegemonia "filosófica". De um lado, o governo, que tendo suprimido toda a administração ao esvaziar de seu conteúdo a Assembleia Geral, as assembleias provinciais e os conselhos municipais, viu-se privado de pessoas experientes na arte da política, uma vez que não havia mais onde adquirir tal experiência. De outro, o poder do Estado confrontava-se com uma opinião pública surgida do entulho da velha liberdade pública e fascinada pela "política literária". As elites, despidas de todas as instituições representativas e expulsas dos negócios públicos, voltavam as costas para a sociedade à qual haviam pertencido para imergir no mundo ideal elaborado pelos homens de letras:

> Assim, paralelamente ao sistema social da época, tradicional e confuso, para não dizer caótico, foi sendo gradualmente construída na mente dos homens uma sociedade ideal imaginária, na qual tudo era simples, uniforme, coerente, equitativo e racional no sentido pleno do termo.

Quando o mundo social foi destituído de sua realidade (uma ideia da qual Taine tiraria proveito) "essas propensões literárias foram importadas para a arena política" – ou seja, o movimento dual de abstração e generalização tendia a reduzir o "complexo de costumes tradicionais" a algumas poucas "regras simples, elementares, derivadas do exercício da razão humana e da lei natural". A politização da literatura foi, portanto, ao mesmo tempo uma "literização" da política transformada numa expectativa de ruptura e um sonho de um "mundo ideal".

A política literária e a educação teórica, produtos do processo de centralização, tornaram-se uma ideologia comum entre grupos igualmente privados de qualquer participação no governo. Assim, contribuíram notavelmente para minimizar as diferenças entre nobres e burgueses, tornando os dois grupos comparáveis. Tocqueville estabeleceu assim um novo pensamento político, e sua difusão de teorias genéricas e abstratas na perspectiva (fundamental a seu ver) de reduzir as brechas entre províncias e classes:

> Não há dúvida de que no final do século XVIII ainda era possível detectar matizes de diferença no comportamento da aristocracia e da burguesia; pois nada leva mais tempo para ser adquirido do

> que o verniz superficial daquilo que se chama boas maneiras. Mas basicamente todos os graduados acima da horda comum eram semelhantes; tinham as mesmas ideias, os mesmos hábitos, os mesmos gostos, os mesmos tipos de divertimento; liam os mesmos livros e falavam da mesma maneira.

O juízo de Tocqueville é claro, como se vê no título do livro 2, capítulo 8: "Como a França se tornou o país no qual os homens eram mais parecidos".

No entanto, devemos considerar o restante do pensamento de Tocqueville: "...eles diferiam apenas em seus direitos" (ibidem, p.158). A comunhão de mentes tornava a exibição de privilégios e prerrogativas simultaneamente mais necessária e mais intolerável. Por trás de idênticos pensamentos e práticas sociais ainda repousavam interesses ferozmente antagônicos e certa ostentação de distanciamento. Como o fortalecimento do "despotismo democrático" – uma categoria paradoxal que, conforme o termo empregado por Tocqueville, refere-se ao processo dual de centralização administrativa e abolição das diferenças – as solidariedades e interdependência necessariamente produzidas por uma sociedade de liberdade e estrutura hierárquica deram lugar a interesses individuais que competiam entre si. Embora uma cultura compartilhada trouxesse uniformidade às preferências e aos padrões de comportamento, nada fazia para atenuar as distâncias que separavam os franceses, "tão similares em tantos aspectos". Ao contrário, o desaparecimento da liberdade política significava tão claramente a decomposição do corpo social que a cultura comum exacerbava a hostilidade e aumentava a tensão.

Por que essa demorada discussão sobre Tocqueville? Há pelo menos três razões. A primeira é preventiva: Tocqueville denunciou qualquer tentação de enxergar a filosofia do Iluminismo como uma ideologia exclusiva de uma burguesia triunfante em confronto com a aristocracia. Contrastou essa visão redutiva, que viria a ter algum sucesso depois dele, com outra que via as novas ideias como possuidoras de um espírito compartilhado por "todos os graduados acima da horda comum". O pensamento racional e reformador, longe de indicar distância e diferenças, era comum às classes superiores, cuja rivalidade era ainda mais fortalecida por seu vínculo comum com a "política literária".

Em segundo lugar, o livro de Tocqueville designa claramente algo que Mornet foi incapaz de ver: os efeitos culturais das transformações nas formas do exercício de poder. Quando Tocqueville concedeu um lugar central e determinante para a configuração política em mutação (na destruição, por parte de uma administração despótica centralizada, da liberdade inerente a um governo baseado em instituições representativas), ele sugeriu uma forma sutil de pensar sobre posições e tensões na área intelectual e cultural. Encarar a construção do Estado absolutista e o desenvolvimento do pensamento crítico como duas histórias autônomas e paralelas constitui uma oposição demasiadamente simples. Foi precisamente por tender a monopolizar todo o exercício de governo que o poder real, centralizado administrativamente, produziu tanto a política intelectual quanto a opinião pública.

Em terceiro e último, Tocqueville nos ajuda a formular a articulação entre a consciência histórica daqueles que fizeram história e a significância de suas ações, das quais eles próprios não estavam cônscios. A ilusão de ruptura que é o fundamento e o significado explícito do ato revolucionário tem suas raízes na política imaginária e abstrata construída pelos autores do século XVIII fora das instituições que comandavam a "sociedade real". Portanto, compreender as práticas culturais do século é necessariamente uma questão de tentar captar como conseguiram tornar possível a consciência da – e a disposição para – inovação absoluta que caracterizou a Revolução:

> Nenhuma nação jamais embarcou numa tentativa tão resoluta como os franceses em 1789 de romper com o passado, de provocar,

> como se fosse, uma cisão em sua linha de vida e de criar um golfo intransponível entre tudo que foi até o momento e tudo a que se aspira agora ser (ibidem, p.43).

Qualquer reflexão sobre as "origens culturais" desse evento precisa, portanto, levar em consideração também esse impulso escatológico e essa certeza de inauguração.

A cultura política do Antigo Regime

Qualquer tentativa de reformular a pergunta proposta por Mornet cinquenta anos atrás inevitavelmente nos leva a buscar um olhar renovado para as categorias por ele admitidas *a priori* e a formar outras categorias que para ele tinham pouca pertinência. A noção de "cultura política" é uma delas. Fiel a Lanson, o projeto inteiro de *Les origines intellectuelles de la Révolution Française* visava a distinguir a dinâmica de uma difusão após 1750, e mais ainda após 1770, que foi gradualmente introduzindo as novas ideias nas instituições culturais e meios sociais. Assim, Mornet estava interessado em formas de sociabilidade intelectual, em leitura de livros e circulação de jornais, no que era ensinado nas escolas e no progresso da Maçonaria. Seu livro aponta a introdução dessas instituições, mede a participação nelas, e comenta as inovações, abrindo assim um novo campo de pesquisa que a sociologia cultural retrospectiva da década de 1960 encampou com maior rigor e urgência. Ao fazê-lo, porém, as *Origines*... de Mornet criaram uma dicotomia redutiva que estabeleceu "princípios e doutrinas" contra "realidades políticas", retornando assim a uma forma branda da distinção feita por Tocqueville entre teorias gerais e experiência prática em assuntos públicos. Seu esquema não deixava espaço para a cultura política, se tal cultura for entendida como "constituída dentro de um campo de discurso e de linguagem política como elaborado no curso de uma ação política" (Baker, 1982, p.197-219, citação p.212; 1990a, p.12-27).

Considerar a política do Antigo Regime um conjunto de discursos concorrentes dentro de uma área unificada por referências idênticas e pela constituição de metas aceitas por todos os protagonistas abre duas perspectivas. De um lado, torna-se possível relacionar os dois domínios que Tocqueville separou com tanta clareza – talvez com clareza exagerada: o "governo" e "política literária". Para neutralizar essa visão de uma centralização administrativa todo-poderosa, inexorável e inteiriça, devemos ressaltar a importância dos conflitos políticos e "constitucionais" que abalaram as fundações da monarquia depois de 1750. Similarmente, para nos contrapormos à ideia de uma política pública abstrata, homogênea e exclusiva, precisamos registrar a vivacidade de correntes rivais dentro do discurso filosófico, correntes estas que apresentavam representações contrastantes de ordem política e social. É certo que, em todo caso, grupos contemporâneos estavam bem cientes da transformação radial do discurso e do debate político, começando pela crise jansenista e a retirada dos sacramentos dos padres que se recusaram a subscrever a bula papal *Unigenitus*, e com o fortalecimento da resistência parlamentar. Não somente o fermento intelectual expôs os mecanismos secretos do Estado, privando-o assim do poder de restrição sobre a mente do povo, mas, o que é mais importante, a discussão que havia sido lançada focalizou a própria natureza da monarquia e seus princípios fundamentais (ibidem, p.213-6).

Além disso, ao estabelecermos a política do Antigo Regime como um campo de discurso específico – a não ser misturado nem com o discurso filosófico nem com o exercício da autoridade estatal – permitimo-nos reinvestir a sociabilidade intelectual do século com um conteúdo político, mesmo que práticas manifestas dessa sociabilidade pareçam distantes dos conflitos em torno do poder. Há duas maneiras de retratar essa politização. A primeira identifica as várias associações do século XVIII (clubes, sociedades literárias, lojas maçônicas) como locais onde experimentar e elaborar uma sociabilidade democrática que encontrou sua forma mais completa e explícita no jacobinismo. As *sociétés de pensée* do Iluminismo desenvolveram modos de operação individualistas e igualitários, que não podiam ser reduzidos às representações subjacentes à sociedade de "ordens" e "estados". Estabelecidas para gerar uma opinião pública necessariamente unânime, e revestidas de uma função de representação totalmente independente das fontes tradicionais de autoridade, como os Estados provinciais, os parlamentos, ou o próprio soberano, que pensava incorporar esse papel, as *sociétés de pensée* foram vistas como a matriz de uma nova legitimidade política incompatível com a legitimidade hierárquica e corporativa requerida pelo sistema monárquico. Assim, ainda que seus discursos afirmassem respeito pela autoridade e adesão aos valores tradicionais, nas suas práticas as novas maneiras de associação intelectual prefiguravam a sociabilidade revolucionária em suas formas mais radicais (Cochin, 1921; Furet, 1978b, p.212-59; Halévy, 1986, p.145-63).

Este primeiro modelo de politização, que poderíamos chamar de modelo Cochin-Furet, difere de outro que poderia ser designado modelo Kant-Habermas. Este último enxerga a sociabilidade intelectual no século XVIII como fundadora de uma nova área pública na qual o uso da razão e do julgamento era exercido sem a colocação de limites para o exame crítico e sem submissão obrigatória à autoridade antiga. As várias instâncias de crítica literária e artística (nos salões, cafés, academias, e os jornais e periódicos) formavam um público novo, livre, autônomo e soberano. Assim, entender a emergência da nova política cultural é notar a progressiva politização da esfera literária pública e a mudança da crítica rumo a domínios tradicionalmente proibidos a ela – os mistérios da religião e do Estado (Habermas, 1962). Essas duas perspectivas, embora não incompatíveis, marcam dois modos diferentes de compreender o lugar da cultura política dentro das formas de cultura intelectual: a primeira a localiza nas operações automaticamente implícitas nas próprias modalidades de associação voluntária; a segunda a fundamenta nas demandas e nas conquistas do uso público das funções críticas.

O que é Iluminismo?

Repensar Mornet também implica necessariamente questionar a noção de "espírito filosófico" equiparado ao progresso do Iluminismo. O termo parece fácil de definir uma vez que é considerado um corpo de doutrinas formuladas pelos *Philosophes*, difundido por todas as classes da população e articulado em torno de vários princípios fundamentais, como crítica ao fanatismo religioso, exaltação da tolerância, confiança na observação e na experimentação, exame crítico de todas as instituições e costumes, definição de uma moralidade natural e reformulação dos vínculos políticos e sociais com base na ideia de liberdade. Ainda assim, confrontados com esse quadro clássico, surge a dúvida. É certo que o Iluminismo deva ser caracterizado exclusiva, ou principalmente, como um corpo de ideias transparentes, autocontidas, ou como um conjunto de proposições claras e distintas? Não seria preciso ler em outra parte a novidade daquele século – nas múltiplas práticas guiadas por um interesse na utilidade e no serviço, que visava a administrar espaços e populações e cujos mecanismos (intelectuais ou institucionais) impuseram uma profunda reorganização dos sistemas de percepção e da ordem do mundo social?

Essa perspectiva autoriza uma reavaliação da relação entre o Iluminismo e o Estado monárquico, uma vez que o Estado – o alvo básico do discurso filosófico – era sem dúvida o iniciador mais vigoroso de reformas práticas, como notou Tocqueville no livro 3, capítulo 6 de *L'Ancien Régime et la Révolution*, que leva o título "Como certas práticas do poder central completavam a educação revolucionária das massas". Mais ainda, pensar no Iluminismo como uma rede de práticas sem discurso (ou no mínimo sem as variedades de discurso tradicional e espontaneamente definidas como "iluministas") é oferecer a si mesmo uma maneira de postular distâncias e até mesmo contradições entre declarações ideológicas e a "formalidade de práticas", fazendo uso de uma das categorias de Michel de Certeau (1975, p.153-212).

Assim, passar do "intelectual" para o "cultural" é, em minha opinião, não só ampliar a indagação ou mudar seu objeto. Fundamentalmente, esse movimento implica lançar dúvidas sobre duas ideias: primeiro, que práticas podem ser deduzidas dos discursos que as autorizam ou justificam; segundo, que é possível traduzir nos termos de uma ideologia explícita o significado latente dos mecanismos sociais. Mornet usou o segundo desses procedimentos quando tentou restaurar o "subconsciente da Maçonaria"; Cochin o utilizou quando designou como jacobina a ideologia implícita das práticas sociais e intelectuais das *sociétés de pensée*. O primeiro procedimento, típico de toda a literatura dedicada ao Iluminismo, vê a difusão de ideias filosóficas como conduzindo a atos de ruptura dirigidos às autoridades estabelecidas, sob a premissa de que tais atos sejam engendrados por pensamentos. Contra esses dois procedimentos (que funcionam tanto para reduzir como para traduzir), poderíamos postular uma articulação diferente da série de discursos e regimes de prática sobre cuja base as posições sociais e intelectuais se organizam numa determinada sociedade. De um para outro não há nem continuidade nem necessidade, como se vê, por exemplo, na contradição entre a ideologia libertária do Iluminismo e o mecanismo que, ao mesmo que alegava estar baseado nessa ideologia, estabeleceu múltiplas restrições e controles (Foucault, 1975). Se a Revolução de fato teve origens culturais, elas não residiam em nenhuma harmonia (seja proclamada ou não reconhecida) que supostamente unia atos anunciatórios e a ideologia que os governava, e sim nas discordâncias que existiam entre (mais que isso, competiam) discursos que ao representar o mundo social propunham sua reorganização e as práticas (descontínuas) que, ao serem efetivadas, criavam novas diferenciações e novas divisões.

Como estudo da propagação do "espírito filosófico", o livro de Mornet faz uso extensivo da noção de opinião. A flutuação e a evolução da opinião eram a medida da penetração de novas ideias. Quando essas novas ideias se tornavam "opinião pública generalizada" ou "pensamento público", a causa estava ganha para o Iluminismo e o caminho se abria para a "inteligência" dar forma e expressão às contradições políticas. Assim Mornet atribuiu à opinião trações que a opunham, termo por termo, à produção de ideias: a opinião era impessoal e anônima, ao passo que as ideias podiam ser atribuídas a um indivíduo e apresentadas em seu nome; a opinião era dependente e ativa, ao passo que as ideias eram criações intelectuais originais e inovadoras. Na visão de Mornet, era inconcebível pensar na opinião em outros termos, e ele manuseava essa noção como se fosse uma invariável histórica, presente em todas as sociedades, e que fornece à história a única tarefa de registrar seus diversos e mutáveis conteúdos.

Esse postulado não é mais satisfatório. Em primeiro lugar, a difusão de ideias não pode ser considerada uma simples imposição. A recepção sempre envolve apropriação, que transforma, reformula e transcende o recebido. A opinião não é, de maneira alguma, um receptáculo, e tampouco uma superfície mole sobre a qual se pode escrever. A circulação de pensamentos ou modelos culturais é sempre um processo dinâmico e criativo. Textos, para inverter a questão, não carregam consigo um significado estável e inequívoco, e suas migrações dentro de determinada sociedade produzem interpretações que são móveis, plurais e até mesmo contraditórias. Não existe distinção possível (Mornet ao contrário) entre a difusão, entendida como uma ampliação progressiva dos meios conquistados pelas novas ideias e o corpo de doutrinas e princípios que foram objeto dessa difusão e que poderiam ser identificados exteriormente a qualquer apropriação. Mais ainda, a "opinião pública generalizada" não é uma categoria trans-histórica que apenas requer particularização. Como ideia e como configuração, foi construída numa situação histórica específica com base em discursos e práticas que lhe atribuíram características particulares. O problema não é mais, portanto, se a opinião era receptiva ao espírito filosófico ou resistente a ele, mas compreender as condições que, num dado momento do século XVIII, levaram à emergência de uma nova realidade conceitual e social: a opinião pública.

2
A esfera pública e a opinião pública

Uma leitura (que necessariamente será uma interpretação) da obra clássica de Jürgen Habermas *Strukturwandel der Öffentlichkeit* [A transformação estrutural da esfera pública] nos oferece um guia inicial de como a noção de opinião pública foi construída no século XVIII (1962; Habermas, 1974, p.49--55; Hohendahl, 1974, p.45-8). Habermas apresentou sua tese claramente: no coração do século (em alguns lugares antes, em outros depois) apareceu uma "esfera pública política", que ele também chamou de "uma esfera pública no campo político" ou uma "esfera pública burguesa". Politicamente essa esfera definia um espaço para discussão e intercâmbio distante do controle do Estado (isto é, da "esfera da 'autoridade pública'" ou "poder público") e crítica dos atos ou do fundamento do poder estatal. Sociologicamente era distinta da corte, que pertencia ao domínio do poder público, e do povo, que não tinha acesso ao debate crítico. É por isso que essa esfera podia ser qualificada de "burguesa".

A esfera pública política

Diversos princípios organizacionais governavam a esfera pública política, que derivava diretamente da esfera literária pública e estava baseada nos salões e cafés e numa literatura de periódicos. Sua primeira definição era um espaço onde pessoas privadas faziam uso público de sua razão: "a esfera pública burguesa pode ser concebida acima de tudo como a esfera de pessoas privadas se reunindo como um público" (ibidem, 1962). Havia, assim, um elo fundamental entre a emergência de uma nova forma de "existir público" – que não era mais simplesmente a exibição ou a celebração da autoridade estatal – e a constituição de um domínio do privado que incluía a intimidade da vida doméstica, a sociedade civil fundada sobre o intercâmbio de mercadoria e trabalho e a esfera dada ao exercício crítico da "razão pública".

O processo de privatização típico das sociedades ocidentais entre o final da Idade Média e o século XVIII não deve, portanto, ser considerado meramente um retiro do indivíduo para as várias formas de convivência (conjugal, doméstica ou sociável) que o removeu das exigências e da supervisão do Estado e de sua administração. Sem dúvida, havia uma distinção básica entre o privado e o público no fato de a pessoa privada não participar do exercício do poder e assumir seu lugar em esferas não governadas pela dominação monárquica. Mas foi precisamente essa recém-conquistada autonomia que tornou possível e concebível constituir um novo "público" fundamentado sobre a comunicação estabelecida entre pessoas "privadas" livres de suas obrigações para com o soberano.

Tal comunicação postula que os vários participantes sejam iguais por natureza. A esfera pública política ignorava, portanto, distinções de "ordens" e "estados" que impunham uma hierarquia à sociedade. No intercâmbio de juízos, no exercício de funções críticas e no choque de diferentes opiniões era estabelecida uma igualdade *a priori* entre indivíduos que se diferenciavam entre si apenas pela autoevidência e coerência dos argumentos que apresentavam. À fragmentação de uma ordem organizada com base numa multiplicidade de corpos, a nova esfera pública opunha homogeneidade e uniformidade; em lugar de uma distribuição de autoridade modelada estritamente sobre uma escala social herdada, oferecia uma sociedade que aceitava apenas seus próprios princípios de diferenciação.

O exercício da razão pública por indivíduos privados não deveria estar sujeito a limite algum e nenhum domínio deveria ser proibido. O exercício crítico da razão não era mais refreado pelo respeito devido à autoridade política ou religiosa, como havia sido o exercício da dúvida metódica. A nova esfera pública política trouxe o desaparecimento da divisão instituída por Descartes entre credenciais e obediências, de um lado, e, de outro, opiniões que podiam estar legitimamente sujeitas a dúvida. A primeira "máxima" do "código de moralidade provisional" com que Descartes havia se armado era "obedecer às leis e aos costumes do meu país, conservando a religião que julguei melhor e na qual, com a graça de Deus, fui criado desde a infância" (1953, p.141). Isso o levou a uma distinção fundamental:

> Tendo uma vez me assegurado dessas máximas, e as tendo separado junto as verdades de minha fé, que sempre foram de absoluta certeza para mim, julguei que poderia proceder livremente para rejeitar todas as minhas outras crenças (ibidem, p.144).

Na esfera pública construída um século depois essa reserva desapareceu, uma vez que nenhum domínio de pensamento ou ação era "separado" e removido do julgamento crítico.

Tal julgamento era exercido pelas instituições que tornavam o público um tribunal de crítica estética – os salões, os cafés, os clubes e os periódicos. A publicidade que esses grupos ofereciam, arrebatando das autoridades tradicionais em tais assuntos (a corte, as academias oficiais, um círculo restrito de conhecedores) seu monopólio de avaliação da produção artística, envolvia tanto uma ampliação quanto uma exclusão: uma ampliação porque o grande número de canais para publicidade (os periódicos em particular) criava uma comunidade crítica que incluía "todas as pessoas privadas, pessoas que – uma vez que eram leitores, ouvintes e espectadores [supondo que tivessem riqueza e cultura], podiam se qualificar mediante o mercado de objetos que estavam sujeitos a discussão" (Habermas, 1962); uma exclusão porque "riqueza e cultura" não eram acessíveis a qualquer um, e a maioria das pessoas era mantida fora do debate político derivado da crítica literária porque carecia da competência especial que tornava possível "o público de pessoas privadas fazer uso da razão" (ibidem)[1].

Foi o processo de exclusão que deu importância plena aos debates centrados no conceito de representação durante o século XVIII. Eliminado da esfera pública política por sua inadequação "literária", o povo necessitava fazer sentir sua presença de alguma maneira, "representado" por aqueles cuja vocação era serem seus mentores ou porta-vozes, e os quais expressavam pensamentos que o povo era incapaz de formular. Isso era ainda mais verdade uma vez que as várias linhas de discurso político que fundamentavam a esfera do poder público desenvolveram, cada uma à sua maneira, uma teoria de representação. Segundo Keith Baker, podemos distinguir três teorias: a teoria absolutista, que fazia da pessoa do rei o único representante possível de um reino dividido em ordens, Estados e corpos; a teoria judiciária, que instituiu os Parlamentos como intérpretes da anuência e das postulações da nação; e a teoria administrativa, ou "social", que atribuía a representação racional dos interesses sociais a assembleias municipais ou provinciais fundamentada não em privilégios mas em propriedade (Baker, 1987a, p.469-92). À luz

1 Acerca da posição das mulheres na esfera pública, absolutista ou burguesa, ver Joan B. Landes, 1988.

dessas definições contrastantes e conflitantes (todas elas, porém, focalizando o exercício efetivo ou almejado da autoridade estatal e governamental), a nova esfera pública definia um modo de representação alternativo que removia o conceito de qualquer estrutura institucional – monárquica, parlamentar ou administrativa – e que postulava a autoevidência de uma unanimidade designada pela categoria "opinião pública", e fielmente representada pelos homens esclarecidos capazes de lhe dar voz.

O uso público da razão

Ler Habermas abre um campo de reflexão que leva, primeiro, a questionar a articulação entre os conceitos de público e privado e, a partir daí, parar para considerar o texto que serviu a Habermas como a matriz de sua demonstração: a resposta de Kant à pergunta "O que é Iluminismo?", que aparece num artigo do *Berlinische Monatsschrift* (1784).[2] Kant discute as condições necessárias para o progresso do Iluminismo, que definia como a emergência da humanidade de sua menoridade. Sua resposta reside em duas observações: Primeiro, uma emancipação desse tipo supõe que os indivíduos venham a controlar o uso de sua própria compreensão e sejam capazes de se libertar de "estatutos e fórmulas, essas ferramentas mecânicas do emprego racional, ou melhor, mau emprego, dos... talentos naturais" que obstruem o exercício da mente. Assim, o Iluminismo requer uma ruptura com os padrões de pensamento obrigatórios herdados do passado e o dever de todos de pensar por si mesmos.

2 Sobre este texto, ver os comentários de Ernst Cassirer, 1981, p.227-8, 368; Jürgen Habermas, *Structural Transformation*, p.104-7; Michel Foucault, 1982, p.208-26, especialmente p.215-6; e Michel Foucault, 1984, p.35-9. Todas as citações de Kant nesta seção são extraídas da tradução de Beck de *What is Elightenment?*, 1975.

Mas – e essa é a segunda observação de Kant – para a maioria dos homens essa não é uma conquista fácil, graças à força do hábito arraigado, "que se tornou quase [sua] natureza", e ao peso da autoridade aceita de mentores a quem a humanidade incumbiu a responsabilidade de pensar por ela: "Portanto, há poucos que conseguiram, por seu próprio exercício de mente, libertar-se da incompetência e adquirir um ritmo estável". O progresso de Iluminismo não poderia ser resultado de uma reforma de compreensão assumida por indivíduos separados, isolados, abandonados a seus próprios recursos. "Mas é mais possível que o público deva iluminar a si mesmo; de fato, se a liberdade é garantida, é quase certo que a ela se siga o Iluminismo." Assim, o progresso do Iluminismo requer a constituição de uma comunidade para dar respaldo aos avanços de cada indivíduo e na qual os movimentos ousados daqueles que enxergam mais longe possam ser compartilhados.

Neste ponto de seu argumento Kant propõe uma distinção entre o "uso público" e o "uso privado" da razão que, da maneira como formulou, encerra um aparente paradoxo. O uso privado da razão é "aquele de que a pessoa pode fazer num posto ou gabinete civil particular que lhe é confiado". Assim, o uso privado da razão está associado ao exercício de um cargo ou função (Kant fornece os exemplos do oficial de Exército que deve cumprir ordens e do pastor que leciona para sua congregação) ou com o dever do cidadão para com o Estado (por exemplo, como contribuinte fiscal). O exercício da compreensão em tais circunstâncias poderia ser legitimamente restringida em nome dos "fins públicos" que garantem a própria existência da comunidade à qual pertencem o oficial, o pastor e o contribuinte, naquilo que Kant denominou "o interesse da comunidade". Essa obediência obrigatória, que não deixa lugar para crítica ou raciocínio pessoal, não é prejudicial ao Iluminismo, porque facilita evitar o desmembramento do corpo social que necessariamente ocorreria se a disciplina fosse refutada.

Por que, no entanto, esse uso da razão, que parece o tipo mais "público" de razão em termos da velha definição que identificava "público" como participante de um Estado ou autoridade religiosa, deveria ser designado por Kant como "privado", invertendo assim os significados aceitos desses termos? Usando o exemplo do clérigo ensinando a seus fiéis, Kant esboça seus motivos para essa definição paradoxal: "O uso... que um professor indicado faz de sua razão diante sua congregação é meramente privada, pois essa congregação é apenas doméstica (mesmo que seja um grande agrupamento de pessoas)." A categoria "privado" refere-se, portanto, à natureza da comunidade na qual se faz uso da compreensão. Uma assembleia de fiéis, uma igreja particular, um Exército, até mesmo um Estado, todos constituem entidades singulares, circunscritas e localizadas. Quanto a isso diferem radicalmente da "sociedade de cidadãos do mundo", que não ocupa um território determinado e cuja composição é ilimitada. Assim, "famílias" sociais, qualquer que seja seu tamanho e sua natureza, são muitos segmentos que fragmentam a comunidade universal; devem, portanto, ser consideradas pertencentes à ordem do "privado", em contraste com um "público" definido não pela participação, como agente e sujeito, no exercício de alguma autoridade particular, mas pela identificação com a humanidade como um todo.

Assim colocado numa escala universal, o uso público da compreensão contrasta, termo por termo, com o uso "privado" exercido em uma relação de dominação específica e limitada. "Entendo como uso público da razão o uso que a pessoa dela faz como erudito diante de um público leitor; "como erudito" – ou seja, como membro de uma sociedade sem distinção de hierarquia ou condição social; "diante do público leitor" – ou seja, dirigindo-se a uma comunidade não definida como parte de uma instituição. O "público" necessário pra o advento do Iluminismo e cuja liberdade não pode ser limitada constitui-se assim de indivíduos que têm os mesmos direitos, que pensam por si próprios e falam em seu próprio nome, e que se comunicam escrevendo para seus pares. Não deve existir nenhum domínio inacessível para sua atividade crítica – nem as artes, nem as ciências, e tampouco as "questões religiosas" ou a "legislação". O príncipe esclarecido (leia-se Frederico II) é esclarecido precisamente porque permite que esse uso público da razão se desenvolva sem constrição ou restrição, permitindo assim que os homens atinjam sua maturidade plena. Uma tolerância dessa espécie de forma nenhuma coloca em risco a "ordem civil", que é garantida pelos limites impostos ao uso feito da razão nas funções requeridas pela profissão ou *status* social. Mais ainda, a tolerância tem o mérito de prover um exemplo surpreendente: "Este espírito de liberdade se espalha para além desse território, mesmo para aqueles que precisam lutar com obstáculos externos erguidos por um governo que compreende mal seus próprios interesses" (como era o caso do reino da França, que possivelmente Kant tivesse em mente sem explicitar).

Neste texto Kant rompe com duas tradições. Primeiro, propõe uma nova articulação da relação do público com o privado, não só equiparando o exercício público da razão a julgamentos produzidos e comunicados por indivíduos privados atuando como eruditos ou "em sua qualidade de homens letrados" (como sustentava Habermas), mas também definindo o público como a esfera do universal e o privado como o domínio de interesses particulares e "domésticos" (que podem ser até mesmo os de uma igreja ou Estado). Segundo, Kant modificou a maneira pela qual os legítimos limites para as atividades críticas deveriam ser concebidos. Assim, tais limites não mais residiam nos próprios objetos do pensamento, como no raciocínio cartesiano, que começa por postular que existem domínios proibidos para a dúvida metódica; eles residem na posição do sujeito pensante legitimamente constrangido ao executar os deveres de seu cargo ou de seu *status*, necessariamente livre quando age como membro de "uma sociedade de cidadãos do mundo".

Tal sociedade é unificada pela circulação de livros escritos que autorizam a comunicação e discussão de pensamentos. Kant insiste nesse ponto, sistematicamente associando o "uso público da razão individual" com a produção ou leitura de matéria escrita. Como pessoa educada, todo cidadão deve ter a permissão de "fazer seus comentários livre e publicamente, isto é, *mediante o ato de escrever*, sobre os aspectos errôneos da presente instituição" (grifo nosso). Aqui o "público" não é construído com base em novas formas de sociabilidade intelectual tais como clubes, cafés, sociedades ou lojas, porque esses grupos sem dúvida retinham algo da "congregação doméstica", reunindo uma comunidade específica, discreta. Tampouco o "público" é constituído com referência ao ideal da cidade na Antiguidade clássica, que pressupunha ser capaz de escutar a palavra falada e deliberada em comum, e envolvia a proximidade física de todos os membros do corpo político. Para Kant, apenas a comunicação escrita, que permite intercâmbio na ausência do autor e cria uma área autônoma para debate de ideias, é admissível como uma figura para o universal.

A concepção que Kant tem do domínio específico para o uso público da razão derivava da noção e das funções da *Respublica litteratorum* [República literária], um conceito que unia os letrados e cultos, por meio da correspondência e da imprensa, antes mesmo do Iluminismo (Mandrou, 1988, p.263-80; Dibon, 1978, p.42-55).[3] Baseada no livre engajamento da vontade, em

3 Referência às práticas da vida intelectual no século XVII, baseadas, desde a época dos libertinos cultos, na troca de correspondência, na comunicação de manuscritos, em livros emprestados ou oferecidos como presentes e, após 1750, em periódicos de cultura. Coexiste no texto de Kant com um reconhecimento implícito da situação na Alemanha, onde, ainda mais que na França, os intelectuais estavam mais concentrados na capital, dependiam de matéria escrita. Em 1827, Goethe comentou essa característica nacional com especial força: "Todos nossos homens de talento estão espalhados pelo país. Um está em Viena, outro em Berlim, um em Königsberg, outro em

igualdade entre seus interlocutores e no exercício absolutamente desinteressado do intelecto, a República das Letras (inventada não pelos *Philosophes*, mas por homens de cultura no século precedente) fornecia um modelo e um apoio para a livre investigação pública de questões relativas à religião e legislação. Ao mesmo tempo, a referência à noção de vontade livremente engajada assinala a distância que separa a universalidade teórica do conceito de público e a composição real desse corpo. Na época de Kant, o "público leitor" não era de maneira nenhuma o todo da sociedade, e o público capaz de uma produção escrita era ainda menor. Kant explicava a distância que implicitamente reconhecia entre o público e o povo como um todo dizendo que

> da forma como as coisas estão agora, falta muito que impede os homens de serem, ou de se tornarem facilmente, capazes de usar sua própria razão em questões religiosas com segurança e livres de condução externa

(ou, poderíamos acrescentar, bem como em questões referentes às artes, às ciências ou à legislação). "Toda a comunidade" constituía apenas potencialmente "a sociedade dos cidadãos do mundo". Quando essas duas entidades coincidissem, poder-se-ia prever o advento de "uma era esclarecida".

O público ou o povo

Kant sustentava que a distinção entre o público e o popular era temporária, transitória e característica de um século que era uma "era de iluminismo" mas ainda não uma "era iluminada".

Bonn ou Düsseldorf, todos separados entre si por cinquenta ou cem milhas de distância, de modo que o contato pessoal ou a troca pessoal de ideias é uma raridade" (citado por Norbert Elias, 1969a, p.28).

Para outros pensadores do século XVIII, porém, as duas coisas constituíam uma dicotomia irreconciliável. "O público não era um povo", afirmou Mona Ozouf ao mostrar como, durante as últimas décadas do Antigo Regime, a opinião pública era definida em contraste preciso com a opinião da maioria. Contrastes léxicos demonstram isso de forma particularmente vigorosa: Condorcet contrastava "opinião" com "populacho"; Marmontel opunha "a opinião dos homens letrados" e "a opinião das multidões"; D'Alembert falava do "público realmente esclarecido" e da "multidão cega e barulhenta"; Condorcet, novamente, estabeleceu "a opinião de pessoas esclarecidas que precede a opinião pública e termina por ditá-la" contra "a opinião popular" (Ozuf, 1987, p.419-34). A opinião pública, estabelecida como autoridade soberana e árbitro final, era necessariamente estável, unificada e fundamentada na razão. A universalidade de seus juízos e a obrigatória autoevidência de seus decretos derivavam da constância invariável e desapaixonada; o reverso da opinião popular, que era múltipla, versátil e habitada pelo preconceito e pela paixão.

Esses autores revelam uma forte persistência de representações mais antigas do "povo"; uma imagem negativa do público ao qual todas as opiniões devem se submeter. A definição de *povo*, que varia pouco nos dicionários de língua francesa de Richelet até Furetière, do *Dictionnaire de l'Académie* [Dicionário da Academia] ao *Dictionnaire* [Dicionário] de Trévoux, enfatiza a instabilidade fundamental atribuída à opinião popular ao longo de todo o século XVIII (Fleury, 1986). Por exemplo, a edição de 1727 do *Dictionnaire Universel* de Furetière [Dicionário Universal Furetière] cita: "O povo é povo em toda parte; ou seja, tolo, inquieto, ávido de novidades". Seguem-se dois exemplos: "O povo tem o hábito de odiar nos outros as mesmas qualidades que neles aprecia (Voiture)", e "Não há meio-termo no humor do povo. Se ele não teme, deve ser temido, mas quando teme pode ser desprezado impunemente (d'Ablancourt)". Sujeito a extremos, inconstante, contraditório, cego, o *povo* nos dicionários do século

XVIII permanecia fiel a seu retrato na tragédia clássica: sempre pronto a mudar de rumo, dócil ou furioso, de um minuto a outro, mas sempre manipulável. Assim, no último ato do *Nicomède* de Corneille, encenado pela primeira vez no inverno de 1650 e publicado em 1651, a revolta popular era simplesmente uma arma disputada pelos poderosos. A revolta é primeiro fomentada por Laodice:

Par le droit de la guerre, il fut toujours permis
D´alumer la révolte entre ses ennemis.

Pelas leis da guerra sempre foi permitido
Incitar a revolta entre seus inimigos.

A seguir, talvez a ser neutralizado por Prusias, se der ouvidos ao conselho de Arsinoé:

Montrez-vous à ce peuple, et flattant son courroux
Amusez-le du moins à débattre avec vous.

Mostrai-vos a esse povo, e curvando-se à sua ira
Ao menos alegrai-o permitindo debater convosco

Finalmente é extinto por um gesto de Nicomède:

Tout est calme, Seigneur: un moment de ma vue
A soudain apaisé la populace.

Tudo está calmo, senhor. A simples vista de mim
Acalmou de súbito o populacho (Corneille, 1963, 1970, p.539-41, versos 1696-97, 1621-22, e 1779-80.)

Sobrecarregado com essas representações arraigadas, o povo não podia ser visto facilmente como agente político, mesmo quando o discurso não era deliberadamente depreciativo. O artigo "Peuple", compilado por Jancourt para a *Enciclopédia*, representa uma prova disso (Encyclopédie, 1778-81, vol. 25, p. 543-5). O artigo propõe uma definição estritamente sociológica: o povo é exclusivamente "os trabalhadores e os lavradores", excluindo os homens da lei e os homens de letras, os homens de negócios e os homens de finanças, e até mesmo "a espécie dos artesãos, ou melhor, artistas requintados que trabalham em itens de luxo". Considerado formando "sempre a parte mais numerosa e mais necessária da nação", esse povo de trabalhadores e camponeses, objeto de pena e respeito, era considerado absolutamente incapaz de participar num governo de conselho ou representação, mas era sempre ligado ao soberano numa relação de fidelidade oferecida em troca de salvaguarda, de compromisso em troca de ter assegurada uma "melhor subsistência". O artigo continua:

> Os reis não têm súditos mais fiéis e, ouso dizer, melhores amigos. Há mais amor público nessa ordem do que talvez em todas as outras ordens; não porque seja pobre, mas porque sabe muito bem, apesar de sua ignorância, que a autoridade e a proteção do príncipe são a única garantia de sua segurança e bem-estar.

A *Enciclopédia* não reconhece a noção de "opinião pública". O termo *opinião* pode ser encontrado ali como uma categoria lógica ("um juízo da mente dúbia e incerta", oposta à autoevidência da ciência) ou, no plural, como um termo técnico na linguagem judicial (ibidem, p.754-7). O termo *público* é usado apenas como adjetivo, como em "o bem público" ou "o interesse público", cuja salvaguarda é confiada "ao soberano e aos funcionários que, sob suas ordens, estão encarregados dessa responsabilidade" (ibidem, p.752-3). Não precisamos forçar nossa análise até o ponto de comparar a definição que a *Enciclopédia* dá de "o povo" com a noção de "o público", que ainda não existia na *summa* filosófica do século XVIII (prova, aliás, da afirmação tardia da noção mais recente). Não obstante, ao reiterar as imagens tradicionais do povo como amoroso ou rebelde, a *Enciclopédia* manifesta a validade continuada de uma representação que considerava as duras exigências da condição popular incompatíveis com sua participação na condução racional de um governo.

Quando o poder da opinião pública realmente emergiu – definida como a autoridade superior à qual todas as opiniões particulares devem se curvar, mesmo as do rei e de seus administradores – a distinção entre opinião pública e opinião popular tornou-se essencial. Conforme indicou Keith Baker, o conceito de opinião pública surgiu em discussões que tiveram lugar em torno de 1750, primeiro na controvérsia sobre a recusa dos sacramentos aos jansenistas, depois sobre a liberalização do comércio de grãos e, finalmente, sobre a administração financeira do reino (Baker, 1987b, p.204-6). Impotente para proibir o debate público, a própria monarquia foi forçada a participar dele para explicar, persuadir e tentar obter aprovação e apoio.

Assim, uma nova cultura política tomava forma, reconhecida como novidade por seus contemporâneos no fato de transferir o assento da autoridade, da vontade exclusiva do rei, que tomava decisões em segredo e sem apelação, para o juízo de uma entidade não corporificada em nenhuma instituição, que debatia publicamente e era mais soberana que o soberano. Isso aumentou a acuidade e a urgência de novas questões: Como era possível distinguir essa autoridade delegada ao público das violentas diferenças entre facções rivais ilustradas de forma tão detestável na Inglaterra? Quem eram os verdadeiros porta-vozes da opinião que daquela maneira se tornara pública: os homens de letras que a modelavam, os magistrados do Parlamento que a formulavam, ou os administradores esclarecidos que a executavam? Finalmente, como se deveria avaliar a autoevidência de seus decretos para haver garantia de consenso? Embora todos reconhecessem a existência da opinião pública e postulassem sua unidade, não havia resposta unânime para essas perguntas pois a opinião pública era ao mesmo tempo uma voz que exigia ser ouvida e um tribunal que devia ser persuadido.

O tribunal da opinião

Em 1775, em seu primeiro discurso diante da Académie Française, Chrétien-Guillaume Malesherbes expressou veementemente a ideia – comumente aceita na época – de que a opinião pública devia ser considerada uma corte de justiça mais imperiosa que qualquer outra:

> Surgiu um tribunal independente de todos os poderes e que todos os poderes respeitam, que aprecia todos os talentos, que se pronuncia sobre todas as pessoas de mérito. E num século iluminado, num século em que todos os cidadãos podem falar para toda a nação por meio da imprensa, aqueles que têm o talento de instruir os homens e o dom de comovê-los – em uma palavra, os homens de letras – são, em meio ao público disperso, o que os oradores de Roma e Atenas eram no meio do público reunido (Ozouf, 1987, p.424).

Há diversos argumentos contidos nessa comparação. Primeiro, ela investia os novos juízes – "em uma palavra, os homens de letras" – de uma autoridade que os juízes ordinários não possuíam. Sua competência não tinha restrições e sua jurisdição não conhecia limites; sua liberdade de julgamento era garantida porque não dependiam de maneira nenhuma do poder do dirigente; seus decretos tinham a força de proposições autoevidentes. Estabelecendo os homens de letras como os magistrados de um tribunal ideal e supremo era investi-los da legitimidade fundamentalmente judiciária de todos os poderes tradicionais, a começar pelo rei e pelo Parlamento. Assim, o poder dos "homens de letras" não mais se fundamentava exclusivamente

– como no *Système figuré des connaissances humaines* da *Encyclopédie* [Sistema figurado dos conhecimentos humanos da Enciclopédia] – na submissão da "ciência de Deus, ou Teologia natural, que Deus houve por bem corrigir e santificar pela Revelação" a uma "ciência do ser em geral", o primeiro ramo da "filosofia ou ciência (pois essas palavras são sinônimas)" que era "a porção do conhecimento humano que deveria estar relacionada com a razão". Essa sujeição permitia que o papel de guia da humanidade fosse transferido dos escolásticos aos *Philosophes* (D'Alembert, 1965, p.155-68). Com a invenção da opinião pública, "a nação iluminada dos homens de letras e a nação livre e desinteressada dos *Philosophes*" viu-se investida de um verdadeiro ofício público (ibidem, p.15; Darnton, 1984a, p.190-213).

A referência ao judicial tinha, no entanto, outra função. Visava a estabelecer uma conexão entre a universalidade de julgamentos e a dispersão das pessoas, e a construir uma opinião uniforme que, diferentemente dos antigos, não tinha localização física onde se expressar e experienciar sua unidade. Tal como posteriormente para Kant, era a circulação da matéria impressa que tornava possível para Malesherbes, nos protestos que apresentou em maio de 1775 em nome da Cour des Aides, contemplar a constituição de um público unificado numa nação em que as pessoas estavam necessariamente separadas umas das outras e formavam suas ideias individualmente:

> O conhecimento está sento estendido pela Imprensa, as Leis escritas são hoje conhecidas por todos e todo mundo pode abarcar seus próprios assuntos. Os Juristas perderam o império que a ignorância dos outros homens lhes proporcionava. Os Juízes podem ser eles próprios julgados por um Público instruído, e a censura é muito mais severa e mais equitativa quando pode ser exercida numa leitura fria e reflexiva do que quando sufrágios são constrangidos em tumultuada assembleia (Malesherbes, 1978, p.272-3).

Associando a natureza pública da palavra escrita – vastamente incrementada pelas impressões (um recurso indispensável no combate à "clandestinidade" da administração) – com a autoridade suprema dos julgamentos pronunciados pelo bloco público até mesmo em relação aos juízes, Malesherbes converteu os amontoados de opiniões pessoais que emergem da leitura solitária em uma entidade conceitual coletiva e anônima que é ao mesmo tempo abstrata e homogênea.

Condorcet desenvolveu a mesma ideia nas páginas iniciais da oitava "epoch" de seu *Esquisse d'un tableau historique des progrès de l'esprit humain* [Esboço de um panorama histórico do progresso do espírito humano], escrito em 1793. Lançou seu argumento contrastando a palavra falada, que atinge apenas ouvintes próximos e excita suas emoções, com a palavra impressa, cuja circulação cria as condições para uma comunicação ilimitada e desapaixonada.

> Os homens se descobriram possuidores do meio de comunicar-se com pessoas do mundo inteiro. Uma nova espécie de tribunal passara a ter existência, no qual impressões menos vívidas, porém mais profundas eram comunicadas; o que não mais permitia o exercício do mesmo império tirânico sobre as mentes dos homens, mas assegurava um poder sobre suas mentes mais certo e duradouro; uma situação na qual as vantagens estão todas do lado da verdade, pois aquilo que a arte da comunicação perde no poder de seduzir, ela ganha do poder de iluminar.

A imprensa tornou possível, portanto, a constituição de um reino público que independia da proximidade física – uma comunidade sem presença visível:

> A opinião pública que se formou dessa maneira era poderosa em virtude de seu tamanho, e efetiva porque as forças que a criaram operavam com igual intensidade sobre todos os homens ao mesmo

> tempo, não importando as distâncias que os separavam. Numa palavra, agora temos um tribunal, independente de toda coerção humana, que favorece a razão e a justiça, um tribunal de cujo escrutínio é difícil se esquivar, e de cujo veredicto é impossível fugir (Condorcet, 1988, p.188).[4]

Esse tribunal – no qual os leitores eram os juízes e autores e os autores, as partes interessadas – era uma manifestação do universal porque "todos os homens que falam a mesma linguagem podem se manifestar com referência a qualquer questão discutida em qualquer lugar" (ibidem, p.189). Mesmo que Condorcet tenha dado a opinião mais "democrática", a opinião pública, idealmente universal, precisaria chegar a termos com óbvias cisões culturais, e não era algo muito fácil fazer o conceito absoluto coincidir com as realidades do mundo social:

> E assim, embora restasse um grande número de pessoas condenadas à ignorância, quer voluntária quer forçada, a fronteira entre os cultos e os incultos havia sido quase inteiramente apagada, deixando uma graduação inconsciente entre os dois extremos, a genialidade e a estupidez (ibidem, p.140).

Os próprios termos empregados por Condorcet ("embora", "quase inteiramente") indicavam claramente a persistência de uma distância que era, no entanto, considerada abolida.

Assim, do século XVII para o XVIII houvera uma mudança radical na maneira de conceber o público. Na época da política "barroca" os traços que definiam o público eram os mesmos que tipificavam o público de teatro: heterogêneo, hierarquizado e transformado em um público apenas pelo espetáculo que lhes era dado ver e acreditar. Esse tipo de público era potencialmente

---

4 Para uma discussão em outro contexto sobre a relação entre a circulação de material impresso e a esfera pública, ver Michael Warner, 1990.

composto de homens e mulheres de todos os níveis sociais; reunia todos cuja adesão e apoio se buscava – os poderosos e as pessoas comuns, políticos astutos e plebeus ignorantes. Era também um público a ser "conduzido pelo nariz"; a ser "seduzido e iludido pelas aparências", segundo Naudé, o autonomeado teórico de uma política cujos efeitos mais espetaculares sempre mascaravam as manobras que os produziam e as metas que buscavam alcançar (Jouhaud, 1985a, p.337-52; 1985b). Capturados, mantidos cativos e manipulados dessa forma, os espectadores do *theatrum mundi* de maneira alguma constituíam uma "opinião pública" (mesmo que a expressão possa ser encontrada antes de 1750, por exemplo, em Saint-Simon).

Quando o conceito de "opinião pública" realmente emergiu, efetivou uma dupla ruptura. Contrapunha-se à arte do engodo, da dissimulação e do segredo apelando para uma transparência que deveria assegurar a visibilidade de intenções. Diante do tribunal todas as causas podiam ser defendidas sem duplicidade: causas que evidentemente tinham a justiça e a razão a seu lado necessariamente triunfariam. Mas nem todos os cidadãos eram (ou ainda não eram) adeptos de exercer seu julgamento desse modo, ou de se reunir para formar uma opinião esclarecida. Assim sendo, uma segunda ruptura rejeitava o público que se misturava nos teatros, onde os lugares mais baratos do fundo da plateia ficavam próximos aos camarotes, e onde todo mundo tinha sua própria interpretação – grosseira ou sofisticada – de um espetáculo destinado a todos, em favor de um público mais homogêneo que servia como tribunal para julgar os méritos e talentos poéticos e literários. Quando se começou a pensar a opinião do ponto de vista do ator, em vez de objeto de ação, ela se tornou pública e perdeu sua universalidade, e passou a excluir muita gente que carecia de competência para assumir os decretos que ela proclamava.

A constituição do público

Constituir o público como uma entidade cujos decretos tinham mais força do que os das autoridades estabelecidas pressupunha diversas operações. Dois exemplos devem bastar para ilustrá-las. A primeira operação, que concerne às memórias publicadas por grande número tanto de advogados como de litigantes a partir de 1770, serviu para tomar a comparação judicial ao pé da letra. Malesherbes justificou essa operação em seus protestos de 1775, onde se manifestou contra a crítica de juízes que achavam que "o público não deveria ser constituído como juiz nas cortes":

> Basicamente, a ordem comum da justiça na França é que ela seja tornada pública. É a uma audiência pública que todos os casos devem ser normalmente trazidos; e quando se toma o Público como testemunha por meio de Memórias impressas, tudo isso faz por aumentar o caráter público da audiência (Malesherbes, 1978, p.269-70).

Em todos os casos, um assunto que esteja sendo examinado por um tribunal normal deveria ser exposto perante a opinião. Tomar um caso específico que colocasse pessoas privadas uma contra outra e que estava sujeito aos procedimentos secretos da Justiça, e transformá-lo num debate público encarregado de trazer a verdade à tona e, com efeito, transformar o contexto na qual o julgamento tinha lugar, exigia a adoção de várias estratégias.

A estratégia fundamental consistia em investir a causa que estava sendo defendida com valor geral e exemplar. Lacretelle, um advogado, chegou a dizer:

> Qualquer caso particular que leve a considerações gerais e seja passível de se tornar um foco importante de atenção pública deve ser considerado um evento de máxima importância no qual a

experiência testemunha com plena autoridade e a opinião pública se ergue com toda sua influência.

Uma testemunha admiradora nos conta que essa também era a prática de Lacretelle:

> Em vez de se fechar no estreito círculo de um assunto corriqueiro, ele abarca as leis constitutivas dos vários governos; ele enxerga apenas os resultados mais importantes; cada caso particular se torna, nas mãos dele, o programa de uma questão de Estado.

A dívida que um nobre da corte se recusava a pagar a seus credores, que eram cidadãos comuns, tornava-se a ocasião ideal para denunciar privilégios injustos, assim como a detenção de um cavalheiro bretão era a oportunidade de denunciar as *lettres de cachet* (Maza, 1987, p.73-90; Renwick, 1982; Lüsebrink, 1980, p.892-900).[5]

Duas outras coisas precisavam ser conseguidas antes que casos específicos pudessem ser investidos de significância universal. Primeiro, era necessário romper o sigilo dos procedimentos judiciais mobilizando o potencial de circulação de textos impressos na maior escala possível. Isso contribuía para as grandes tiragens impressas de memórias judiciais (3 mil cópias pelo menos, com frequência 6 mil, e ocasionalmente 10 mil cópias ou mais), bem como para seu baixo preço (quando não eram distribuídas gratuitamente). Segundo, um estilo de redação diferente devia substituir a costumeira prosa legal, um estilo que tirasse seus modelos e referências de gêneros bem-sucedidos e desse à narrativa uma forma dramática ou, ainda, um estilo baseado numa narrativa em primeira pessoa, que emprestava veracidade mediante o emprego do "eu", como na literatura da época.

---

5 Devo ao artigo de Maza ambas as citações e ideias no tocante às memórias judiciais.

Universalizar o particular, tornar público o que havia sido secreto e "ficcionalizar" o discurso eram as técnicas que os advogados usavam para apelar para a opinião e, ao fazê-lo, proclamar-se intérpretes autorizados dessa opinião.

A relação tradicional direta, discreta e exclusiva que vinculava os indivíduos ao rei – o fiador e guardião dos segredos domésticos – deu lugar a um mecanismo totalmente distinto na exposição pública das diferenças privadas (Farge, 1986a, p.580-617; Farge & Foucault, 1982). Desse ponto de vista, as memórias judiciais são o perfeito inverso das *lettres de cachet* concedidas pelo soberano em resposta às solicitações das famílias interessadas em sufocar "desordens" que manchavam sua honra. As memórias revelavam os que as *lettres* ocultavam; elas esperavam do julgamento por parte da opinião o que as *lettres* esperavam ganhar da onipotência do monarca; convertiam num processo civil os escândalos que as *lettres* estavam encarregadas de ocultar. A "politização" do setor privado parece assim ter surgido a partir de um desenvolvimento que baseava a própria existência de uma nova esfera pública num processo de "privatização" no qual os indivíduos gradualmente conquistavam autonomia e liberdade da autoridade estatal.

A segunda operação, a emergência do público como uma corte de julgamento mais elevada, fica clara na evolução da crítica artística. Após 1737, quando o Salão se tornou uma instituição regular e bem frequentada, sua própria existência transferiu a legitimidade da apreciação estética, tirando-a do estreito meio que até então havia clamado seu monopólio (a Académie Royale de Peinture et Sculpture, clientes aristocráticos e eclesiásticos, colecionadores e os comerciantes que lhes vendiam as obras de arte), e passando-a para o misturado e numeroso público que passava julgamento sobre os quadros pendurados no Salão do Louvre. Nomear aquela multidão de visitantes como tribunal de bom gosto não deixava de ter seus problemas. Como escreveu Thomas Crow, uma questão estava no centro da mente de todos aqueles que davam sustentação às expectativas e gostos desses novos espectadores, em oposição às velhas autoridades:

> O que transforma [uma] audiência em um público, isto é, numa comunidade com um papel legítimo a desempenhar na justificação da prática artística e no estabelecimento de valor dos produtos dessa prática? A audiência é a manifestação concreta do público, mas jamais idêntica a ele... O público surge, com uma forma e uma vontade, por meio das várias alegações feitas para representá-lo; e quando números suficientes de uma audiência chegam a acreditar em uma ou outra dessas representações, o público pode se tornar um importante ator arte-histórico (Crow, 1985, p.5).

Transformar espectadores em "público" encontrou forte resistência da Académie, dos *conoisseurs* e, até mesmo, dos próprios artistas. Não obstante, o movimento foi relativamente bem-sucedido, sob a ação dos críticos independentes (com frequência anônimos, e ocasionalmente clandestinos) cujos números aumentaram depois de 1770 e cujos escritos circulavam de forma visivelmente mais ampla do que os comentários de Denis Diderot reservados para os assinantes do *Correspondance littéraire* [Correspondência literária], de Melchior Grimm. Da mesma maneira que o público era simultaneamente invocado e representado pelos advogados em suas memórias judiciais, o público que se julgava regular o gosto nas belas-artes encontrou seus primeiros intérpretes nos críticos que o estabeleceram no papel de legisladores estéticos.

Mesmo que tenha sido definida como entidade conceitual (ou talvez por causa disso), e não em termos sociológicos, a noção de opinião pública que invadiu o discurso de todos os segmentos da sociedade – político, administrativo e judicial – nas duas ou três últimas décadas do Antigo Regime operaram como um instrumento poderoso tanto para a divisão como para a legitimação social. Na realidade, a opinião pública fundamentava a autoridade de todos aqueles que, afirmando que reconheciam unicamente seus decretos, nomeavam a si próprios como encarregados de pronunciar seus julgamentos. Foi na consolidação da opinião em um público unificado, esclarecido e soberano que os homens de letras, como escreveu Tocqueville, "assumiram a liderança na política". Universal em sua essência, o público capaz de fazer uso crítico da razão estava longe de ser universal em sua efetiva composição. A esfera pública, emancipada do domínio no qual o monarca detinha o controle, não tinha, portanto, nada em comum com as opiniões oscilantes e emoções cegas da multidão. Havia uma clara fenda entre o público e o povo. De Malesherbes a Kant, a linha demarcatória corria entre aqueles que sabiam ler e produzir material escrito e aqueles que não sabiam.

3
O caminho de imprimir

Dois textos aproximadamente contemporâneos permitem--nos um primeiro exame da relação entre o surgimento da esfera pública e a circulação da palavra impressa. O primeiro é *Mémoires sur la librairie* [Memórias da livraria], de Malesherbes, escrito em 1758 e 1759, depois de Malesherbes ter sido indicado diretor do comércio livreiro em 1750 (1979).[1] O segundo é o memorial dissertação sobre liberdade de imprensa escrita por Diderot aproximadamente no fim de 1763 sob requisição da associação profissional dos livreiros de Paris, a Communauté des Libraires Parisiens, e em particular sob a solicitação do *syndic* dessa organização, o livreiro Le Breton, um dos responsáveis pela publicação da *Enciclopédia*. Esse segundo texto se tornou conhecido após o século XIX pelo título *Lettre sur le commerce de la librairie* [Cartas do comérico livreiro], o título original do manuscrito assinado

1 Todas as citações e números de página das memórias de Malesherbes referem--se a esse texto e são citadas como *M*.

(Diderot, 1964; 1963-73, p.305-81; Proust, 1961, p.321-45).[2] Os dois textos foram dirigidos a figuras similares, bem como tiveram datas de publicação quase contemporâneas. Malesherbes escreveu suas *Mémoires...* para uma pessoa poderosa, provavelmente seu próprio pai, Guillaume de Lamoignon, que havia sido chanceler desde 1750 e, por esse motivo, era responsável pela supervisão do comércio de livros. De Lamoignon então transmitiu as *Mémoires* ao delfim. O memorial de Diderot deveria ser enviado em nome da Communauté des Libraires para Antoine de Sartine, que substituíra Malesherbes como diretor do comércio livreiro em 1763 quando, depois de seu pai ter caído em desgraça, renunciou ao cargo para poder se dedicar em tempo integral às suas responsabilidades como primeiro presidente da Cour des Aides. Em ambos os casos, então, os textos foram escritos dirigindo-se a altos níveis da administração real com o propósito de submeter queixas e propostas de reforma, mas sem intenção de que fossem publicados (de fato, as *Mémoires...* de Malesherbes não foram publicadas até 1809, e a *Lettre* [Carta] de Diderot, apenas em 1861).

Diderot, no entanto, em 1769 pensou em publicar seu memorial como uma coletânea de textos reunidos. Em uma carta endereçada a Madame de Meaux, ele o descreveu nos seguintes termos:

> Eu poderia acrescentar a essa [coletânea] um texto que escrevi sobre liberdade de imprensa, no qual exponho a história dos regulamentos que governam o comércio livreiro, as circunstâncias que os produziram, o que deveria ser mantido e o que precisaria ser eliminado (Proust, p.7).

2 Todas as citações e números de página mencionados neste texto referem-se a essa edição e são citadas como *L*. Outra edição das memórias acha-se disponível sob o título *Lettre historique et politique sur le commerce de la librairie*, em Diderot, *Oeuvres complètes*, 15 vs. Paris: Le Club Français du Livre, 1963–1973, 5:305-81. Sobre essas memórias, ver Jacques Proust, "Pour servir à une édition critique de la Lettre sur le commerce de la librairie", *Diderot Studies* 3, 1961: 321-45.

Por "liberdade de imprensa" Diderot entendia a liberdade de publicar matéria impressa de qualquer espécie – livros, libelos ou periódicos. A expressão também foi usada por Malesherbes, que criticou o excesso de censura:

> As pessoas têm medo de ofender os ministros, como se estes não fossem amplamente compensados, com a eminência de suas posições, pelos pequenos desconfortos aos quais a liberdade de imprensa poderia expô-los (*M*, p.121).

Para Malesherbes, assim como para Diderot, portanto, a questão central era a liberdade de imprimir, uma vez que ambos os autores sustentavam que a livre publicação era necessária para o advento da verdade:

> Os livros não causam nenhum dano; mas o espírito humano está fazendo um progresso que tende rumo a bem geral. Existem desvios, mas a longo prazo a verdade prevalece (*M*, p.110).
>
> Não vou discutir se esses livros perigosos [os livros proibidos] são tão perigosos quanto as pessoas dizem; se mentiras e sofismas não são cedo ou tarde reconhecidos e tratados com desprezo; se a verdade, que jamais pode ser sufocada, espalhando-se gradualmente, vencendo a passos quase insensíveis o preconceito que encontra, e tornando-se generalizada apenas um surpreendente lapso de tempo, pode alguma vez ter algum perigo real (*L*, p.87).

As crises da década de 1750

Uma leitura cuidadosa dessas linhas revela traços das três crises que abalaram todo o sistema de censura e policiamento de livros perto do fim da década de 1750 e, mais do que isso, o próprio poder real. A primeira crise foi estritamente política, e suas raízes residiram na recusa do sacramento aos jansenistas.

De um lado, o arcebispo de Paris ordenou ao clero em 1751 administrar a extrema-unção somente a padres que pudessem apresentar um *billet de confession* assinado por um padre que tivesse aderido à bula papal *Unigenitus*, condenando os jansenistas; de outro, o Parlamento de Paris protegia os padres que estavam sendo importunados. Uma vez que o rei anulava diversas das decisões do Parlamento (em particular, os decretos que determinavam a prisão dos padres que se recusavam a administrar os sacramentos), a autoridade desse corpo se tornou o maior ponto da controvérsia. O confronto tornou-se particularmente acirrado em dezembro de 1756, quando Luís XV promulgou várias declarações e éditos em seu *lit de justice* que atingiram abertamente as posições dos magistrados de Paris. Os eventos foram precipitados pela tentativa de regicídio de Damien, em 5 de janeiro de 1757, com a prisão, em 11 de janeiro, de dois oficiais do Parlamento da Bretanha que se manifestaram aberta e insistentemente contra a declaração fiscal de julho de 1756, e pelo exílio, em 27 de janeiro, de 16 membros do Parlamento de Paris que haviam sido exonerados de suas funções pelo *lit de justice* do rei em dezembro. A crise se estendeu por todo o verão de 1757 e só terminou com a reabilitação do Parlamento em setembro (Kley, 1984). Ela provê o pano de fundo que dá maior significado a dois outros casos que tanto Malesherbes como Diderot tinham em mente quando escreveram seus memorandos sobre o comércio livreiro.

Em várias ocasiões Malesherbes aludiu em seu memorial a um conflito surgido entre o Parlamento e o rei com referência ao *De l'Esprit* [Do espírito], de Helvétius. Aprovada (salvo alguns poucos cortes) pelos dois censores aos quais havia sido submetida, a obra recebera um *privilège* em maio de 1758 e saíra da gráfica dois meses depois. Foi então que irrompeu o escândalo referente à "irreligião" da obra, que tratava a moralidade como uma ciência experimental governada pelas várias exigências do bem público, em vez de seguir os mandamentos universais da Igreja. Um decreto do conselho real datado de 10 de agosto de 1758 revogou o *privilège* da obra, e tanto Helvétius quanto o Primeiro Censor Tercier, que nada vira de condenável no manuscrito, foram obrigados a fazer uma retratação pública. Apesar do decreto do conselho, o Parlamento decidiu, em 23 de janeiro de 1759, julgar a obra, com uma série de outras também consideradas suspeitas. Em 6 de fevereiro o trabalho de Helvétius foi sentenciado a ser queimado; a sentença foi executada quatro dias depois (Ozanam, 1955, p.140-70; Grosclaude, 1961, p.120-7). O caso teve grande impacto, tanto por ter posto a nu a incoerência da operação da censura real como por ter revelado as pretensões do Parlamento, que se arrogou o direito de julgar e condenar um livro mesmo após seu *privilège* ter sido revogado pelo rei.

Um conflito similar estava sendo fermentando referente à *Enciclopédia*. Embora protegida pelos três *privilèges* obtidos por seus editores em abril de 1745, janeiro de 1746 e abril de 1748, ela apareceu, com *De l'Esprit*, entre as obras que o Parlamento resolveu julgar. Em fevereiro de 1759, sua decisão – menos severa do que no caso da obra de Helvétius – submeteu os sete volumes que já haviam sido publicados aos censores designados pelo Parlamento. O rei, todavia, revogou o *privilège* por um decreto do conselho em 8 de março (escrito por Malesherbes). O conselho tencionava não somente derrotar a censura da corte soberana removendo sua razão de ser, mas também proteger a empreitada da *Enciclopédia* tolerando a impressão e a distribuição clandestina dos volumes e, em setembro daquele ano, concedendo um *privilège* ao volume de quadros.

Malesherbes relata o caso em seu *Mémoires sur la liberté de la presse* [Memórias sobre a liberdade da imprensa], escrito em fins de 1788.

> Eles [os censores nomeados pelo Parlamento] não tinham nada a censurar. Os livreiros tomaram a decisão que poderiam ter tomado antes. Eles imprimiram [a obra] sem a revisão dos censores, num país estrangeiro, ou secretamente dentro do reino (eu jamais

> procurei penetrar nesse mistério), e imprimiram o trabalho todo de uma só vez para não precisarem enfrentar processos sobre cada volume. Quando a obra surgiu dessa forma, não havia ninguém a quem reclamar, então o excesso de zelo esfriou e ninguém se opôs à sua entrada ou distribuição, e cada cópia chegou ao seu destino, nas mãos do assinante (*M*, p.269).

"Eu jamais procurei penetrar nesse mistério" é uma frase com um corolário interessante: obviamente nada podia ser mais falso do que afirmar que os *Philosophes* e a administração monárquica eram forças irrevogavelmente opostas imersas num combate de vida ou morte.

Malesherbes já viera em salvação da *Enciclopédia* uma vez antes, em 1752. Naquela ocasião, o ódio eclesiástico e parlamentar atingira um jovem padre de Montauban, o abade de Prades, cuja tese de graduação em Teologia na Sorbonne foi originalmente aprovada, mas depois censurada e condenada ao fogo por conter dez proposições heréticas. Segundo consta, o abade de Prades, que fora destituído de todos seus títulos e ameaçado de castigos corporais, era o autor do artigo "Certitude" no volume 2 da *Enciclopédia*, que estava prestes a sair da gráfica. Transferindo a condenação do jovem clérigo ao empreendimento coletivo (cujo primeiro volume encontrara fortes críticas da Igreja, em particular dos jesuítas), o conselho decretou em 7 de fevereiro que a distribuição dos dois primeiros volumes fosse proibida, uma vez que continham diversas máximas "que tendem a destruir a autoridade real, a estabelecer o espírito de independência e revolta e, em termos obscuros e equívocos, a exaltar os fundamentos do erro [e] a corrupção da moral, da religião e a descrença" (Grosclaude, 1961, p.104).[3]

3 Sobre o caso Prades, ver John Stephenson Spink, "Un abbé philosophe: L'affaire de J.-M. de Prades", *Dix-Huitième Siècle* 3, 1971, p.145-80 e Jean Claude Davis, "L'affaire de Prades en 1751-1752 d'après deux rapports de police", *Studies on Voltaire and the Eighteenth Century* 245, 1986, p.359-71.

Em sua aparente severidade, o decreto inspirado por Malesherbes preservava o mais importante, já que o *privilège* concedido à obra não foi revogado. Melhor ainda, fez que os manuscritos dos volumes subsequentes fossem guardados na própria casa de Malesherbes quando foram ameaçados de confisco. A cena foi descrita por Madame de Vandeul, filha de Diderot:

> M. de Malesherbes advertiu meu pai de que no dia seguinte daria ordens para apreender seus papéis e seus arquivos. "Seu aviso me perturba terrivelmente; nunca terei tempo de retirar todos os meus manuscritos e, ademais, não é fácil achar, em vinte e quatro horas, gente que concorde em se responsabilizar por eles e com quem estejam seguros." "Mande tudo para mim", M. de Malesherbes respondeu. "Ninguém virá procurá-los aqui!" De fato, meu pai mandou metade do seu escritório para o homem que estava ordenando a inspeção (ibidem, p.105).

De maneira semelhante, sete anos depois foram as mais altas autoridades do Estado que protegeram a causa da *Enciclopédia*. O diretor do comércio livreiro concedeu, segundo Diderot, "uma tolerância tácita, inspirada pelo interesse nacional" para a publicação da obra sem *privilège*, e o comandante-geral da polícia (Sartine, na época) fechou os olhos para sua venda (ibidem, p.12-38).

Administração e justiça; polícia e comércio

Dois pares de crenças opostas governavam o raciocínio de Malesherbes nas *Mémoires sur la librairie*. O primeiro colocava justiça contra administração; o segundo contrapunha polícia (isto é, fiscalização e regulamentação) e comércio. Ele considerava essencial "prover regulamentos para o comércio de livros que determinem até que ponto a administração deve ir, mas que também deixem livre o curso da justiça" (*M*, p.85). Deveria haver uma separação clara e inconteste entre a "administração" do chanceler e do conselho, que tinham autoridade exclusiva para a concessão de *permissions* e *privilèges* (e, portanto, sobre os censores), e os direitos do Parlamento, que aplicava a "justiça regulada" para decidir os casos a ele submetidos pelo *ministère public* (o escritório do procurador público) ou por indivíduos. No que dizia respeito às questões de comércio de livros, portanto, o ponto de contenda era a divisão de poderes dentro do Estado monárquico; e o maior temor era que o Parlamento pudesse usurpar as prerrogativas legítimas da administração.

Em várias ocasiões Malesherbes declarou sua ansiedade concernente ao possível uso por parte da Corte do controle sobre publicações que ela se arrogava. Em primeiro lugar, ele receava que o Parlamento pudesse chegar a um ponto de

> limitar tanto a autoridade do chanceler nessa questão que a faculdade do povo de falar por meio da imprensa dependa realmente do Parlamento – uma faculdade que seria muito perigoso deixar nas mãos de um corpo que já tem poder demais sobre a mente das pessoas (*M*, p.85).

Em outra parte, ele afirma:

> Se as alegações desse corpo são de alguma maneira contrárias à autoridade real, se ele não é considerado totalmente imparcial em questões importantes, e se a imprensa é considerada um meio inapropriado de agir sobre as mentes, é muito perigoso colocar em suas [do Parlamento] mãos armas que seriam difíceis de tirar quando se desejasse (*M*, p.91).

Embora Malesherbes não tenha usado a expressão "opinião pública" nesse texto, empregando em vez disso termos como *l'esprit général de la nation, les esprits*, ou, separadamente, *l'opinion* e *le public*, mostrou clara consciência das transformações que haviam ocorrido na esfera política em meados do século XVIII. Os mistérios do Estado, anteriormente protegidos por segredo real, haviam daí por diante se tornado públicos por intermédio das várias partes que tentavam ganhar o apoio da opinião. Para Malesherbes, bem como para Jacob-Nicolas Moreau no mesmo período (Gembicki, 1979; Baker, 1990b, p.59-81; Barret-Kriegel, 1988), a própria monarquia tinha a obrigação de entrar na briga e mobilizar os recursos da imprensa para reconquistar uma opinião que fora seduzida pelo Parlamento. Foi por isso que a liberdade de imprimir obras relativas a questões administrativas se tornou absolutamente necessária:

> A mim parece que os clamores de um público submisso devem ser temidos apenas por subalternos cujos erros exigem clarificação, e jamais são [temidos] pelo senhor absoluto que deles necessita apenas na medida em que os deseja. Penso também que tais clamores se erguem no mesmo grau quando o público é deixado na ignorância, com a diferença que as melhores operações não podem ser justificadas (*M*, p.122).

Malesherbes diz em outra parte:

> Outras pessoas dizem que há algumas operações financeiras contra as quais é perigoso deixar que [as pessoas] escrevam, por medo da crítica [delas]; mas o ministro das finanças jamais deixará de ter a seu favor escritos que refutem facilmente os sofismas que possam ser escritos contra ele. E estou propenso a acreditar que as operações que possam ser prejudicadas por um panfleto, sem que outro panfleto elimine seu efeito, sejam de fato operações falhas (*M*, p.126).

"A era da imprensa", como Malesherbes escreveu em seus *Remontrances* [Advertências] de 1755, havia modificado irremediavelmente as condições para o exercício do poder. Tinha dado à nação "o gosto pela e o hábito da autoinstrução por meio da leitura" (Malesherbes, 1978, p.273), dessa maneira proporcionando aos franceses a faculdade de raciocínio e julgamento. Da mesma forma tornara públicas a discussão e a crítica. Isso parecia óbvio a Malesherbes, e no fim da década de 1750 ele convidou o soberano a tirar suas próprias conclusões sobre suas revolucionárias mudanças: o rei faria bem em fortalecer sua autoridade mobilizando os recursos da indústria gráfica para seu próprio proveito e conquistando a aprovação popular. Quinze anos depois, a mesma mudança revolucionária sustentava as exigências dos profissionais do Direito falando pelas Cortes soberanas, denunciando o sigilo nos procedimentos da administração real.

A segunda tensão que estruturava as reflexões de Malesherbes resultava das exigências contrastantes da fiscalização e do comércio. Ele deu expressão explícita a essa tensão ao discutir regulamentos para limitar o número de gráficas. "Assim", afirma ele,

> o que seria mais proveitoso para o mercado de artigos impressos, do ponto de vista do *commerce*, seria deixar esse número livre. Do ponto de vista da *police*, percebe-se que seria melhor haver menos impressores (*M*, p.147; grifo nosso).

A contradição não era de forma nenhuma exclusiva do comércio livreiro; todo o pensamento referente ao abastecimento, por exemplo, era permeado dela. Assegurar abastecimento regular e evitar especulação em gêneros alimentícios requeria um número cada vez maior de regulamentos e proibições, que limitavam a liberdade dos mercadores de grãos e dos proprietários de moinhos que forneciam trigo. Policiar o comércio de grãos dessa maneira, no entanto, encerrava o risco de desencorajar a iniciativa comercial e transferir os negócios para longe dos mercados urbanos. O que se fazia necessário era a confiança no livre funcionamento da competição e no princípio de um mercado abstrato, definido apenas pela lei da oferta e demanda, e não por constrições e controles sobre as transações, elaborados em mercados e praças de contratação oficialmente designadas. Se isso ocorresse, porém, o comércio, livre de qualquer empecilho, poderia buscar lucros excessivos aumentando os preços de forma não razoável, provocando assim a ira da população – os consumidores. A Monarquia, dividida entre esses dois perigos, nunca conseguiu decidir de uma forma ou de outra, alternando entre tentativas de liberalizar o comércio de grãos (por exemplo, na década de 1760 ou sob Turgot em 1774) e retornar a uma regulamentação mais estrita (Kaplan, 1976; 1984).

A comparação entre o comércio de grãos e o comércio de artigos impressos – entre o pão e o livro – é válida em dois sentidos. Primeiro, nenhuma das duas mercadorias era um bem qualquer. Ferdinando Galiano afirmava que o pão "pertence à polícia, não ao comércio" (ibidem, 1984, p.594), e Joseph d'Hémery, inspetor do comércio livreiro, fez eco a esse sentimento declarando, "Nada [é] mais contrários aos interesses do governo do que encarar o mercado livreiro como um comércio" (Diderot, 1964, p.24). Em segundo lugar, mesmo que um grupo tivesse uma organização profissional corporativa e outro não, os mercadores de grãos e os vendedores de livros compartilhavam de uma mesma lógica econômica: desejavam ao mesmo tempo liberdade e proteção, simultaneamente empreendimentos livres de restrições e a segurança garantida pela patrocínio das autoridades que concediam autorizações e privilégios, preservando o mercado dos apetites competitivos. O regime de privilégios e permissões, o sistema de censura prévia e a estrutura reguladora do comércio livreiro explicam facilmente o forte e duradouro vínculo entre o mercado de livros e a administração monárquica. Esse vínculo, porém, sem dúvida repousava sobre uma realidade ainda mais profunda, numa mentalidade econômica típica do Antigo Regime, que via um empreendimento como sempre ocorrendo à custa de outros, que não via contradição entre a exigência de livre comércio e a busca de privilégios, e que associava as mais audazes especulações com uma dependência voluntariamente aceita.

Entre a fiscalização severa e a garantia de liberdade, Malesherbes preferiu sem hesitação a segunda política:

> Não é no rigor que se deve buscar uma solução; é na tolerância. O negócio de livros é hoje extensivo demais e o público está ávido demais por livros para ser capaz de restringir o comércio até certo ponto, acima de um gosto que se tornou dominante (*M*, p.104).

A tolerância era necessária por três motivos. Primeiro, era uma condição prévia para o respeito às proibições: "Eu sei de apenas um meio de fazer vigorar as proibições: é fazer muito poucas" (*M*, p.104); ou, "Todo meu sistema administrativo se baseia na tolerância de pequenos abusos para impedir os grandes" (*M*, p.110). Segundo, só a tolerância podia eliminar a fraude que enriquecia os livreiros e impressores estrangeiros que, com a ajuda de cúmplices igualmente interessados em lucros, importavam livros que não podiam ser impressos no reino. Finalmente, o progresso do conhecimento, das maneiras e da mente humana dependia de uma generosa liberdade de publicar. A censura devia, portanto, restringir-se a uma estreita gama de categorias: textos que questionassem a autoridade do rei, livros obscenos (cuidadosamente distinguidos de obras que eram no máximo "livres" ou "licenciosas", as quais era melhor tolerar tacitamente), e "obras que ataquem os alicerces da religião".

Malesherbes observou assim a preferência cartesiana por excluir os dogmas da fé e os princípios do Estado do exercício da dúvida metódica, ao traçar os limites do domínio da censura legítima. Sua linha demarcatória revela suas verdadeiras ideias não sem certa ironia:

> Acima de tudo, [teologia] não é uma ciência suscetível a progresso. Unidade, simplicidade e constância são seus principais

> atributos. Toda opinião nova é no mínimo perigosa e sempre inútil. Que não se tema, portanto, que os rigores dos censores impeçam os teólogos de aperfeiçoar seus estudos. A ciência da religião adquiriu perfeição plena no momento que nos foi concedida, e o gosto por descobertas nunca deixou de ser prejudicial a ela (*M*, p.129-30).

Em todos os outros domínios a tolerância deve ser total, implicando em troca a possibilidade de trazer os autores diante da "justiça regulada". Essa liberdade era exigida pelo próprio funcionamento da "República das Letras" (a expressão aparece no texto de Malesherbes), e podia ser medida pelo "que pode ser observado na ordem judicial":

> Todo filósofo, todo autor de alguma dissertação, todo homem de letras deve ser considerado o advogado a quem se deve sempre prestar consideração, mesmo que apresente princípios que se julguem falsos. Existem casos que às vezes são debatidos por séculos: somente o público pode julgar, e a longo prazo sempre julgará bem quando tiver sido suficientemente instruído (*M*, p.118).

Dessa forma, o público foi equiparado a um tribunal mesmo antes da década de 1770, quando (como vimos no Capítulo 2) a comparação, transformada em lugar-comum, foi ligeiramente modificada para dar aos homens de letras togas de juiz, em vez de trajes de um advogado que precisa se submeter aos veredictos do juiz.

Regulamentando o comércio livreiro

Quando passou da administração da censura para medidas de policiamento da impressão e venda de livros, Malesherbes propôs a revisão de três textos de regulamentação: o *Règlement du Conseil pour la librairie et imprimerie de Paris* [Regulamento do Conselho para o comércio e a impressão de livros de Paris], de fevereiro de 1723, conhecido como *Code de la librairie* [Código da biblioteca]; a *Déclaration concernant les imprimeurs* [Declarações concernentes aos impressores], de maio de 1728; e, recém--promulgada por iniciativa dos membros legalistas do Parlamento, que permaneceram naquela instância após a renúncia ou exílio de seus pares, a *Déclaration...* de abril de 1755, que estabelecia em seu primeiro artigo que

> todos aqueles que compuseram, levaram a compor ou imprimiram peças que tendam a atacar a religião, perturbar mentes, atacar nossa autoridade e perturbar a ordem e a tranquilidade de nossos Estados serão punidos com a morte.

Tal severidade extrema, inspirada pelo interesse imediato dos juízes, que eram "continuamente rasgados em frangalhos nos panfletos escritos em favor daqueles que haviam renunciado ou sido exilados", era impossível de aplicar. O texto não fazia distinção entre graus de culpa; confundia impressores clandestinos com impressores autorizados, mestres de impressão e diaristas, impressores e livreiros, todos eles sujeitos a sanções desproporcionais. Estipulava também uma pena de morte fora de qualquer proporção com referência ao crime:

> A pena de morte por uma contravenção expressa em termos vagos como ter composto livros com tendência a perturbar mentes [*émouvoir les esprits*] desagradava a todos e não intimidava ninguém porque sentia-se que uma lei tão dura jamais seria aplicada (*M*, p.137).

As propostas de Malesherbes para suavizar tanto essa lei inaplicável como as deficiências dos regulamentos anteriores (que se limitavam apenas à capital) organizaram-se em torno de três ideias básicas que forneceram uma boa introdução para o funcionamento do negócio de livros no século XVIII. Tradicionalmente, um número limitado de gráficas tinha autorização para funcionar em cada cidade, mas tais estabelecimentos eram permitidos em grande número de cidades (142, segundo um levantamento ordenado por Sartine em 1764). Malesherbes sugeriu a prática oposta: restringir de modo drástico o número de cidades com gráficas e aumentar o número de estabelecimentos de impressão nas cidades maiores. Seu raciocínio era que "a fiscalização só pode ser levada a cabo diligentemente em cidades onde haja intendentes". Em diversas cidades "consideráveis", onde não houvesse posto de intendência, a regulamentação do comércio de livros teria de ser confiada a um inspetor do mercado livreiro, que podia ser um juiz, embora nesse caso a responsabilidade ficasse vinculada à sua pessoa, e não a seu gabinete, de modo que a distinção fundamental entre as instâncias administrativa e judicial fosse preservada. A sugestão de Malesherbes não foi seguida. O número de cidades que possuía pelo menos um estabelecimento de impressão permaneceu o mesmo durante as últimas décadas do Antigo Regime (são citados 149 no *Etat générale des imprimeurs du royaume* [Estatuto geral dos impressores do reino] de 1777, elaborado a pedido de Le Camus de Néville, o recém-nomeado diretor do comércio livreiro) (Chartier, 1973, p.252-79), deixando assim ampla gama de gráficas espalhadas disponíveis para impressão clandestina (Darnton, 1979, p.177-82).

Malesherbes também trabalhou para basear o controle do comércio livreiro em registros administrativos completos, rigorosos e mantidos sistematicamente. Os impressores deviam manter um registro acurado de seus negócios, que seriam apresentados anualmente ao intendente. Os registros deviam relacionar o número de impressoras, os nomes dos operários empregados e as tarefas que haviam realizado a cada dia. Nas cidades maiores, onde o emprego era extremamente irregular e dependia em larga medida das incontáveis encomendas de trabalho para a cidade (anúncios, cartazes, notícias e similares), uma lista composta de operários de (capatazes, revisores, compositores e operadores de máquinas) podia ser elaborada pela *chambre syndicale* do ofício de impressão ou pela polícia, substituindo os registros mantidos pelos mestres impressores. Tais listas tinham a função de fornecer nomes e informação básica para os *garçons* empregados pelos impressores e anotar a renovação de contratos anuais dos artífices conservados do ano anterior. Cada trabalhador devia recebe do *syndic* da associação de impressores (a *communauté*) uma *permission* num *papier tout imprime* declarando seu nome, suas estatísticas de vida e seu número nos livros de registro. Esse documento devia ser apresentado toda vez que exigido pela polícia ou pelos funcionários da *chambre syndicale*. A manutenção de uma lista precisa de trabalhadores empregados por parte dos mestres impressores destinava-se a dificultar as gráficas clandestinas a encontrarem a mão de obra de que necessitavam. Todos os vendedores de livros que não fossem livreiros autorizados – portanto conhecidos – deviam ser igualmente registrados: os vendedores de rua e camiseiros, os mascates e os barraqueiros de alimentos secos, que se inseriam sob o *Code de la librairie*, mas também "mercadores de livros que [tinham] acesso às casas" e os mascates que frequentavam as feiras nas províncias, que antes eram tolerados e não estavam sujeitos a nenhum controle real.

As disposições burocráticas cuidadosamente elaboradas sugeridas por Malesherbes visavam a estabelecer um controle que não era adequadamente assegurado pelos documentos de separação (*billets de congé*) estipulados no *Code de la librairie* de 1723, que impedia os funcionários contratados de deixar livremente seus patrões, ou pelos decretos muito severos de 1724 e 1732, que obrigavam os patrões a manter listas semanais de seus trabalhadores. O projeto de Malesherbes, que, a despeito do ressurgimento de suas disposições na lei de 1774, permaneceu largamente não aplicado, demonstra uma clara intenção de escorar uma nova concepção da regulamentação do comércio livreiro por parte de uma instância administrativa, uma concepção que se baseava em arquivos, procedimentos de registro uniformes e comparação de relatórios escritos. O esforço não foi muito diferente da tentativa quase contemporânea de Joseph d'Hémery, o inspetor do comércio livreiro, quando assumiu a responsabilidade de criar um arquivo de todos os autores de Paris de sua época. Os 501 relatórios redigidos por d'Hémery entre 1748 e 1753, transcritos numa forma impressa idêntica (com seis cabeçalhos: nome, idade, local de nascimento, descrição, endereço, "história") e arquivados em ordem alfabética, eram para ele um instrumento precioso na sua caça por "maus sujeitos" – panfleteiros ativos e impenitentes (Darnton, 1984b, p.144-89).

Entre a lei e a necessidade: permissões tácitas

Malesherbes sugeriu também a manutenção das permissões tácitas, mas alegou que precisavam de uma reforma, dizendo que "nos últimos trinta anos... [elas] tornaram-se quase tão comuns quanto o uso de permissões públicas" (*M*, p.159). A prática da permissão tácita surgiu de uma contradição entre a lei, que proibia a publicação de qualquer obra sem a inclusão de um anúncio impresso da permissão e da aprovação que autorizava sua publicação e necessidade. "Existem circunstâncias em que não ousou autorizar um livro publicamente, mas não obstante sentiu que não seria possível proibi-lo" (*M*, p.209). Isso significava que a administração concedia permissões que não eram estipuladas pelos regulamentos, de início de forma puramente verbal, sem qualquer registro escrito, e mais tarde registrada sob o disfarce de "lista de obras impressas em países estrangeiros cuja distribuição é permitida na França". O subterfúgio não satisfazia Malesherbes, porque não era dado nenhum título ao livreiro-impressor que provasse ter ele realmente recebido permissão. Isso gerava problemas, tanto porque alguns impressores eram processados mesmo tendo plenos direitos de publicar como também porque outros alegavam falsamente terem recebido permissão verbal quando esta não fora dada. Para conciliar a necessidade de alguma garantia ao impressor e a impossibilidade de estabelecer permissões tácitas por meio de uma declaração escrita, o que implicaria a autoridade do chanceler e do rei, o diretor do comércio livreiro propôs "um caminho oblíquo": "obras tacitamente permitidas" seriam consideradas "obras paras quais uma permissão, assinada e selada, deveria ser concedida, mas ainda não fora enviada" – uma permissão, é claro, que jamais seria enviada (*M*, p.212). O impressor-livreiro não seria obrigado a imprimir um anúncio em cada trabalho de uma permissão que ainda não havia recebido, mas podia apresentar um documento atestando que o texto que imprimira fora examinado pelos censores (cujos nomes não seriam informados) e autorizado tacitamente pela administração.

A proposta nunca foi adotada, mas o recurso às permissões tácitas aumentou com o correr do tempo: a média anual dessas permissões concedidas, que era de apenas seis entre 1719 e 1729, cresceu para 17 entre 1730 e 1746, a setenta entre 1751 e 1763, e então para 179 entre 1764 e 1786. Para os dois últimos períodos, o número de autorizações concedidas representa 59 e 56%, respectivamente, de todas as requisições encaminhadas, pouco menos do que a proporção de requisições aceitas para *privilèges* e *permissions*[4] oficiais. Havia duas razões para tal política. A primeira era econômica, conforme comenta Malesherbes em seu *Mémoires sur la liberté de la presse*, de 1788: "Os interesses do comércio não permitiam deixar que os livreiros estrangeiros se tornassem cada vez mais ricos pela distribuição desses livros, em

4 Para uma visão geral do sistema de privilégios, ver Birn, "Profit of Ideas: *Privilèges em librairie* in the Eighteenth-Century France", *Eighteenth-Century Studies* 4, 2 (1970-1971, p.131-68. Sobre permissão tácita, ver Robert Estivals, *La statistique bibligraphique de la France sous la monarchie au XVIIIe siècle*. Paris e The Hague: Mouton, 1965, p.107-20, 275-91.

detrimento dos livreiros franceses" (*M*, p.247). A segunda razão era intelectual, uma vez que

> um homem que nunca tenha lido outros livros que aqueles que tenham aparecido originalmente com autorização expressa do governo [isto é, cobertos por uma permissão adequadamente selada e registrada], como prescreve a lei, estaria quase um século atrás de seus contemporâneos (*M*, p.241).

Malesherbes citou então seus predecessores, d'Argenson e Chauvelin: "Os iluminados magistrados que foram responsáveis pelo comércio livreiro" aumentaram notavelmente não apenas as permissões tácitas como também a simples tolerância:

> Frequentemente sentia-se ser necessário tolerar um livro, porém não se queria admitir que o livro estava sendo tolerado; assim, a permissão expressa era recusada... Nesse caso, tomava-se a decisão de dizer ao livreiro que ele podia publicar o livro, mas em segredo; que a polícia fingira não ter ciência do fato, e o livro não seria confiscado. E como era difícil prever quão irritados ficariam o clero e as cortes, o livreiro era aconselhado a ficar sempre de prontidão para fazer sua publicação desaparecer assim que fosse advertido a fazê-lo, e era-lhe prometido que receberia o aviso de antemão antes que suas instalações fossem vistoriadas. Estou sem saber que nome dar a esse tipo de permissão, cujo uso tornou-se comum. Falando estritamente, essas são apenas garantias de impunidade (*M*, p.249).

Foi com uma "garantia" desse tipo, por exemplo, que Malesherbes protegeu a publicação e a venda de *Emile* em 1762, antes que o livro fosse condenado pelo Parlamento e fosse expedido um decreto de prisão para seu autor (Grosclaude, 1961, p.92-5).

A administração do comércio livreiro sob o Antigo Regime repousava assim sobre um perigoso paradoxo: sua censura era bastante frouxa, mas tratava-se de uma frouxidão repressiva. Em sua *Mémoire* de 1788, Malesherbes oferece uma análise lúcida dos efeitos corrosivos de tal sistema. De um lado, levava o estado a minar sua própria autoridade, uma vez que com a permissão tácita era "o próprio governo que ensinava aos livreiros e impressores que podiam desobedecer a uma lei específica" (a obrigatoriedade de fazer constar um anúncio impresso da permissão que autorizava a publicação daquela determinada obra). No caso da simples tolerância, era o comandante-geral da polícia que "os encorajava a escapar das garras da lei" (*M*, p.248, 250). De outro, Malesherbes mostrou que as estritas medidas que se mantinham eram ainda mais intoleráveis, pois operavam num momento em que tudo – ou quase tudo – podia ser impresso livremente e vendido publicamente.

> Pacientemente suportada por um tempo tão longo que parece impossível de ser corrigida, uma injustiça começa a ser considerada intolerável uma vez que a possibilidade de removê-la cruza as mentes das pessoas. Pois o simples fato de que certos abusos tenham sido remediados atrai a atenção para os outros, que agora parecem mais sufocantes; as pessoas talvez sofram menos, mas sua sensibilidade é exacerbada (Tocqueville, 1967, p.268).

Aqui Tocqueville fornece uma descrição perfeita das expectativas e frustrações geradas por um regime de publicações que coloca a tolerância em oposição à lei.

A prática dos administradores responsáveis pelo comércio livreiro satisfazia de tal maneira os anseios que Diderot expressou no fim de seu memorial sobre liberdade de imprensa:

> Penso, portanto, que seja proveitoso para as letras e para o comércio aumentar as permissões tácitas indefinidamente, sujeitando a publicação e distribuição de um livro somente a uma espécie de propriedade para satisfazer as mentes estreitas (*L*, p.88).

Os argumentos de Diderot eram idênticos aos de Malesherbes (embora redigidos com mais verve). As proibições eram ineficazes e daninhas – ineficazes porque se voltavam contra si próprias:

> Vejo que quanto mais estrita é a proscrição, mais ela aumenta o preço do livro e mais excita a curiosidade de lê-lo; quanto mais o livro é comprado, mais é lido. Quantos livros existem cuja condenação os tornou conhecidos, embora sua mediocridade os tenha condenado ao esquecimento. Quantas vezes o livreiro ou o autor de um livro portador de um privilégio teria dito aos mais altos magistrados da polícia, se ousasse, "Senhores, tenham compaixão, só um pequeno decreto que me condene a ter o livro rasgado e queimado aos pés de vossas escadarias". Quando a condenação de um livro é anunciada, os impressores dizem "Que bom! Mais uma edição!" (*L*, p.87).

A proibição era ruinosa porque trazia os maiores lucros para os livreiros estrangeiros que assumiam os títulos proibidos e, com ou sem fiscalização, os importavam para a França:

> Prezado Senhor [Sartine, sucessor de Malesherbes como diretor do comércio livreiro], tenha soldados em guarda postados em todas as suas fronteiras; arme-os com baionetas para repelir todos os livros perigosos que se apresentem, e esses livros – perdoe a minha expressão – escorregarão por entre as pernas deles e saltarão sobre suas cabeças para chegar a nós (*L*, p.81).

Assim, Diderot recomendava que os censores fossem escolhidos entre os homens de letras reconhecidos por seus pares e que as permissões tácitas fossem concedidas com grande liberalidade e consideradas *privilèges* verdadeiros.

Privilégios de publicação e direitos de propriedade literária

A *Lettre sur la liberté de la presse* de Diderot foi escrita apedido dos impressores-livreiros parisienses, que queriam apresentar suas queixas ao diretor do comércio livreiro e defender os direitos que tinham adquirido. Não ficaram muito entusiasmados com o trabalho feito por Diderot, e reescreveram o texto, cortando muitos trechos, antes de apresentá-lo a Sartine sob o título *Représentations et observations em forme de Mémoire sur l'État ancien et actuel de la Librairie et particulièrement sur la propriété des privilèges* [Representações e observações em forma de memorial sobre o estatuto antigo e atual do comércio livreiro e particularmente sobre a propriedade de privilégios], que mostra claramente a diferença entre as intenções de Diderot de pleitear "liberdade de imprensa" e a preocupação primordial dos livreiros-impressores de defender interesses que sentiam poderem estar ameaçados caso a renovação de *privilèges* fosse interrompida. A comunidade parisiense voltada para publicações ficou apreensiva em 1761 quando, por decreto do conselho, o *privilège* para as *Fables* de La Fontaine foi transferido do livreiro que o tinha adquirido para duas mulheres descendentes de La Fontaine. Depois disso, o mercado se encarregou de afirmar a legitimidade do *privilège*, que dava ao livreiro os direitos de publicação exclusivos e permanentes para qualquer título específico.

Isso explica as tensões presentes em todo o memorial de Diderot, no qual ele defende os *privilèges* do mercado livreiro, ainda que a *Enciclopédia* fosse de maneira geral hostil a monopólios de comércio e fabricação, que considerava obstáculos para o livre jogo das leis econômicas. O próprio Diderot apontou essa constrangedora contradição:

> Seria de fato um estranho paradoxo, numa época na qual a experiência e o bom senso concorrem para provar que qualquer obstáculo

> é prejudicial ao comércio, sugerir que somente os *privilèges* possam dar apoio ao mercado livreiro. Nada, porém, é mais certo; mas não seremos intimidados por palavras (*L*, p.39).

Ele também afirmou a necessidade de um controle estrito do comércio de livros, propondo a redução do número de livreiros autorizados, mesmo sendo conhecido por favorecer a abolição das associações comerciais. Finalmente – e esse não é o menor dos paradoxos – apresentou-se como zeloso porta-voz das demandas dos livreiros parisienses, mesmo que suas relações com eles jamais houvessem sido confortáveis. Cada vez que um acordo ou contrato era celebrado com os impressores que publicaram a *Enciclopédia* (Le Breton, David e Briasson, em 1747, 1754, 1759 e 1762), ele teve momentos difíceis para conseguir termos melhores para esses homens que lhe pagavam honorários e a quem chamava de *mes corsaires* (Proust, 1967, p.81-116). As relações entraram em crise em 1764, quando Diderot percebeu que Le Breton fizera cortes em certos artigos sem comunicá-lo e depois que as provas haviam sido corrigidas.

O simples fato de Diderot trabalhar por remuneração não basta para justificar as contradições em seu tratado. Mesmo colocando seus talentos a serviço dos impressores-livreiros parisienses, Diderot estava, na verdade, tentando assentar os direitos de autor sobre uma base mais sólida e proteger seus interesses. Para fazê-lo, precisava antes de tudo estabelecer o *privilège* como uma propriedade, em vez de um favor concedido pelo poder real. Eliminar as vantagens que tradicionalmente eram vinculadas ao *privilège* – em particular, o monopólio sobre a publicação do título para o qual era concedido – seria

> tratar o *privilège* do responsável pela publicação como uma graça concedida ou recusada livremente, e esquecer de que se trata meramente da garantia de uma propriedade verdadeira, que só poderia ser violada cometendo-se uma injustiça (*L*, p.58).

Reiterando os argumentos de trabalhos anteriores em apoio às reivindicações dos impressores, Diderot pôs a propriedade literária numa base contratual. Uma vez que era livremente adquirida ou vendida, comparava-se totalmente à propriedade de terras ou ao patrimônio imobiliário: "Eu lhe pergunto, Senhor, se a pessoa que comprou uma casa não tem propriedade e usufruto exclusivo dela" (*L*, p.40). Tal propriedade era, portanto, inalienável, já que não podia ser transferida ou partilhada sem a vontade do proprietário. Esse direito de propriedade era, não obstante, diferente de outros direitos de exclusividade, uma vez que não reserva a um único impressor o direito de imprimir livros em geral, ou mesmo livros acerca de um tema particular, mas referia-se apenas a títulos específicos:

> Ele envolve um manuscrito, um bem legitimamente cedido, legitimamente adquirido, de uma obra portadora de um *privilège* que pertence a comprador somente, que não pode ser transferido a outrem, seja em partes seja na sua totalidade, sem violação [de seu direito], e cuja propriedade não impede [outros] de escrever e publicar *ad infinitum* o mesmo tópico (*L*, p.44).

Restringido dessa maneira, o *privilège* deveria ser o procedimento habitual no mercado livreiro. Para provar esse ponto, Diderot enumerou os efeitos negativos da "publicação por competição", em que as permissões em si não envolviam direito exclusivo de publicação. Os impressores arriscavam sua ruína porque seus lucros decresceriam quando as vendas fossem divididas entre as várias edições competindo pelo mercado. A arte do livro se deterioraria em virtude da "emulação econômica" provocada pelo desejo de publicar o menor custo possível: "Os livros se tornariam muito comuns, mas antes de [passados] dez anos todos estariam tão miseráveis em termos de tipos, papel e correções quanto a *Bibliothèque bleue* – uma excelente maneira de arruinar num breve intervalo de tempo três ou quatro indústrias importantes" (*L*, p.48-9). Além disso, seguindo a boa lógica mercantilista, seria o próprio estado a vítima de longo prazo de uma evolução que deixaria os estrangeiros com o monopólio de edições de melhor qualidade e desencorajaria os impressores franceses de qualquer empreendimento mais arriscado:

> Um momento de perseguição e confusão, e todo livreiro irá cuidar de suas necessidades bem longe daqui, conforme o tamanho de seus negócios. Não continuar se expondo a perder seu investimento no produto, que outra coisa poderia fazer para ser prudente? O Estado ficará empobrecido, porém, pela perda dos trabalhadores e por um declínio na produção em nosso solo, e serão enviados para fora o ouro e a prata que o nosso solo não mais produz (*L*, p.75).

Ao declarar a necessidade de um *privilège* exclusivo e inalienável para os impressores-livreiros, Diderot estava tentando argumentar pelo reconhecimento da propriedade de cada autor sobre sua obra. Uma vez que o autor em geral não podia imprimir seus próprios trabalhos ("manter livros de contabilidade e despesas, contestações, câmbio, receita, envios – que ocupações para um discípulo de Homero ou Platão!" [*L*, p.45]), tinha de utilizar os serviços dos livreiros; mas a relação contratual entre eles era, precisamente, prova dos direitos do escritor sobre sua própria obra ("a mais preciosa porção de si mesmo, aquela que jamais pereceria" [*L*, p.41]). "Eu repito: o autor é dono de sua obra, ou então ninguém na sociedade é dono de sua riqueza. O livreiro a possui como se fosse possuía pelo autor" (*L*, p.42). Assim, era a propriedade do autor que fundamentava a legitimidade do *privilège* e, inversamente, era a irrevogabilidade desse *privilège* que, indiretamente, provava os direitos do autor.

A autonomia do campo literário

À sua maneira, a estratégia de Diderot ilustra a mudança de categoria dos autores durante as três ou quatro últimas décadas do Antigo Regime. O modelo mais antigo oferecia duas possibilidades: ou o escritor gozava de uma independência econômica que lhe era assegurada por sua fortuna ou posição social, ou era protegido de um patrono que lhe assegurava ocupação e sustento em troca de sua fidelidade. Em nenhum dos dois casos o homem de letras vivia diretamente de sua pena. A esmagadora maioria dos 333 escritores mantidos sob observação por d'Hémery (e cuja fonte de renda podia ser identificada) estavam divididos entre essas duas situações. Mais da metade (55%) possuía rendimentos que nada tinham a ver com suas atividades literárias: 12% eram clérigos, 17%, nobres, 18% tinham atividades judiciais, advogados ou cargos administrativos, 3% eram professores, 2%, médicos e 3% tinham rendas independentes. Um terço detinha posições (tutor, jornalista, secretário, bibliotecário e assim por diante) que deviam às boas graças de um protetor. O restante – 12% – era um grupo misto composto de artesãos, criados domésticos e empregados em posições subalternas. Havia nove escritoras – 3% do total (Darnton, 1984b, p.147-57 e fig. 3).

A julgar pelo levantamento de *gens de lettres* (ou seja, autores de pelo menos um título impresso) publicado em *La France littéraire* em 1784, os dois maiores grupos nos arquivos de d'Hémery ainda lideravam a lista entre os 1.393 autores cuja posição socioprofissional era mencionada. Os clérigos constituíam 20% de todos os escritores no levantamento do *France Littéraire*, os nobres, 14%, advogados e administradores, 15%, médicos e farmacêuticos, 17%, engenheiros e arquitetos, 2%, professores, 11%. Aqueles cuja ocupação dependia diretamente de proteção real ou aristocrática eram uma minoria de 10% – menos que nos arquivos de d'Hémery. Esse número mostra ou um declínio do patrocínio ou, mais provavelmente, a diferença na definição de *autor*, que era mais estritamente literária e filosófica na visão do inspetor parisiense, e com mais tendência a incluir notáveis das províncias no *France littéraire* (ibidem, 1987, p.272-6 e fig. 5).

Ainda assim, o tratado de Diderot registra o aparecimento de outro tipo de figura literária – o autor que esperava ganhar a vida com o "valor comercial" de suas produções; ou seja, por meio dos acordos assinados com os livreiros que publicavam seus livros e a remuneração recebida por eles.

> Não se podia ficar rico, mas podia-se viver com algum conforto se essas somas não se espalhassem por um número exagerado de anos, não desaparecessem tão logo fossem pagas, e não tivessem sumido com o passar dos anos, o aumento das necessidades, o obscurecimento dos olhos e o desgaste do espírito. Mesmo assim, é um estímulo! E que soberano é rico o bastante para substituí-las com suas liberalidades? (*L*, p.64).

Portanto, mesmo que a tradição que retratava o magnânimo dirigente como protetor das letras continuasse a ser considerada normal, as novas exigências que postulavam uma recompensa justa aos direitos do autor por sua obra estavam ficando estabelecidas.

Para que tal direito fosse reconhecido, a propriedade do autor sobre seu manuscrito precisava ser claramente estabelecida. Isso explica a tática de Diderot em basear a legitimidade dessa propriedade na legitimidade de sua cessão. E explica também a conexão, que Diderot via como obrigatória, entre a possibilidade do autor de exigir uma recompensa justa e a existência de leis "que assegurem ao negociante a posse inquestionável e permanente das obras que adquire" (*L*, p.64). Tanto sua defesa um tanto paradoxal dos *privilèges* dos impressores quanto suas razões para concordar em colocar seus talentos a serviço dos livreiros parisienses (de quem recebia pequenos agradecimentos) tornam-se igualmente claras. No comércio de livros sob o Antigo

Regime, a independência econômica do escritor só podia ser resultado da salvaguarda concedida aos monopólios dos livreiros que publicavam seus trabalhos:

> Que se tente abolir essas leis. Que os direitos de propriedade do comprador se tornem incertas, e essa política mal-direcionada atingirá o autor. O que receberei do meu trabalho, especialmente se a minha reputação não é o que suponho ser, quando os temores dos livreiros de que algum concorrente, sem correr o risco de experimentar o meu talento, sem aventurar os fundos de uma primeira edição, sem me garantir um honorário mínimo, pode desfrutar de um bom resultado imediato após seis anos [a duração média de um *privilège* sem renovação] e em menos tempo ainda, se for ousado? (*L*, p.64).

Há dois sinais exteriores do "profissionalismo" emergente analisado por Diderot. Primeiro, à medida que o século XVIII avançava, as fontes relacionam um número crescente de autores sem indicação de posição social ou de emprego. Isso é verdade para 101 dos 434 (23%) escritores listados por d'Hémery entre 1748 e 1753, mas é verdade também para 1.426 dos 2.819 (cerca de 50%) autores mencionados no *La France Littéraire* [A França literária] em 1784. Há uma boa probabilidade de que os autores relacionados sem profissão ou emprego tentavam viver, da melhor forma possível, de suas obras. Foi de suas fileiras que foram recrutados os colaboradores requeridos pelos grandes empreendimentos editoriais após 1750 – enciclopédias, dicionários, *bibliothèques*, *cabinets*, coletâneas e traduções – bem como os autores de panfletos que alimentavam as gráficas estrangeiras com peças incendiárias contra o governo, os poderosos, a corte, a família real, ou o próprio soberano.

Voltaire assumiria mais tarde o papel de impiedoso flagelo da "infeliz classe que escreve para viver"(1878-79, v.2, p.138-41). Sem *status* social ou honra, a *canaille de la littérature* ficava indefesa diante das exigências dos livreiros:

> Uma centena de autores faz compilações para ganhar seu pão, e vinte outros tolos fazem resenhas, críticas, apologias e sátiras essas compilações também para ganhar seu pão, pois não têm profissão. (idem, vol.4, p.318-34)

Viver de escrever – ou tentar fazê-lo – não era para um autor digno de nome, pois revelava um berço obscuro, uma alma reles e pouco talento:

> Essa pobre gente se divide em dois ou três grupos, e saem mendigando como frades com votos de pobreza; mas não tendo votos assumidos, essa sociedade dura apenas alguns poucos dias, já que eles se traem mutuamente como padres correndo atrás do mesmo benefício, embora não tenham benefício a esperar. Mas ainda assim se autodenominam autores! O infortúnio desses homens é que seus pais não os fizeram aprender um ofício, o que é um grande defeito da política moderna. Todo homem do povo que pode educar seu filho num ofício útil e não o faz merece ser punido. O filho de um pedreiro torna-se jesuíta aos 17; é expulso da sociedade aos 24, porque a leviandade de suas maneiras é óbvia demais. Impeçam-no de ganhar seu pão! Ele vira jornalista, cultiva o tipo mais baixo de literatura e se torna objeto de desprezo e horror até mesmo do populacho. E, novamente, são esses que se autodenominam autores! (1901, v.13, p.175-6).

Depois de 1760 os termos empregados nos contratos de publicação mudaram – um segundo sinal da "profissionalização" literária. Cláusulas de remuneração do autor cedendo-lhe certo número de exemplares de sua obra, para oferecê-los a possíveis ou efetivos patronos, desapareceram em favor de compensação financeira por ocasião da aquisição do manuscrito por parte do impressor-livreiro. As somas pagas variavam enormemente conforme o gênero da obra e a reputação do autor, mas aumentaram muito depois de 1750, chegando às vezes a cinco ou seis mil libras francesas.

Os autores mais bem pagos eram os dramaturgos, que não recebiam apenas uma quantia fixa pelo manuscrito, também tinham direito a uma porcentagem da renda das apresentações (estabelecida em um nono – e um sétimo, após 1780 – do bruto para uma peça de cinco atos) (Lough, 1978, p.199-225). Em um sistema baseado em atividades literárias que, ou dependiam de rendimentos relacionados com um *status* social que nada tinha a ver com a literatura, ou estavam sujeitas aos caprichos de patrocínios, começou a tomar forma um mercado literário que estabelecia sua própria escala de valores e criava condições que tornavam possível a independência de homens de letras (Walter, 1985-6, p.382-99).[5]

Sem dúvida, foram as mudanças na situação do autor que apontaram a existência real de um campo literário relativamente autônomo, livre de pressões sociais e organizado segundo seus próprios princípios, hierarquias e recompensas. É fato que no século XVII, entre 1635 e 1685, houvera exemplos (até mesmo exemplos concorrentes) de consagração de um autor que culminaram numa primeira institucionalização do mérito literário. Houve os salões e as academias, que romperam com o modelo enciclopédico do humanismo traçando uma distinção entre o erudito e o literato; houve o sistema de patronagem, que substituía o reconhecimento do talento pelas obrigações da relação patrono-cliente; houve a emergência de um público mais amplo que permitia sucessos notáveis sem o apoio da comunidade culta ou da corte, e que, pelo menos para alguns tipos de obras, prometia remunerações convidativas aos autores (Viala, 1985).[6]

Seria essa rede de instituições suficiente para dar ao campo literário alguma autonomia real? Provavelmente não, por dois motivos. Primeiro, as várias formas de consagração literária

---

5 Para uma perspectiva comparativa, ver Ross, 1988, p.51-85 (para a Inglaterra); Woodmansee, 1984, p.425-48 (para a Alemanha).

6 Sobre este trabalho, ver a crítica de Genet, 1987, p.137-69; Jouhaud, 1988, p.849-66.

foram sendo aos poucos assumidas e controladas pela monarquia. Assim, a legitimidade acadêmica passou a ser dominada pela Academia Francesa, e a patronagem dominada pela magnanimidade real. Segundo, o modelo aristocrático do escritor que era sustentado pelo seu *status* social e a lógica do sistema de patronagem eram fortes o bastante para impedir a formação de um mercado literário capaz de assegurar independência econômica aos autores. A vida literária da era clássica estava dessa maneira sujeita diretamente aos poderes externos políticos e sociais.

A literatura como meio de vida ganhou certa autonomia apenas na segunda metade do século XVIII, quando a feroz concorrência editorial, estimulada pelas exigências de uma nação faminta por material de leitura, combinou-se com as novas ambições de autores tentando viver de suas obras para criar um mercado que obedecesse suas próprias regras e remunerasse trabalhos escritos diretamente, e não de forma indireta como ocorria por meio de pensões ou outros empregos. Um dos seis decretos do conselho do rei em 30 de agosto de 1777 que instituiu reformas básicas na administração do comércio livreiro reconheceu essa situação nova, embora à sua própria maneira. O decreto "fornecendo regulamentos para a extensão dos privilégios de publicação" diferia das exigências dos livreiros parisienses formuladas por Diderot no fato de definir o *privilège* como uma "graça baseada na justiça" ou um "usufruto acordado", e não "uma propriedade de direito", e, longe de autorizar extensões indefinidas dos privilégios de publicação, na verdade as proibia, exceto no caso de reedições contendo pelo menos um quarto do volume dedicado a materiais adicionais.

O decreto foi inovador, primeiro, ao distinguir o período de validade para *privilèges* concedidos a pedido do autor ou em seu próprio nome – "ele desfrutará desse privilégio, para si mesmo e seus herdeiros, perpetuamente" – e aqueles concedidos aos impressores, quando o *privilège* "não poderia ser por um período inferior a dez anos", mas seria válido apenas "durante a vida dos autores, no caso de sobreviverem à expiração dos privilégios". Mesmo que nem todos os autores pudessem publicar e vender seus próprios livros (Diderot comenta, "eu escrevi e, em muitas ocasiões, imprimi por minha própria conta. E, aliás, eu asseguro que não existe nada menos harmonioso do que a vida ativa do mercador e a vida sedentária do homem de letras" [*L*, p.45]), o decreto de 1777, afirmando o direito perpétuo e transmissível do autor sobre sua obra (se não a vendesse a um impressor-livreiro), significou um passo adiante no reconhecimento da propriedade literária como fruto de próprio trabalho (*travail* é a palavra empregada no decreto) e fonte de renda.

Isso se tornou ainda mais verdade quando, no ano seguinte, um novo decreto do Conselho, promulgado a pedido da Academia Francesa, eliminou as restrições colocadas sobre as atividades de publicação dos autores. Declarava o decreto:

> Qualquer autor que tenha obtido o *privilège* pela sua obra em seu próprio nome não somente terá o direito de vendê-lo ele mesmo [a única possibilidade vislumbrada no decreto de 1777], mas poderá também, com a frequência que bem entender, ter sua obra impressa por qualquer impressor e também tê-la vendida em seu nome por qualquer livreiro de sua escolha, sem que qualquer acordo ou contrato que possa vir a fazer para a impressão ou distribuição de uma edição de sua obra seja considerada uma transferência de seu *privilège* (Lough, 1978, p.195-7).

Esse decreto reconhecia a prática que alguns autores haviam tentado impor, mesmo ao custo de um processo judicial movido pela *Communauté des Imprimeurs et Libraires*, que reivindicava monopólio total sobre a venda de obras impressas (ibidem, 1963, p.115-77).[7]

---

7 Nos primeiros processos (1768 e 1770) opondo Luneau de Boisjermain e os *syndics* da associação de livreiros e impressores em Paris (antes de sua grande disputa sobre a *Encyclopédie*) dois pontos foram cruciais: sob que condições

Além disso, o decreto de 1777 estabeleceu um domínio público – ainda extremamente limitado, é claro, mas novo. Estipulava que

> todos os livreiros e impressores pudessem obter, após a expiração do *privilège* de uma obra ou a morte do seu autor, uma permissão para imprimir uma edição, sem que a concessão dessa mesma permissão a uma ou várias [pessoas] impedisse qualquer outra de obter uma permissão similar

– que era uma forma de instituir a livre concorrência entre livreiros para todos os títulos não abrangidos por um *privilège* exclusivo. A medida tinha como intenção favorecer os livreiros das províncias, que haviam sido reduzidos "a abusos e falsificações" pelos monopólios de publicação generosamente concedidos a seus poderosos concorrentes parisienses desde o reinado de Luís XIV. O decreto não alcançou seus objetivos porque o mercado de publicações fora da capital havia-se deteriorado demais, mas introduziu uma das pré-condições necessárias para o desenvolvimento de um mercado literário aberto e competitivo.

Impressão: escravizada e emancipatória

No fim do século os obstáculos levantados pelos administradores do comércio livreiro na tentativa de obstruir o pleno desenvolvimento desse mercado haviam-se tornado intoleráveis. O famoso monólogo de Figaro no último ato de *Le Mariage de*

---

podia o autor que havia recebido um *privilège* para uma obra, vender essa obra? O *droit d'éditer* – o direito de solicitar um *privilège* e ter a obra impressa e distribuída – pertencia a qualquer indivíduo, mesmo que não fosse o autor da obra, ou apenas aos livreiros? A questão trai os temores dos livreiros no que se refere à possível emancipação dos autores, que poderiam publicar não só suas próprias obras como também as de outros.

Figaro [O casamento de Figaro], de Beaumarchais, é prova disso (Augustin, 1965, p.224-6, ato 5, cena 3). O negócio editorial figura proeminentemente na carreira anterior que Beaumarchais inventou para o homem que se tornara o *valet de chambre* do conde Almaviva e o *concièrge* do castelo de Aguas-Frescas. Sob o véu de uma Espanha ficcional, Fígaro ataca todo o sistema monárquico de censura e o controle do mercado de impressão. Das cinco carreiras que seguiu depois de uma infância passada em meio aos ciganos que o raptaram (um detalhe que prepara a cena do reconhecimento em 3:16, quando Marceline se revela sua mãe e Bartholo seu pai), três delas tinham a ver com escrever. Fígaro fora inicialmente um cirurgião, sem qualquer esperança de estabelecer uma prática, a não ser como veterinário. Desiludido com o sistema de patronagem, que traíra suas esperanças ("estudei química, farmácia, cirurgia, e, no entanto, toda a influência de um senhor importante mal consegue me assegurar a prática da veterinária"), ele decide escrever para o teatro. Mas "para agradar os príncipes maometanos", os censores proíbem sua peça, uma comédia "que satiriza a vida no harém". "Aí vai a minha peça descendo pelo ralo", ele grita, e sua exclamação faz eco ao destino da própria *Le Mariage de Figaro*, escrita em 1773 e submetida ao julgamento de seis censores sucessivos. Sua apresentação na Corte foi proibida, mas finalmente foi encenada em setembro de 1783 numa festa particular promovida pelo conde d'Artois, e em Paris, em abril de 1784, foi montada pelos *Comédiens français ordinaires du Roi*, que a tinham aceitado quatro anos antes.

> Tem início um debate público sobre a natureza da riqueza, e já que ninguém precisa possuir nada para discutir sobre o assunto, eu, que não tenho um tostão, escrevo sobre o valor do dinheiro e dos juros.

Sua irônica referência pelo estilo de economia política alimentado pelas controvérsias entre mercantilistas, fisiocratas e liberais, faz de Fígaro um entre a multidão de panfleteiros e agitadores ocasionais. No entanto, não eram apenas os censores que ameaçavam o escritor: "Imediatamente eu me vejo dentro de um coche olhando para a ponte levadiça de uma prisão, deixando toda a liberdade e esperança atrás de mim". O texto joga aqui com uma imagem fortemente implantada no consciente coletivo dos leitores no final do século XVIII: A Bastilha, o símbolo de um despotismo desprezado. Livros denunciando os horrores da prisão real estavam entre os *best-sellers* da época.

Entre 1782 e 1784, justamente quando a peça de Beaumarchais estava sendo encenada, um vendedor de livros proibidos chamado Bruzard de Mauvelain vendeu trinta exemplares somente em Troyes das *Mémoires sur la Bastille* [Memórias da Bastilha], de Linguet (1783), 21 exemplares de *Des lettres de cachet et des prisons d'État*, de Mirabeau (1778), 18 exemplares dos *Remarques historiques et anedoctes sur le château de la Bastille*, de Brossard du Perray [Observações históricas e anedotas sobre o castelo da Bastilha] (1774) e outros 18 exemplares de *Mémoir sur les maisons de force* [Memórias sobre as prisões] (Darnton, 1976, p.11-83). Esses panfletos e outros similares difundiam ódio ao poder arbitrário com que os "potentados que duram quatro dias no gabinete", nas palavras de Fígaro, jogando a culpa nos ministros, frustravam os direitos legítimos dos indivíduos e a necessária liberdade de opinião. Tais obras forjaram um poderoso conjunto de imagens que tornou a prisão real um detestado antro de crueldade e arbitrariedade do poder, bárbara opressão e tortura atroz (Reichardt, 1988, p.7-74; Lüsebrink & Reichardt, 1990).

O tema literário não deixava de ter sua base nos fatos, já que foi entre 1750 e 1779 que o aprisionamento na Bastilha "por ofensas impressas" (*pour affaires de librairie*) chegou ao auge. Somente nesses trinta anos, 383 dos 941 livreiros, impressores, jornaleiros, mascates e autores detidos por tais infrações durante todo o período de 1659-1789 (40% do número total, e mais de cem prisioneiros por década) foram trancafiados na prisão estatal. Os autores (panfleteiros, escritores de ficção, jornalistas) constituíam mais de um terço desse total (141 pessoas em 383) durante essas três décadas. A permanência dos prisioneiros na prisão estatal em geral era breve, embora fosse mais longa para os escritores (mais de seis meses em média após 1750) do que para homens e mulheres do comércio livreiro (em média, menos de cem dias). O número total de pessoas presas por terem escrito, imprimido ou vendido textos proibidos ainda perfazia 40% dos detidos na prisão parisiense durante a segunda metade do século, com exceção da década de 1789, quando tanto o número de prisioneiros na Bastilha quanto a proporção de pessoas presas por questões relacionadas ao mercado do livro declinaram. Os números mostram que a tolerância mostrada pelos administradores do comércio livreiro não excluía de forma alguma o rigor repressivo. Na verdade, foi exatamente na época de Malesherbes como diretor do comércio livreiro, um diretor, como vimos, extremamente simpático aos *Philosophes*, que o número de pessoas encarceradas por publicar ofensas começou a crescer (Roche, p.84-91).

Quando Fígaro sai da prisão, tenta pela terceira vez viver de seus talentos como escritor: "Afio a minha pena mais uma vez, e pergunto às pessoas quais são as novidades". Ele opta pelo jornalismo e anuncia um periódico, pois

> às expensas do público, a liberdade de comércio e a liberdade de imprensa foram estabelecidas em Madri, de modo que, contanto que eu não escreva sobre o governo, ou sobre religião, ou política, ou moral, ou sobre os que estão no poder, ou sobre os órgãos públicos, ou sobre a Ópera, ou os outros teatros estatais, ou sobre qualquer pessoa que esteja ativa em qualquer coisa, posso imprimir o que bem quiser com perfeita liberdade sob a supervisão de dois ou três censores.

Seu *Journal inutile* é natimorto, pois viola privilégios já acordados: "Vejo mil pobres diabos de peças subsidiadas em armas contra mim. Sou derrubado e fico mais uma vez desempregado".

Desencorajado em sua carreira literária e mais uma vez traído pela patronagem ("O desespero quase me pegou pela garganta quando alguém pensou em mim para uma vaga. Infelizmente eu estava qualificado para ela. Precisavam de um contador e colocaram um dançarino"), Figaro abandona as decepções de ambições honestas em troca dos lucros menos honestos da jogatina:

> A única saída era virar ladrão. Me estabeleci como crupiê de um reduto de jogo. Ah, e então, meus caros, aí sim me dei bem! Eu janto fora e pessoas conhecidas como respeitáveis abrem cortesmente as suas casas para mim, mantendo para si mesmas apenas três quartos dos ganhos.

Estamos agora de volta ao tema de abertura do monólogo, no qual Fígaro se compara com o conde e denuncia não a desigualdade de grau e "estado", que ele reconhece como necessária para manter a monarquia de degenerar em despotismo, mas o comportamento que faz troça das responsabilidades éticas, que o privilégio propicia. Abandonando mais uma vez seu ofício, após uma tentativa de suicídio, Figaro volta à sua primeira ocupação ("pego minhas navalhas e bisturi"). Todos sabemos o que acontece a seguir pelo *Barbeiro de Sevilha* e o *Casamento de Figaro*.

O alvo principal das críticas de Figaro em seu monólogo é, portanto, a regulamentação do mercado de impressão, com sua censura prévia nas mãos da autoridade central, seus *privilèges* e monopólios que bloqueavam novas iniciativas, e seus severos regulamentos. Quanto à liberdade de imprensa:

> Como eu gostaria de ter entre minhas mãos um desses potentados que duram quatro dias no gabinete e estão prontos a ordenar punições! Quando uma saudável queda da graça tenha deixado

sóbrio seu orgulho, eu o informaria de que absurdos impressos são perigosos apenas em países onde sua circulação é tolhida; que sem o direito de crítica, os elogios e a aprovação não valem nada, e que apenas homens medíocres temem escritos medíocres.

Reivindicar uma imprensa livre significava exigir a demolição de um sistema que tolhia a liberdade de falar e, longe de expressar a força do governo, traía sua vulnerabilidade. No entanto, exigir o desaparecimento das instituições que sustentavam a administração do mercado livreiro era também pleitear a independência dos escritores e da atividade literária. Beaumarchais, que fundou o *Bureau de législation dramatique*, que visava a proteger os interesses dos autores teatrais contra as reclamações dos atores da Comédia Francesa, e que foi um ardoroso defensor dos direitos dos escritores, usou Fígaro para falar em nome da legitimidade da carreira literária e da liberdade de imprensa que era a pré-condição dessa legitimidade.

O mercado impressor estava, portanto, a ferros, e precisava ser libertado dos grilhões que o prendiam e do controle que o subjugava. Se essa libertação era passível de ser considerada, era porque o progresso do Iluminismo dependia de que arte que dissipasse todos os erros e derrubasse toda opressão. No auge da Revolução, Condorcet, seguindo o exemplo de outros (estou me referindo à *Histoire de l'origine et des premiers progrès de l'imprimerie* [História da origem e dos primeiros progressos da imprensa], publicada por Prosper Marchand, Le Hague, 1740),[8] celebrou a indomável força da impressão:

> A imprensa não libertou a educação das pessoas de todos os grilhões políticos e religiosos? Seria em vão que qualquer despotismo invadisse todas as escolas; seria em vão que emitisse éditos cruéis prescrevendo e ditando os erros que deveriam infectar as mentes

---

8 Sobre esse texto, ver Berkevens-Stevelinck, 1987, p.39-64.

> dos homens, e as verdades das quais deveriam ser salvaguardados; seria em vão que as disciplinas dedicadas ao iluminismo moral dos vulgares ou à instrução dos jovens em Filosofia e Ciências fossem obrigadas sob pressão a apresentar nada mais que opiniões favoráveis à manutenção dessa dupla tirania: a imprensa ainda seria capaz de difundir uma luz clara e independente. A instrução que todo homem é livre para receber dos livros, em silêncio e solidão, jamais poderá ser totalmente corrompida. Basta existir um canto de terra livre do qual a imprensa possa espalhar suas folhas (Condorcet, 1988, p.190).

O que é esse "canto de terra livre" que alimentava os textos que provocaram o colapso do antigo edifício? Será que os livros realmente fazem revoluções?

4
Será que livros fazem revoluções?

Os três autores que atuaram como nossos guias no Capítulo 1 tinham uma resposta pronta a essa pergunta. Eles podem falar por si mesmos.

Alexis de Tocqueville:

> Nunca antes toda a educação política de uma grande nação havia sido obra de seus homens de letras, e foi essa peculiaridade que talvez tenha contribuído ao máximo para dar à Revolução Francesa seu caráter excepcional e ao regime que a seguiu a forma com a qual estamos familiarizados. Nossos homens de letras não somente conferiram suas ideias revolucionárias para a nação francesa; eles também moldaram o temperamento nacional e uma visão de vida. No longo processo de moldar as mentes dos homens em seu padrão ideal seu processo foi bem mais fácil uma vez que os franceses não tinham treino no campo da política, e portanto constituíam um campo aberto. O resultado foi que nossos escritores acabaram fornecendo aos franceses os instintos,

o feitio mental, os gostos, e até mesmo as excentricidades dos literatos. E quando chegou a hora de agir, essas propensões literárias foram importadas para a arena política (1967, p.239-40).

Hippolyte Taine:

A filosófica sopra através e paira sobre todos os canais públicos e privados, por meio de manuais ímpios, como as *Théologies portratives* e das novelas lascivas que circulam secretamente, por meio de epigramas e canções, das novidades diárias, das diversões nas feiras e nas arengas da Academia, por meio da tragédia e da ópera, do início até o fim do século, do "Oedipe" [Édipo] de Voltaire ao *Tarare* de Beaumarchais. Quer parecer que não havia mais nada no mundo. Ao menos ela é encontrada em toda parte e inunda todos os trabalhos literários; ninguém se importa se ela os deforma, satisfeitos de fazê-los servir de conduto(1966, p.205).

Daniel Mornet:

A filosofia tornou possível, para todos aqueles que optam por participar da política, discursar sobre ela. Os panfletos políticos sem dúvida sempre circularam durante o Antigo Regime, mesmo quando a censura foi severa e efetiva ao extremo, mas eram bastante raros e circulavam com alguma dificuldade. Depois de 1770, porém, e particularmente após 1780, a liberdade de escrever exigida pelos *Philosophes* na verdade era quase total... É por isso que centenas de libelos publicados sem qualquer intento filosófico e tratados absolutamente anódinos estiveram entre as causas que causaram o efeito mais forte sobre a opinião: eles expunham a ela os problemas políticos e lhes conferiam sabor de reflexão a respeito [de questões políticas](1933, 1967, p.432).

Uma ideia comum é subjacente a esses três pronunciamentos: a leitura é investida de tal poder que é capaz de transformar totalmente os leitores e fazê-los penetrar no que os textos contemplam. Assim, esses três autores, cada um à sua maneira, entenderam a formação da opinião na França pré-revolucionária como um processo de internalização, por parte de um número cada vez maior de leitores, das maneiras de pensar propostas pelos textos filosóficos. Carregadas pela palavra impressa, as novas ideias conquistavam a mente das pessoas, moldando sua forma de ser e propiciando questionamentos. Se os franceses do final do século XVIII moldaram a Revolução foi porque haviam sido, por sua vez, moldados pelos livros. Além disso, esses livros forneciam um discurso abstrato remoto para a prática dos assuntos cotidianos, bem como uma crítica de tradição destrutiva da autoridade. Essa é a minha hipótese de trabalho, embora eu me reserve o direito de expressar algumas dúvidas ao longo do caminho.

Hábito de leitura crescente

Os números mostram – para começar com um conjunto massivo de dados – que os livreiros ofereciam um produto profundamente transformado a um público leitor cada vez mais numeroso e ávido. No que concerne aos leitores, o mais importante aqui talvez não seja tanto o aumento geral da população alfabetizada (cujo índice subiu de 29% a 47% para os homens, e de 14% a 27% para as mulheres entre 1686-1690 e 1786-170), e sim a crescente evidência de material impresso nos meios sociais em que as pessoas anteriormente possuíam apenas poucos livros. No decorrer do século, na verdade, houve um incremento tanto na população possuidora de livros (em particular entre artífices e lojistas) como no tamanho de suas bibliotecas. Em Paris, os livros, que no início do século apareciam em somente 30% dos inventários pós-morte de criados domésticos e 13% dos trabalhadores, passaram a figurar em 40% e 35%, respectivamente, desses inventários em 1780. Nas grandes e médias cidades da

França ocidental, a proporção de inventários pós-morte que mencionam obras impressas subiu, entre o fim do século XVII e a metade do século XVIII, de 10% para 25% nos patrimônios avaliados em menos de quinhentos livros; de menos de 30% a mais de 40% em patrimônios de quinhentos a mil livros; de 30% a 55% naqueles entre mil e dois mil livros; e de 50% a 75% nos avaliados em mais de dois mil livros. O tamanho das coleções também cresceu: entre o fim do século XVII e a década de 1780, o padrão em bibliotecas pertencentes à *bourgeoisie à talents* variou de uma margem de 1-20 volumes para 20-100 volumes; entre o clero o número de livros cresceu de uma faixa de 20-50 volumes para 100-300 volumes; nas bibliotecas dos nobres e praticantes de profissões vinculadas ao direito a faixa cresceu de 20-50 volumes para mais de trezentos. Embora nem todos que se tivessem tornado alfabetizados pudessem ser considerados potenciais compradores de livros (em especial nas áreas rurais, onde obras impressas ainda eram raramente encontradas nos sortimentos dos mascates), nas cidades médias, pelo menos, o mercado de livros havia crescido e um maior número de leitores exigia maior número de textos (Chartier, 1987a, p.165-222).[1]

Surgiram novas fórmulas comerciais para satisfazer as demandas desses leitores (que com frequência excediam seus recursos), como os *cabinets de lecture* abertos por livreiros após 1760, e lojas e bancas de empréstimo que permitiam às pessoas ler sem comprar. Assinantes dos *cabinets de lecture* pagavam uma taxa mensal que variava de dez a vinte libras em troca do direito de ler ou pegar obras por empréstimo, às quais de outra forma não teriam acesso: jornais e periódicos (cujo preço de assinatura era elevado), livros de referência maiores, como dicionários, enciclopédias e almanaques, bem como as obras filosóficas e literárias mais recentes.

1 Para o forte crescimento de vendas em leilão de bibliotecas particulares após 1765, ver o estudo básico: Beckmann, 1988, p.1-160.

Os *cabinets de lecture* possibilitavam aos assinantes ler extensivamente sem gastar muito, e tornavam os títulos proibidos discretamente acessíveis. Foram muito bem-sucedidos tanto em Paris como nas províncias, atraindo vasta clientela entre os membros das profissões liberais, das classes mercantes, estudantes e professores, e até mesmo entre os artífices e trabalhadores braçais mais abastados (Pailhès, 1988, p.414-21). Os que emprestavam livros, por sua vez, os disponibilizam aos parisienses por dia, ou até mesmo por hora. Conforme escreveu Louis-Sébastien Mercier em seu *Tableau de Paris* [Mapa de Paris] (um trabalho que amiúde nos servirá de guia neste capítulo),

> Há obras que fermentam tanta excitação que o livreiro é obrigado a dividir o volume em três partes para satisfazer a pressão das demandas de muitos leitores; neste caso não se paga apenas por dia, mas por hora (Mercier, 1782-3, p.62-2).[2]

Instalados em pequenas lojas ou em bancas ao ar livre, esses *bouquinistes* provavelmente atingiam os leitores mais baixos na escala social que devoravam as novidades e os panfletos políticos nas áreas públicas da maior cidade francesa. Assim, ainda que as bibliotecas particulares reveladas pelos inventários notariais tivessem aumentado tanto em número como em tamanho durante as últimas décadas do Antigo Regime, elas são insuficientes para medir a fome de leitura que assolava até mesmo os mais humildes habitantes urbanos.

2 Sobre Louis-Sébastien Mercier, ver Béclard, 1903; Hafer, 1977, biografia crítica por Geneviève Cattin, p.341-61.

Um produto transformado

A indústria do livro do século XVIII ofereceu a essa proliferação de leitores um produto completamente transformado. A mudança mais espetacular no mercado livreiro, conforme se refletia nos pedidos de *permissions publiques* (tanto os *privilèges* como as simples permissões para publicar), foi o declínio – inicialmente leve, mas depois em escala vertiginosa – de livros religiosos. Os títulos religiosos, incluindo-se todas as categorias, participavam com metade da produção dos impressores parisienses no fim do século XVII e ainda constituíam um terço da produção na década de 1720, mas representavam apenas um quarto no começo da década de 1750 e um décimo na década de 1780. Considerando que as outras categorias bibliográficas gerais (direito, história, belas-letras) permaneceram relativamente estáveis ao longo do século, foram as artes e as ciências, cuja participação proporcional duplicou entre 1720 e 1780, que mais se beneficiaram do declínio em livros de liturgia e devoção religiosa. Essa mudança é ainda mais pronunciada no que se refere a permissões tácitas e onde obras de artes e ciências representavam a maior fatia. Embora tais obras constituíssem apenas um quarto dos pedidos de permissões tácitas nos anos 1750, logo abaixo de belas-letras, por volta do começo da década de 1780 já encabeçavam a lista, com mais de 40% dos pedidos. Com as ciências liderando a área referente a permissões oficiais – *permissions du sceau* –, e com os trabalhos políticos encabeçando a lista de pedidos de permissões tácitas, as artes e as ciências avançaram irresistivelmente, oferecendo aos leitores a oportunidade de inventariar e ampliar seus conhecimentos, mas ao mesmo tempo fornecendo obras de crítica e reforma (Furet, 1965-70, p.3-32; Martin, 1982-6, p.94-103).

Obras publicadas com permissão – "pública" ou tácita – não obstante consistiam em apenas parte do que estava disponível ao público leitor francês do século XVIII. Vasto número de livros que o mercado livreiro designava como "filosóficos" também estava em circulação. Impressas por sociedades tipográficas situadas além dos confins do reino (na Suíça ou nos principados alemães), importadas clandestinamente, vendidas "por baixo do pano", proibidas e ativamente perseguidas pelas autoridades reais, essas obras, caracterizadas na correspondência comercial e nos catálogos secretos como "filosóficas", eram um saco de gatos. Primeiro, havia textos filosóficos no sentido geral do termo: trabalhos que apresentavam moralidade e política, crenças e autoridade ao escrutínio crítico. Segundo, havia uma literatura pornográfica que se baseava nos clássicos do gênero, mas que também incluía novos títulos. Terceiro, havia todo um sortimento de sátiras, libelos (*libelles*) e narrativas difamatórias (*chroniques scandaleuses*) – textos sensacionalistas em geral temperados com passagens obscenas que denunciavam a arbitrariedade e a corrupção dos poderosos. Livros "filosóficos", conhecidos pela polícia como "livros ruins", eram um produto perigoso. Quem os transportasse, estocasse ou distribuísse corria sérios riscos: confisco, a Bastilha, as galés. E mesmo que as casas impressoras fora do reino estivessem fora do alcance dos funcionários do rei da França, ocasionalmente podiam despertar a fúria dos poderes protestantes que os governavam. Isso significava que era necessária extrema discrição para contornar a vigilância (ou corromper as autoridades); significava também que os livros "filosóficos" em geral apresentavam um preço que era o dobro dos livros comuns (Darnton, 1989, p.217-49).

A magnitude da produção dos livros proibidos tem sido há muito subestimada nos estudos que buscam uma análise quantitativa da circulação de livros com base nos arquivos administrativos (nesse caso, os registros que relacionam as permissões para imprimir) ou nos inventários notariais de bibliotecas elaborados para avaliação de propriedade. Os registros de permissões não mostram muitos títulos para os quais os livreiros-impressores jamais sonhariam em solicitar uma permissão (mesmo uma permissão tácita), tão seguros estavam de que as autoridades as rejeitariam. Os inventários de patrimônio geralmente deixavam de mencionar os títulos dos quais os herdeiros zelosos se apossavam antes de o inventário ser elaborado, no interesse de proteger a memória do ente querido morto. Mercier confirmou essa prática ao descrever os *huissiers-priseurs*, funcionários da Corte que se apoderavam e avaliavam bens confiscados e presidiam os leilões públicos:

> Os livros licenciosos e os trabalhos obscenos são deixados de lado pelo *huissier-priseur* e não eram vendidos publicamente, mas os herdeiros os dividem e não têm escrúpulos de vender a cama do pai, suas camisas e suas peças de roupa (Mercier, 1782-3, p.341).

Assim, os títulos listados nos registros de permissões públicas indicam somente uma parte daquilo que os leitores do Antigo Regime pudessem ter lido. Tomemos, por exemplo, o ano de 1764: podemos ver que a proporção da produção total de livros que deixava de aparecer nos registros oficiais era considerável. Dos 1.548 títulos publicados na França naquele ano e que ainda existem até hoje, apenas 40% figuram entre os pedidos de permissão endereçados ao diretor do comércio livreiro. Perto de dois terços dos livros impressos foram, portanto, produzidos com uma autorização secreta e puramente verbal, ou sem autorização nenhuma, ou violando alguma proibição (Artier, 1981, p.9-18). Os livreiros-impressores estabelecidos fora do reino abocanhavam a melhor parte do mercado de livros que careciam de permissão pública. Mercier salientou o fato em sua virulenta crítica aos censores reais:

> Esses são os homens mais valiosos para as gráficas estrangeiras. Eles enriquecem a Holanda, a Suíça, os Países Baixos etc. São tão hesitantes, tão pusilânimes e tão escrupulosos que ousam dar sua aprovação apenas a trabalhos *insignificantes*. E quem pode culpá-los por isso, já que são pessoalmente responsáveis por aquilo

que aprovaram? Isso significaria correr um perigo sem desfrutar da glória de uma atitude contrária. Uma vez que adicionam peso, a despeito de si próprios, a um jugo já bastante incômodo, o manuscrito levanta voo em busca de um país onde reinem a razão e a sábia liberdade (Mercier, 1783-8a, p.51-2).

O comentário de Mercier não é simplesmente um lugar-comum repetido à exaustão; ele afirma uma verdade essencial acerca das publicações. Conforme escreveu Robert Darnton, "é possível que a maioria dos livros franceses produzidos durante a segunda metade do século tenham vindo de gráficas situadas fora da França" (Darnton, 1982-6, p.343).

Livros pirateados e proibidos

Devemos fazer uma distinção clara entre dois grupos de livros – livros proibidos e livros pirateados – que formavam esse comércio ilícito. Quando as duas espécies eram apreendidas ao entrar na capital, recebiam tratamentos totalmente distintos, tanto das autoridades corporativas do comércio livreiro como da polícia. Livros proibidos eram confiscados e marcados para destruição. Títulos pirateados (isto é, como são definidos pela *Enciclopédia*, obras "impressas por alguém que não detém o direito de fazê-lo, para prejuízo da pessoa que efetivamente detém [esse direito] mediante a propriedade que o autor lhe cedeu; [um] direito de propriedade tornado público e autêntico pelo Privilégio do Rei ou por outras cartas equivalentes com Selo [real]") "ou eram devolvidos ao remetente ou encaminhados ao livreiro detentor do *privilège* para o título, que podia então vender os exemplares e embolsar a receita. Todos os envolvidos no mercado livreiro estavam meticulosamente cientes da diferença. Editores estrangeiros preparavam dois catálogos de seus produtos: um catálogo público para edições piratas e um secreto para os livros "filosóficos", e os contrabandistas de livros estavam bastante cônscios dos riscos que corriam para as duas espécies de mercadoria.

Os livros pirateados eram parte fundamental do comércio livreiro, e alimentavam as atividades tanto das gráficas provinciais (especialmente em Lyon e Rouen) como das estrangeiras (em Avignon, na Suíça e na Holanda). Formavam a base para as estratégias de publicação das sociedades tipográficas estrangeiras, que estavam sempre em busca – por meio de seus agentes literários, vendedores ambulantes e livreiros correspondentes – de títulos de grande procura que dariam oportunidade a boas reimpressões. Representavam grande parte dos negócios livreiros, como atestou o grande número de livros pirateados surgidos dos armazéns quando, como resultado da aplicação de um decreto de agosto de 1777 referente ao comércio livreiro, houve um período de graça de dois meses durante os quais tais obras podiam ser autorizadas mediante a aplicação de um carimbo oficial (Veyrin-Forrer, 1988, p.101-12; Boës & Dawson, 1985, p.46-84). Existem registros de carimbos oficiais em oito das vinte *chambres syndicales* do comércio livreiro, e indicam que 387.209 cópias foram recolocadas no mercado dessa maneira. O decreto estipulava penalidades rigorosas para edições pirateadas após o período da graça – "uma multa de seis mil libras para a primeira infração, uma multa igual e revogação da licença (*déchéance d'état*) em caso de repetição da infração", a que se podia acrescentar ação de prejuízos e indenização que o proprietário do *privilège* infringido podia conseguir do autor da edição pirata por meio dos tribunais.

O "ato de indulgência" do rei (como foi chamado no preâmbulo do édito), que concedeu um período de graça de dois meses para a legalização dos livros pirateados em circulação, reflete duas coisas: primeiro, reconhecia o amplo alcance de um comércio que dizia respeito não só aos livreiros das províncias como também a seus colegas da capital. Panckoucke, por exemplo, encomendava edições piratas estrangeiras de suas próprias publicações e de títulos que vendia para as gráficas reais (a *Imprimerie Royale*), preferindo seu baixo custo às despesas de financiar ele próprio uma nova edição. Segundo, fica claro pela clemência do rei que, embora o ato de piratear livros fosse uma ofensa comercial e uma violação do *privilège*, não constituía uma ameaça à autoridade política ou religiosa porque, por definição, todos os títulos pirateados tinham recebido uma permissão pública. Assim, o ato, por meio do comércio ilícito, aumentou a circulação de obras legalmente autorizadas – o que talvez explique por que alguns nomes e endereços de livreiros-impressores apareçam em obras que eles piratearam (Corsini, 1988, p.22-38; Sauvy, 1982-6, p.104-19).

O mesmo não se aplicava aos *libelles contre la morale*, tão vigorosamente atacados por Mercier (cujos *L'an deux mille quatre cent quarante* [O ano dois mil quatrocentos e quarenta] e *Tableau de Paris*, ironicamente figuravam entre os "*best-sellers*" do comércio de livros clandestino):

> [Quanto aos] livros que têm essa natureza odiosa, é melhor metê-los num triturador – ou seja, enfiá-los numa máquina feita especialmente para tal propósito, que transforme essas páginas escandalosas em caixas de cartolina úteis. Podem ser as caixinhas de tabaco que todo mundo leva no bolso. A obra ímpia e obscena, triturada, remodelada e lustrada, está nas mãos do prelado: ele revira e brinca com o objeto de seus antigos anátemas; aspira o conteúdo de uma caixa que antes compunha *Le portier des Chartreux* [O porteiro dos cartuxos] (Mercier, 1783-8a, p.187-8).

A circulação de livros "filosóficos"

Mas qual seria principalmente o corpo dos livros proibidos que inundavam o reino? Seriam os tais *libelles contre la morale*, agora totalmente esquecidos, ou os textos que a tradição considera a própria expressão da filosofia do Iluminismo? Essa pergunta só pode ser respondida parcial e provisoriamente até a época em que Robert Darnton publicou seu prometido estudo dos 720 títulos mais frequentemente mencionados nos arquivos de polícia e nos registros das sociedades tipográficas. Entrementes, três listas de livros proibidos, tomadas como exemplos e não como necessariamente representativas, podem lançar alguma luz sobre o assunto. A primeira é a listagem das obras apreendidas de um livreiro parisiense, Roch Moureau, em 31 de julho de 1777. Por ordem do tenente-general Lenoir, da polícia de Paris, dezesseis títulos (59 exemplares no total) foram enviados à Bastilha para armazenagem antes de serem triturados. Que tipos de livros eram? Cinco títulos eram obras pornográficas: algumas clássicas do gênero (o *Académie des dames ou les entretiens galants d'Aloysia*, de Nicolas Chorier, cujo original em latim data de 1678); outros eram títulos mais recentes (*La fille de joye*, traduzido do inglês em 1751, e *L'Arétin*, de Du Laurens [1763]). Em número igual ao repertório erótico estavam os libelos políticos e as narrativas difamatórias, entre as quais dois textos de Pidansat de Mairobert (as *Anedoctes sur la comtesse Du Barry* [Anedotas sobre a condessa Du Barry] [1775], a *Correspondance secrète et familière de M. de Maupeou* [A correspondência secreta e familiar de M. de Maupeau] [1772] e *L'Espion chinois* [O espião chinês], de Ange Goudar [1764]). Finalmente, havia os *Philosophes*: Voltaire (com três títulos: *La Pucelle d'Orléans* [A virgem d'Orleans], *La Bible enfin expliquée* [A Bíblia finalmente explicada] e a *Histoire du Parlament de Paris* [História do Parlamento de Paris], d'Holbach (*La morale universelle, ou les devoirs de l'homme fondés sur la nature* [A moral universal, ou os deveres do homem fundados na natureza]), e Mercier (bem representado com onze exemplares de seu *L'an deux mille quatre cent quarante*).[3]

---

3 Bibliothèque de l'Arsenal, MS 10 305, "Etat des livres prohibés, saisis sur le Sr. Venant Roch Moureau, librairie à Paris, le 31 juillet 1777, et ordonnés etre mis au pilon, par le Jugement de Monsieur Lenoir du 26 aoust 1777".

A ordem que o *marchand forain* Noël Gille, sediado em Montargis, enviou à *Société typographique* de Neuchâtel em 30 de julho de 1777 cobre o mesmo repertório, embora com peso diferente. Embora a pornografia ainda esteja bem em evidência (com *L'Histoire de dom B,***** [História de dom B****] *portier des Chartreux*, *Margot la ravaudeuse* e *Thérèse philosophe* [Teresa filósofa], atribuídos ao marquês d'Argens, acompanhando a *Académie des dames* e *La fille de joye*), os *Philosophes* contribuem para a maioria dos 23 títulos. Gille, o mascate de livros, encomendou seis títulos de d'Holbach, cinco obras de Voltaire (além de *La Bible enfin expliquée*, as *Lettres philosophiques* [Cartas filosóficas], o *Evangile de la raison* [O evangelho da razão], *Dieu et les hommes; oeuvre théologique mais raisonable* [Deus e os homens; obra teológica mais racional], e as *Questions sur L'Encyclopédie* [Questões sobre a *Enciclopédia*]), as obras completas de Helvétius e vários trabalhos de Jean-Jacques Rousseau. Há apenas um libelo incluído nessa encomenda, mas que é extremamente violento: *Le gazetier cuirassé, ou Anedoctes scandaleuses de la cour de France* [Anedotas escandalosas na corte de França], de Théveneau de Morande. Foi publicado em Londres em 1771, mas se declarava "impresso a cem léguas da Bastilha, na marca da Liberdade". Noël Gille usou o catálogo secreto da sociedade para fazer seu pedido (que, aliás, não foi atendido pela *Société typographique* de Neuchâtel, que não tinha os menores anseios de fazer negócios com quem ela pudesse suspeitar – e com razão – de trazer sérios riscos comerciais). Parece claro que ele tinha acesso ao catálogo, uma vez que a maior parte dos títulos solicitados (quinze de 23) figura numa lista escrita a mão de 110 livros sob o cabeçalho *Livres philosophiques* [Livros filosóficos], elaborada em 1775, que Robert Darnton encontrou entre os arquivos da *Société typographique*. Utilizando uma ortografia idiossincrática, fonética (com exceção da palavra *philosophique*, escrita corretamente, como se tivesse sido copiada), o mascate pedia que listas similares lhe fossem enviadas regularmente no futuro:

> *Sit vous voulet trete avec moi vous pouve manvoier votre cathalo sur tout les livres [filo] philosophique duquelle je poures vous faires eun debis au condisions que vous merranderrer les merchandise frande porre jusqualion.* [Se quiserem fazer negócios comigo podem me enviar seu catálogo de todos os livros filosóficos, dos quais posso lhes fazer uma encomenda, na condição de me mandarem a mercadoria pré-paga a Lyon.] (Darnton, 1987b, p.130-9.)

Em Troyes, os títulos encomendados e recebidos entre 1781 e 1784 por Bruzard de Mauvelin, um livreiro que lidava com obras que circulavam "debaixo do pano", mostram ainda outro quadro. De um total de 120 obras encomendadas por ele, 48 foram pedidas ao menos três vezes (996 exemplares de um total de 1.528 encomendados). Três gêneros eram dominantes nesse corpo de livros proibidos: libelos e panfletos políticos (314 exemplares), obras pornográficas (206 exemplares) e narrativas difamatórias (178 exemplares). Há menos tratados filosóficos (apenas 107 exemplares) e a categoria não inclui nem Voltaire nem Rousseau, inclinando-se em vez disso para os materialistas (La Mettrie, Helvétius, d'Holbach) e os popularizadores do Iluminismo (Mercier, com seus dois títulos, e Raynal, com *L'histoire philosophique et politique des établissements et du commerce des Européens dans les deux Indes* [História filosófica e política do estabelecimento do comércio dos europeus nas duas Índias] [1770]).

A repetição de pedidos mostra que tipos de literatura clandestina eram consumidos mais avidamente. Encabeçando a lista, com onze encomendas num total de 84 exemplares, estava um libelo atacando a depravação do rei falecido, *Les fastes de Louis XV*, publicado em 1782. Em seguida vinha uma obra pornográfica, *Les Muses du foyer de l'Opéra* (cinco pedidos, 46 exemplares), uma crônica descrevendo os hábitos chocantes dos poderosos; *La chronique scandaleuse, ou Mémoires pour servir à l'histoire des moeurs de la génération présente*, escrito por Gillaume Imbert de Boudeaux e impresso em 1783 "em Paris, numa esquina de onde se vê tudo" (cinco pedidos, 45 exemplares); e um poema licencioso anticlerical de Charles Bordes publicado em 1777, *La Papesse Jeanne* [A papisa Joana] (seis pedidos, quarenta e quatro exemplares). Além disso, como vimos no capítulo, panfletos denunciando o despotismo da monarquia (*lettres de cachet* e a prisão estatal em particular) eram venda certa. As *Mémoires sur la Bastille*, de Linguet, *Des lettres de cachet et des prisons d'État*, de Mirabeau, os *Remarques historiques et anedoctes sur le château de la Bastille*, de Brossays du Perray, e *Mémoire sur les maisons de force*, perfaziam 87 exemplares. Os pedidos de Mauvelain, diferentemente dos de Noël Gille, evitavam os textos canônicos do Iluminismo em favor de uma literatura denunciatória dirigida contra a aristocracia, a corte e, em última instância, o rei (Darnton, 1982, p.122-47; 1976, p.11-83).

Filosofia e "baixa literatura"

Essa mudança no material de leitura mostra o efeito de uma radicalização das ideias durante a década de 1780? Ou mostra apenas que o comércio especializado de Mauvelain em Troyes deixou os clássicos do Iluminismo para outros comerciantes de livros? É difícil saber com segurança. Em todo caso, é certo que até o fim do Antigo Regime os tratados filosóficos e os libelos político-pornográficos estavam ligados tanto nas atividades práticas do comércio livreiro como nos mecanismos de repressão. O catálogo intitulado *Livres philosophiques* distribuído pela *Société typographique* de Neuchâtel em 1775 é prova disso (ibidem, 1988, p.11-83). Os 110 títulos nele contidos incluem com bastante naturalidade um bom número de obras do gênero que mais agradavam aos clientes de Mauvelain: obras licenciosas e crônicas e panfletos políticos. São oferecidos quinze títulos pornográficos, inclusive todos os clássicos do gênero, antigos e modernos, desde *La putain errante* [A puta errante], uma tradução de Aretino, até *Thérèse philosophe*, da *Vénus dans le cloître* [Vênus no claustro], *ou la religieuse en chemise* [ou a religiosa de camisola] até a *Histoire de dom B,**** portier des Chartreux* e seu volume companheiro, a *Histoire de la tourière des carmélites* [História da torre dos carmelitas]. Na categoria de denúncia política, libelos como as *Mémoires authentiques de Mme. la comtesse Du Barry* [Memórias autênticas da madame condessa Du Barry] (Londres, 1772) acompanhavam séries de volumes múltiplos tais como *L'espion chinois* (seis volumes) e o *Journal historique de la révolution opérée dans la constitution de la monarchie française par M. de Maupeau* [Jornal histórico da revolução operada na constituição da monarquia francesa pelo Sr. De Mapeau], de Pidansat de Mairobert e Mouffle d'Angerville (sete volumes ao todo, três dos quais haviam aparecido quando o catálogo foi elaborado).

O mais surpreendente no catálogo secreto da *Société typographique* de Neuchâtel, porém, é a presença maciça dos *Philosophes*. As fundações da nova forma de pensar são representadas por Fontenelle (se de fato a obra considerada como *La république des incrédules* [A república dos incrédulos] é sua póstuma *La république des philosophes*), Boulainvilliers, Hobbes (a tradução de d'Holbach de *Human Nature* [Natureza humana]), e Bayle (por meio de uma *Analyse raisonnée* [Análise arrazoada] de seus trabalhos em oito volumes, feita por François-Marie de Marsy e Jean-Baptiste-René Robinet). Também estão representados Diderot (com a *Lettre sur les aveugles* [Carta sobre os cegos], a *Lettre sur les sourds e muets* [Carta sobre os surdos e os mudos], e *Bijoux indiscrets* [Joias indiscretas]), Rousseau (*O contrato social* e *Obras diversas*), os popularizadores do Iluminismo (Raynal, Du Laurens, Mercier, Bordes), e a corrente materialista (quatro títulos de Helvétius, entre eles *De l'esprit*, as *Oeuvres philosophiques* [Obras filosóficas] de La Mettrie e, acima de tudo, catorze obras escritas ou traduzidas por d'Holbach). Mas o autor que domina o catálogo é Voltaire, com 31 títulos que vão desde *Lettres philosophiques* de 1734 até *Romans et contes philosophiques* [Romances e contos filosóficos] e as *Questions sur l'Encyclopédie*, publicado no início dos anos 1770.

Voltaire também é o autor mais bem representado no segundo documento que cito aqui: um catálogo elaborado entre junho e setembro de 1790 pelo livreiro parisiense Poinçot, a quem foi dada a responsabilidade de inventariar os livros confiscados armazenados na Bastilha em 1785 na última campanha do Antigo Regime para destruição dos livros perigosos.[4] Poinçot havia recebido essa atribuição após ter afirmado que

> era possível fazer uso, para benefício da Cidade, da grande massa de material impresso empilhada em absoluta desordem e descuido, que se perderia na umidade e na poeira se não se fizesse algum esforço urgente para salvá-lo (Funck-Brentano, 1890, p.XLV).[5]

A lista, que cobre os livros confiscados durante os cinco anos que precederam a Revolução, divide-se em quatro inventários e inclui 564 itens, que correspondem a 393 títulos diferentes. Ela menciona certo número de títulos novos com os trabalhos já citados. No repertório pornográfico, por exemplo, encontramos *La Foutromanie, poème lubrique* [A fodamania, poema lúbrico], de Senac de Meilhan (Sardanapolis, 1775), a *Errotika Biblion* [A Bíblia erótica] de Mirabeau (Rome de l'Imprimerie du Vatican, 1783), e *Le rideau levé* [A cortina aberta], ou *l'éducation de Laure* [ou a educação de Laura] (Cythère, 1786). Os panfletos incluem libelos dirigidos à rainha (*Les amours de Charlotte et de Toinette* [Os amores de Charlotte e de Toinette] [1779] e os *Essais historiques sur la vie de Marie-Antoinette d'Autriche, reine de France* [Ensaios sobre a vida de Maria Antonieta da Áustria, rainha da França] [1781]).

Nos depósitos da Bastilha, bem como nos armazéns da *Société typographique* de Neuchâtel, as obras dos *Philosophes* partilhavam

---

4 Bibliothèque d'Arsenal, MS 10 305, "Etat des Livres des pauses à St. Louis de la cultur mit en ordre par ordre de m.m. les commissaires commancé le 14 juillet 1790 par Poinçot".

5 Relatório dirigido ao prefeito de Paris em 19 de outubro de 1790.

da mesma sorte que as *chroniques scandaleuses*. As duas listagens até mesmo mostram resultados semelhantes: Voltaire encabeçava a lista de livros na Bastilha em 1790 com dezoito obras. A seguir vem d'Holbach (oito títulos), depois Rousseau (quatro títulos, incluindo *O contrato social*, o *Discurso sobre a origem e os fundamentos da desigualdade entre os homens* e *Emílio ou da Educação*), e, com um ou dois títulos cada, Helvétius, Diderot, Condorcet, Raynal e Mercier. Embora houvesse apenas sete prisioneiros trancados na prisão estatal em 14 de julho de 1789, todos os clássicos do Iluminismo ali estavam, vítimas da censura e da polícia do rei, com os panfletos que Mercier tanto desprezava:

> Um libelo totalmente insípido, totalmente atroz, totalmente calunioso aparece debaixo do pano; ele é imediatamente valorizado. As pessoas pagam um preço absurdo por ele; o mascate, que não sabe como ler e está apenas tentando ganhar seu pão para sua pobre família, é detido. Ele é jogado na Bicêtre [prisão], onde sua sorte é previsível. Quanto mais o panfleto é proibido, mais ávidas as pessoas ficam por ele. Quando você o lê, percebe que nada compensa a sua temeridade rasteira, e se cobre de vergonha por ter corrido atrás dele. Você mal ousa dizer: "Eu o li." É o refugo da literatura mais torpe, e o que existe que não tenha seu refugo? (Mercier, 1783-8b, p.22.)

Assim, a dicotomia fundamental dividindo o campo literário – basta nos lembrarmos das diatribes de Voltaire – em autores dignos desse nome e *folliculaires* pertencentes à "infeliz classe que escreve para viver" não estabelecia uma separação radical entre o que os dois grupos escreviam. É patente que a distinção justificava estratégias que faziam do desdém pela *basse littérature* o sinal essencial de qualidade num escritor. Como nos conta o *Tableau de Paris* [Mapa de Paris] de Mercier:

> Entre os antigos a consideração pública era viva; nossa glória é tênue comparada com as honras rendidas por serviços prestados à humanidade. Para se livrar do fardo de gratidão entre nós, as pessoas gritam a cada momento, "O número de autores é imenso!" Sim – daqueles que usurpam tal nome ou que produziram apenas uma única peça em suas vidas. Mas na verdade existem na França não mais que trinta escritores exercendo sua arte constantemente.

Mercier prosseguia numa nota para tecer uma distinção entre escritores "dignos do nome", que mereciam partilhar da "consideração pública" (e suas retribuições), e "compiladores, jornalistas, tradutores e assim por diante", que não mereciam tal consideração (idem, p.106-7). Não é difícil adivinhar em que categoria o autor do texto implicitamente se colocava. Quando os escritores excluídos da República das Letras internalizavam eles próprios a distinção, a oposição entre "Alto Iluminismo" e "Baixa Literatura" (são os termos de Robert Darnton), entre os *Philosophes* estabelecidos e os "Rousseaus viscerais" (*les Rousseau des ruisseaux*), estabeleceram a estrutura das rivalidades literárias, fixando as ambições frustradas dos "baixos literatos" contra as posições bem assentadas e monopolizadas pelos autores do "Alto Iluminismo".

Ainda assim, tanto na comercialização quanto na repressão aos livros "filosóficos", ambas as categorias de escritores conheciam uma sorte comum, tanto na fortuna como no infortúnio. Definidas como um corpo específico na produção literária, tais obras talvez tenham compartilhado um horizonte de leitura que respondia às expectativas surgidas da atração do proibido e das seduções da irreverência ou da transgressão. A coerência desse conjunto de obras extremamente heterogêneas não era exclusivamente uma questão de como eram encaradas pelo livreiro, pela polícia ou pelo leitor; tinha igualmente raízes nas práticas de escrita dos autores. Pois até mesmo os autores mais conhecidos não hesitavam em utilizar as formas mais comuns da baixa literatura. Assim, Voltaire foi um mestre no uso e na subversão do *libelle* difamatório, na sátira antirreligiosa e no panfleto político, escamoteando-os com pseudônimos, atribuições falsas e assinaturas satíricas. Em segundo lugar, a divisão entre os gêneros não era absolutamente clara. Não só o discurso filosófico invadia com frequência os textos pornográficos (às vezes até mesmo infiltrando-se nos títulos, como no caso de *Thérèse philosophe,* ou *Mémoires pour servir à l'histoire du P. Dirrag et de Mlle. Eradice* [Memórias para servir à história de P. Dirrag e de Mlle. Eradice]); os próprios *Philosophes* permitiam-se recorrer ao gênero licencioso (como *La Pucelle d'Orleans,* de Voltaire, ou *Bijoux indiscrets,* de Diderot, publicado na *Monomotapa,* em 1748). Essa livre circulação de formas e temas sem dúvida reforçava a percepção dos livros "filosóficos" como um conjunto de textos homogêneo. Será que isso significa que deveriam ser considerados as tochas que provocaram o incêndio da Revolução?

Da leitura à crença

Com bastante segurança, sim, de acordo com Robert Darnton, que tem poucas dúvidas de que a difusão em larga escala dessa literatura crítica e denunciatória, que cresceu tanto em fluxo quanto em virulência durante as duas últimas décadas do Antigo Regime, transformou profundamente a representação da Monarquia minando seus mitos fundamentais, ridicularizando os rituais por meio dos quais ela se expressava e fazendo que os franceses se acostumassem a pensar em si mesmos como vítimas de um Estado arbitrário e decadente. Assim, os livros "filosóficos", qualquer que fosse seu intento, produziram uma verdadeira "erosão ideológica" que pode ter tornado inevitável a ruptura revolucionária. Segundo Darnton,

> Os sistemas políticos elaboravam uma dúzia de variações sobre o mesmo tema: a monarquia havia degenerado em despotismo.

> Eles não clamavam por uma revolução, nem previram 1789, e nem sequer ofereciam discussão dos assuntos sociais e políticos mais profundos que deveriam tornar possível a destruição da monarquia. Inadvertidamente, porém, prepararam tal evento dessantificando os símbolos e esvaziando os mitos que haviam feito a monarquia parecer legítima aos olhos de seus súditos (Darnton, 1982, p.147).

Dessa forma, houve uma estreita relação entre a profunda penetração de obras proibidas corrosivas e profanadoras e o desgaste dos sistemas de crenças que garantia ao rei o respeito e amor de seu povo.

Mas será que essa visão investe a leitura de uma força e uma eficácia que talvez ela não tenha tido? Voltemos a Mercier por um momento. A seus olhos, diversas coisas diminuíam seriamente a força de persuasão dos trabalhos denunciatórios. Primeiro, a esfera social em que circulavam era muito mais restrita que a das obras licenciosas:

> Muita crítica tem sido levantada às obras filosóficas, lidas por um número pequeno de homens, e as quais a multidão é totalmente incapaz de entender. O impresso indecente triunfa publicamente. Todo olho tem sua atenção despertada por ele: [o olho] da inocência fica preocupado, e a timidez fica ruborizada. É hora de seriamente relegar ao interior dos catálogos dos comerciantes aquilo que eles têm a impudência de exibir até mesmo do lado de fora de suas lojas. Pensem nisso: donzelas e mulheres honestas também andam pelas ruas! (Mercier, 1783-8c, p.94.)

Ademais, argumenta Mercier, o interesse na literatura denunciatória era efêmero: "Onde está o libelo que, após quinze dias, não tenha sido esfoliado pela opinião pública e abandonado à sua própria infâmia?" (ibidem, 1783-8b, p.22-3.) Finalmente, ele cita a incredulidade do público:

> Antigamente era bastante comum achar certo número de cartazes críticos sobre os assuntos do dia... Caricaturas desse tipo não são mais afixadas nos muros; passaram a figurar nos panfletos distribuídos às escondidas... Investidas satíricas agora só são encontradas em panfletos [e] o mundo sofisticado as julga divertidas sem lhes dar crédito demais (ibidem, 1783-8d, p.85-9).

Louis-Sébastien Mercier estava longe de postular que os leitores de obras "filosóficas" davam pleno crédito às representações que os textos tentavam impor. Sua descrição da forma como eram lidos recorda a caracterização de leitura popular do sociólogo inglês Richard Hoggart, que falava de "uma forma oblíqua" de receber um texto, uma forma que envolve "ceticismo", "descrença" e "resistência silenciosa" (Hoggart, 1957, p.197, 224, 228 e 230). As imagens nos libelos e panfletos específicos não eram gravadas na mente dos leitores, e lê-los não levava necessariamente a acreditar neles. Se é que existiu alguma conexão entre a distribuição maciça da literatura panfletária desrespeitosa e agressiva e a destruição da imagem da Monarquia, essa conexão não foi nem direta nem inevitável.

Livros partilhados e escolhas contraditórias

Outra prova da necessidade de cautela em estabelecer um vínculo entre os livros filosóficos e o pensamento revolucionário está na presença do mesmo material de leitura filosófico (em todos os sentidos do termo) entre leitores que fizeram escolhas altamente contraditórias em face do evento revolucionário. Isso aconteceu no caso da obra de Rousseau, que era conhecida e admirada entre as pessoas comuns. Em seu *Journal of My Life* [Diário de minha vida], o oficial vidraceiro Jacques-Louis Ménétra menciona apenas seis obras, sendo três delas de Rousseau (*Contrato social, Emílio ou da educação* e *La nouvelle*

Héloïse [A nova Heloísa]). Ele alegava ter tido contatos familiares com o autor quando Rousseau ficou em Paris pela última vez, entre 1770 e 1778:

> Fomos ao café de la Régence ele pediu uma caneca de cerveja Ele me perguntou se eu sabia jogar xadrez Eu disse não Ele me perguntou se eu sabia jogar damas Eu disse um pouco Ele fez uma piada Ele disse que está certo para a minha idade Nós jogamos Eu perdi Eu escutei e fiquei ouvindo as pessoas em volta que ficavam dizendo Mas é Rousseau esse é certamente o irmão dele (Roche, 1982, p.218-22 e 300; Ménétra, 1986, p.182).

O ardente rousseausismo dos *sans culottes* parisienses, abastecido pelo discurso jacobino, os jornais radicais e a promoção de Rousseau ao Panthéon, estava enraizado nas preferências de leitura dos leitores mais "populares" do Antigo Regime.

Na outra ponta da escala social, os leitores aristocratas também eram devotos de Rousseau. Um indício desse fato é o número de nobres (nobres da corte, nobreza provincial, homens que adquiriram título de nobreza por meio de serviços à coroa) entre os correspondentes de Rousseau; perfazendo 36% do total de correspondentes, são tão numerosos quanto os membros do Terceiro Estado (Roche, 1971, p.151-72). Outro sinal é o culto à memória de Rousseau nos jardins de Ermenonville, para onde, a convite do marquês de Girardin, os grandes nomes da aristocracia vinham em peregrinação. Ainda outro indício é a duradoura ligação, imune à Revolução, dos contrarrevolucionários emigrados tanto com o homem como com sua obra (excetuando *O contrato social*) (Biou, 1970, p.115-28; Ridehalgh, 1982, p.231-52).

Rousseau não só fornecia material de leitura igualmente para plebeus e aristocratas; era também o autor favorito de alguns membros da classe média comercial, que o assumiam como seu *maître à penser*. Isso é evidente nas cartas que Jean Ranson, um mercador de La Rochelle, enviou a Ostervald, um dos diretores da *Société typographique* de Neuchâtel. Para Ranson, Rousseau era um verdadeiro mentor:

> Tudo que o amigo Jean-Jacques escreveu sobre os deveres de maridos e esposas, de mães e pais, teve um profundo efeito sobre mim, e eu vos confesso que me servirá como regra em qualquer dos estados que devo ocupar.

A morte de Rousseau o afetou profundamente:

> Então, Senhor, perdemos o sublime Jean-Jacques. Como me dói jamais tê-lo visto ou ouvido. Adquiri a mais extraordinária admiração por ele lendo seus livros. Se algum dia eu viajar pelas proximidades de Ermenonville, não deixarei de visitar seu túmulo e talvez derramar algumas lágrimas sobre ele (Darnton, 1984c, p.236-7).

Um ponto de referência – a obra e, mais ainda, a pessoa de Rousseau, o avalista da verdade de suas afirmações – inspirava assim interpretações diferentes e até mesmo contraditórias, da mesma forma que induzia fidelidades contraditórias.

O mesmo é verdade com referência à *Enciclopédia*. Onde seus assinantes podem ser identificados (como é o caso de Besançon e de Franche-Comté para a edição *in-quarto* de Neuchâtel), há duas lições a serem tiradas. Primeiro, fica claro que por causa de seu preço elevado (mesmo com o custo reduzido por um formato menor), a *Enciclopédia* só podia ser adquirida por notáveis. Ainda mais que os grandes comerciantes (uma minoria entre os assinantes), era a sociedade das elites tradicionais (clero, nobres militares, membros do Parlamento, homens da lei e de profissões liberais) que constituía o verdadeiro público da obra. Segundo, embora alguns daqueles que adquiriam a *Enciclopédia* fossem dedicados à causa revolucionária, sem dúvida a maioria era indiferente ou hostil a ela (ibidem, 1979, p.287-94). Subscrever a obra emblemática do Iluminismo não implicava, portanto, uma comunhão de escolha ou ação entre seus leitores, não mais que sua presença maciça nos meios mais ligados ao Antigo Regime significava uma ruptura radical com as formas tradicionais de conceber a sociedade.

Finalmente, os livros possuídos pelos emigrados e pessoas condenadas que foram confiscados pelas autoridades revolucionárias após 1792 atestam o vínculo forte e duradouro ao corpo filosófico por parte das vítimas ou inimigos da Revolução. Aquilo que liam não era essencialmente diferente do material de leitura dos revolucionários mais profundamente comprometidos. Assim, Buffon e a *Enciclopédia* acompanharam o marechal de Broglie à prisão, e no Templo Luís XVI lia Montesquieu e Voltaire, com Corneille e La Fontaine (Marcetteau & Varry, 1989, p.189-207). Esses fatos, que confirmam a percepção de Tocqueville ("basicamente, todos com posição acima da turba comum, tinham semelhança; tinham as mesmas ideias, os mesmos hábitos, os mesmos gostos, os mesmos tipos de diversão; *liam os mesmos livros* e falavam da mesma maneira"), tornam impossível atribuir um papel excessivamente direto aos livros. As novas representações que eles propunham não ficavam impressos na mente dos leitores, e em todos os casos eram abertos a uso variado e a uma multiplicidade de interpretações. Portanto, talvez seja arriscado creditar ao incontestável sucesso das obras filosóficas o aumento da distância entre a sociedade francesa e a Monarquia (Tocqueville, 1967, p.158, grifo nosso).

Essa distância não foi necessariamente resultado de uma operação intelectual, mas pode ter sido facilmente estabelecida na proximidade das práticas ordinárias, ações levadas a cabo sem deliberação, e palavras que se tornaram lugares-comuns. Mercier assinalou astutamente tais tendências espontâneas, que eram ainda mais profundas por serem inconscientes. Eram discerníveis em fórmulas prontas que depreciavam a realeza pelo uso da expressão *à la royale*:

> Uma expressão vulgar e empregada com frequência. Bife *à la royale*, bolos *à la royale*, botinas *à la royale*; as carnes cozidas cujo nome o homem coloca em letras douradas acima da porta da loja; o vendedor de produtos suínos vende presuntos e linguiças *à la royale*; não se vê nada além de flores-de-lis coroando galinhas cozidas, luvas, botas, sapatos femininos e chás, e o vendedor grita, *À la royale*!

Não havia hostilidade à Monarquia implícita em tudo isso. Ao contrário, como nota Mercier, "*à la royale* significa, no sentido figurativo, *bom, excelente, excelente ao extremo*, porque as pessoas comuns não supõem que a mediocridade, em qualquer forma que seja, poderia ter a temeridade de se aproximar da corte" (Mercier, 1783-8e, p.148-9). No entanto, o uso comum acabou dessacralizando os atributos e os símbolos da realeza, privando-a de toda significação transcendente. Em outra parte, Mercier nota:

> Entre os ferragistas do *quais de la* Méssigerie existem armazéns com placas de lojas antigas apropriadas para decorar a entrada de todas as tavernas e redutos de fumo dos subúrbios de Paris. Ali todos os reis da terra dormem juntos: Luís XVI e George III trocam abraços fraternais; o rei da Prússia deita-se com a imperatriz da Rússia; o imperador se mistura com seus eleitores; finalmente, a tiara [papal] e turbante se fundem. O dono de uma taverna chega, cutuca com o pé todas essas cabeças coroadas, examina-as e escolhe ao acaso uma figura à semelhança do rei da Polônia; ele a leva consigo, pendura-a e escreve embaixo, *au Grand Vainqueur* (ibidem, 1783-8f, p.123).

A cena – e pouco importa se é real ou imaginária – indica que a imagem da majestade real não exigia reverência particular nem evocava temor. Isso sugere outra relação entre as mudanças de sensibilidade e a circulação em larga escala de textos que minavam a autoridade real. Por que não teria a paixão por livros filosóficos se tornado possível apenas em virtude do fato de um desnudamento simbólico e afetivo prévio ter funcionado de modo a torná-los aceitáveis, compreensíveis e lógicos de esperar? Nesse caso, os livros filosóficos, longe de produzir uma ruptura, seriam eles próprios *resultado de* uma ruptura.

Nessa ideia aparece a primeira razão de se questionar a tão suposta eficácia do texto filosófico. No entanto, há também uma segunda razão. Embora os textos, e mais particularmente os libelos políticos, fossem de fato mecanismos com intenção de produzir determinados efeitos desejados, as técnicas que utilizavam sempre foram decifradas por meio das expectativas, ferramentas interpretativas e níveis de compreensão que variavam de um leitor a outro, ou que poderiam levar qualquer leitor a emprestar um *status* diferente, até mesmo contraditório, a um determinado trabalho em numa época posterior. Quando se lê a literatura filosófica de trás para frente, começando pelo evento revolucionário e recuando, corre-se o risco de atribuir-lhe um significado unívoco, denunciatório e persuasivo. Os leitores do século XVIII não acreditavam necessariamente na verdade daquilo que lhes era dado ler (por exemplo, nos atos arbitrários de uma monarquia que se tornara despótica ou na depravação do soberano e de sua corte), mas sua incredulidade não diminuía em nada seu ávido apetite por livros proibidos.

Os *libelles* pornográficos que focalizavam os grandes, os favoritos reais, a rainha e o rei servem para ilustrar esse ponto. Tais textos operavam em diversos níveis e se emprestavam a uma multiplicidade de leituras. Primeiro, seguiam as convenções tradicionais do gênero erótico: usavam um vocabulário codificado para expressar prazer sexual; brincavam com as formas literárias da época e as investiam de um conteúdo inesperado; em geral continham uma personagem cuja perspectiva era a do leitor. No libelo político, porém, embora os mesmos mecanismos ainda sejam reconhecíveis, eles são colocados a serviço de um objetivo mais poderoso. Ainda assim, sua mensagem não é imediatamente perceptível. Isso fica claro nos primeiros panfletos que atacam

Maria Antonieta (*Amours de Charlote et Toinette* ou *Essais historiques sur la vie de Marie-Antoinette d'Autriche, reine de France*). Tal como as *mazarinades* mais de um século antes (Jouhaud, 1985a, p.37-9), esses textos não visavam necessariamente a fazer que as pessoas acreditassem que a rainha de fato era como estava sendo retratada; na verdade tentavam justificar seus adversários na corte desqualificando-a. Leitores cientes das disputas entre as várias facções da corte compreendiam que o significado de tais textos não era literal, mas residia nos efeitos que tinham sobre a política na corte. Outros leitores, mais facilmente manipuláveis, poderiam acreditar que eram dirigidas a uma rainha descrita como governada por seus sentidos e infiel a seu dever. Dessa forma, todo um conjunto de temas era abordado (e amplificado após 1789 pelos panfletos revolucionários) associando, sem qualquer clemência, a imagem de uma rainha voraz e sanguinária com a figura de uma mulher lasciva e dissoluta (Revel, 1988, p.286-98). Esses variados horizontes de leitura, que conferiam uma variedade de níveis a um mesmo texto, eram em certa medida determinados pela maneira como os próprios livros "filosóficos" estavam organizados, com sobreposição de gêneros, intercruzamento de temas e a fusão de níveis de discurso como denúncia política, descrição pornográfica e reflexão filosófica. Essa pluralidade em si, inscrita nos próprios textos, torna impossível concluir que eles eram lidos de maneira idêntica por todos os leitores ou que sua interpretação podia ser reduzida a uma única e simples afirmativa ideológica.

A Revolução deu estrutura ao Iluminismo?

Não deveríamos inverter os termos da nossa pergunta inicial de modo a sustentar a ideia de que na verdade foi a Revolução quem fez os livros e a filosofia – ou seja, de que foi com base no evento revolucionário que se constituiu um corpo de obras e se selecionaram autores que passaram a ser considerados tendo preparado e anunciado a própria Revolução? São muitos os modos e meios dessa estruturação retrospectiva do Iluminismo pela Revolução. O mais espetacular era a eleição ao Pantheon, mas também o mais seletivo, visto que apenas dois autores de séculos anteriores – Voltaire e Rousseau – foram glorificados como *grands hommes*, tendo sido rejeitados pelas assembleias revolucionárias todos os outros nomes propostos (Descartes, Fénelon, Buffon, Mably) (Ozouf, 1984, p.139-66; Barny, 1986). Dessa forma, esses dois autores foram reconhecidos como verdadeiros precursores da Revolução. Isso fica implícito nas inscrições gravadas no sarcófago contendo os restos mortais de Voltaire ao ser transferido ao Panthéon em 11 de julho de 1791, num momento de sentimento nacional unânime e aliança entre a Revolução e a Igreja constitucional. De um lado da inscrição, lê-se:

> Ele combateu ateus e fanáticos
> Ele exigiu os direitos do homem contra a servidão do feudalismo

E, do outro,:

> Poeta Historiador Filósofo
> Ele ampliou o espírito humano e ensinou que ele deve ser livre (Leith, 1979, p.200).

Isso é semelhante ao que Robespierre disse de Rousseau em seu discurso "Sur le rapports des idées religeuses et morales" [Sobre as relações das ideias religiosas e morais] de 7 de maio de 1794 (que, aliás, invectivava contra a "seita" materialista dos enciclopedistas):

> Entre aqueles que, nas épocas às quais me refiro, se sobressaíram nas letras e na filosofia, um homem [Rousseau], pela elevação de sua alma e pela grandeza de seu caráter, mostrou-se digno do

> ministério como preceptor da humanidade... Ah! Se ele tivesse testemunhado esta revolução da qual foi precursor e que o conduziu ao Panthéon [em 12 de outubro de 1793], quem duvidaria de que sua alma generosa abraçaria com determinação a causa da justiça e da igualdade! (Robespierre, 1958, 1974, p.171.)

O cânone para os precursores não se limitou aos dois autores eleitos para o Pantheon. Incluiu também uma variedade de gêneros, como antologias, ou *florilèges*, publicadas nos almanaques e nas revistas literárias (Andriès, 1988, p.5-18), e obras compostas de excertos que ofereciam seleções de um autor ou de um grupo de autores (Lüsebrink, 1988, p.28-41). O catecismo político de Véron, *Au peuple. Des vérités terribles, mais indispensables, tirées de J.-J. Rousseau, Mably, Raynal, etc. et de tous les philosophes amis des principes de l'égalité* [Ao povo, as verdades terríveis, mas indispensáveis, extraídas de J.-J. Rousseau, Mably, Raynal, etc. e de todos os filósofos amigos dos princípios da igualdade], pertence ao segundo gênero, ao passo que o poema "Les philosophes", que aparece no *L'Almanach des Muses* [O almanaque das musas] de 1794, celebrando Fontenelle, Voltaire, Diderot, Franklin e Rousseau, pertence ao primeiro. Nas comemorações políticas no ano II, bustos dos *Philosophes* e dos mártires pela liberdade também figuraram nessa busca retrospectiva por legitimidade. Assim em Roye, Picardia, homenagens cerimoniais foram prestadas a Voltaire, Rousseau, Buffon, Benjamim Franklin, Marat e Lepletier de Saint-Fergeau, e suas elegias foram cantadas em "parelhas cívicas" (Leith, 1979, p.207). Isso também aconteceu num grande número de objetos impressos de larga circulação, como baralhos de cartas (no ano II, o impressor Gayant substituiu os reis por "*Philosophes*" – Voltaire e Rousseau, mas também Molière e La Fontaine), almanaques revolucionários, cartilhas e catecismos. O *Alphabet des sans culottes* [O á-be-cê dos *sans cullotes*], *ou premiers éléments d'éducation républicaine* [ou primeiros elementos de educação republicana], também do ano II, oferecia o seguinte diálogo:

P.: Quem são os homens que por meio dos seus escritos prepararam a revolução?
R.: Helvétius, Mably, J. J. Rousseau, Voltaire e Franklin.
P.: Como se chamam esses grandes homens?
R.: *Philosophes*.
P.: O que significa essa palavra?
R.: Sábio, amigo da humanidade (Gumbrecht & Reichardt, 1985, p.64).

Em certo sentido, então, foi a Revolução que "fez" os livros, e não o contrário, já que foi a Revolução que deu um significado premonitório e programático a certas obras, atribuindo esse significado às suas origens após o fato estabelecido.

Do livro à leitura: leitura dessacralizada

Esse fato, no entanto, não invalida nossa primeira pergunta, que agora podemos reformular da seguinte maneira: Que lugar dever-se-ia atribuir à circulação de material impresso nas transformações intelectuais e afetivas que provocaram a súbita e radical ruptura com a Monarquia absoluta e uma sociedade organizada corporativamente pensável, admissível e decifrável? Mais do que as representações críticas e denunciatórias propostas maciçamente pelos livros "filosóficos", em toda sua diversidade, não deveríamos enfatizar as transformações que modificaram profundamente a maneira de ler das pessoas? A hipótese de uma *Leserevolution* foi aventada para a Alemanha na segunda metade do século XVIII (Engelsing, 1970, p.946-1002). Segundo essa hipótese, o novo estilo de leitura mostrava muitas características que o distinguiam das práticas tradicionais: a ampliada mobilidade do leitor diante de textos mais numerosos e menos duráveis; a individualização da leitura quando, em essência, ela se torna um ato individual e silencioso tendo lugar em ambiente privado; a religião sendo desligada da leitura, que perde sua carga de sacralidade. Uma relação comunitária e respeitosa com o livro, constituída de reverência e obediência, deu lugar a uma forma de ler mais livre, mais casual e mais crítica.

Discutível, e muito discutida, esta hipótese, no entanto, contribui de modo adequado para a compreensão das transformações das práticas de leitura na França do século XVIII. Com a triplicação ou a quadruplicação da produção de livros entre o início do século e a década de 1780, o aumento de instituições que possibilitavam aos clientes ler sem ter de comprar, e a crescente inundação de peças impressas efêmeras (o periódico, o libelo, o panfleto), uma nova forma de ler, que não considerava mais o livro autoridade, tornou-se difundida. O tema, escolhido com tanta frequência entre os escritores e pintores do fim do século XVIII, da leitura bíblica, patriarcal na *veillée*, quando o chefe do lar campesino lia em voz alta para a família reunida, era um modo de exprimir pesar por uma forma de ler perdida. Na representação de um mundo camponês idealizado, caro à elite letrada, a leitura comunitária significava um mundo onde o livro era reverenciado e a autoridade era respeitada. A utilização dessa figura mítica é uma crítica óbvia à maneira como as pessoas da cidade liam – tipicamente insaciável, negligente e cética (Chartier, 1987b, p.223-46).

Louis-Sébastien Mercier vem em nossa ajuda mais uma última vez para definir uma mudança cultural – ou, tão importante quanto isso, a crença em tal mudança. Seu julgamento parece contraditório. De um lado, ele deplorava a perda de um modo de ler diligente, atenta e paciente:

> Em Paris dificilmente alguém lê qualquer obra que tenha mais de dois volumes... Nossos digníssimos antepassados liam novelas em dezesseis volumes, e que ainda não eram longas demais para suas noites. Eles acompanhavam com envolvimento as maneiras, as virtudes [e] os combates da antiga cavalaria. Quanto a nós,

em breve estaremos lendo apenas painéis decorados (Mercier, 1783-8g, p.131-2).

Por outro lado, Mercier notava que o hábito de ler invadira todas as práticas sociais e, desde que se tornara o mais comum dos hábitos, obrigara o livro a mudar seu formato:

> A mania de formatos pequenos substituiu aquele de margens imensas que esteve em voga quinze anos atrás. Na época, era preciso virar a página a todo instante; tudo que se comprava era papel branco, mas que agradava muito aos amantes [de livros]... A moda mudou: ninguém procura mais nada a não ser formatos pequenos; dessa maneira foram reimpressos todos nossos belos poetas. Esses pequenos livros têm a vantagem de poderem ser colocados no bolso para servir de relaxamento durante um passeio, ou espantar o tédio de uma viagem, mas ao mesmo tempo, é preciso carregar uma lupa, pois a letra é tão pequena que requer olhos muito bons (ibidem, 1783-8h, p.80-1).

A longo prazo, os comentários aparentemente contraditórios de Mercier convergem para uma noção comum: quando a leitura penetrou nas circunstâncias mais ordinárias da vida cotidiana e textos consumidos com avidez eram logo abandonados, perdeu a referência religiosa que a havia permeado por tanto tempo. Assim, foi forjada uma nova relação entre o leitor e o texto; uma relação sem respeito pela autoridade, alternadamente seduzida e desiludida pelas novidades e, acima de tudo, pouco inclinada à crença e à adesão. A nova maneira de ler era acompanhada pelo exercício – tanto em larga escala como na prática imediata – do "uso público da razão", apregoado por Kant, por parte das "pessoas privadas" (Kant, 1784, p.87). Portanto, a essência da questão não é o conteúdo dos livros "filosóficos", que bem possivelmente não tinham o impacto persuasivo que tão generosamente lhes foi atribuído, e sim um novo modo de ler que, mesmo quando os textos estavam em total conformidade com a ordem religiosa e política, desenvolveu uma atitude crítica livre dos laços de dependência e obediência subjacentes às representações anteriores. Nesse sentido, as transformações nas práticas de leitura foram parte de uma mudança mais ampla, nas quais os historiadores têm estado ansiosos por discernir um processo de descristianização. É a esse movimento mais amplo que nos voltamos agora.

5
Descristianização e secularização

Ao refletir sobre como a Revolução e a religião estavam relacionadas, Tocqueville apresentou duas ideias aparentemente contraditórias: o sentimento antirreligioso havia-se tornado "veemente e difundido" – *une passion générale et dominante* [uma paixão geral e dominante] – entre o franceses do século XVIII; não obstante, a Revolução "seguiu as linhas de uma revolução religiosa" para definir "uma espécie de religião" abastecida por uma nova crença na "virtude inata" do homem. De um lado, tendo-se espalhado por todas as classes da nação, "a total rejeição de qualquer credo religioso" típico dos franceses havia minado o poder da cristandade, preparando dessa forma a súbita ruptura com tradição, autoridade e velhas hierarquias que caracterizara a Revolução em seu radicalismo básico. De outro, porém, o desligamento da velha fé não significou em absoluto perda total de referência religiosa. Ao contrário, foi a transposição da "natureza habitual das religiões", do cristianismo em particular, para novos valores (fé na virtude, confiança na capacidade de aperfeiçoamento da humanidade) e novas expectativas (a regeneração da espécie humana, a transformação da sociedade) que fez que a Revolução Francesa fosse única, formada, como foi, de um proselitismo ardente e de uma vocação para o universal (Tocqueville, 1967). Nas palavras de Tocqueville:

> Quando a religião foi expulsa de suas almas, o efeito não foi o de criar um vácuo ou um estado de apatia; ela foi pronta, ainda que momentaneamente, substituída por uma hoste de novas lealdades e ideais seculares, que não só preencheram o vazio mas (para começar) incendiaram a imaginação popular(ibidem, p.251).

A análise de Tocqueville coloca duas questões que este capítulo busca responder. Primeiro, será que devemos adotar plenamente a ideia de que o desligamento do catolicismo data do século XVIII, com o corolário de que a França pré-revolucionária já era profundamente indiferente à religião, até mesmo agressivamente irreligiosa? Segundo, quando representações e práticas formadas fora dos ensinamentos da Igreja ou até mesmo em oposição a seus preceitos passaram a ser revestidas de alta carga religiosa, devemos considerar essa transferência de sacralidade um fenômeno absolutamente novo criado pelo evento revolucionário?

Outra questão requer um esclarecimento antes de podermos responder a essas duas, uma vez que ambas pressupõem que as crenças cristãs, antes de caírem em descrédito universal, como disse Tocqueville, habitavam verdadeira e profundamente a alma dos franceses. A hipótese da descristianização presume que a França fora anteriormente cristianizada; mas, como comentou Jean Delumeau,

> Não chamamos durante muito tempo de 'cristianismo' o que na verdade era uma mistura de práticas e doutrinas que frequentemente tinham pouca ligação com a mensagem do evangelho em si?

Se assim for, podemos falar de fato em "descristianização"? (Delumeau, 1971, p.330.)

Por trás da aparência de respeitosa conformidade, seria a França do Antigo Regime realmente uma terra cristã?

Uma religião de estabilidade

Os termos *cristianização* e *descristianização* são usados neste texto não para aquilo que o cristianismo poderia ser em sua definição essencial (uma definição que não é tarefa do historiador determinar), mas para designar mudanças em atitudes e comportamento dentro de um modo de ensino particular determinado histórica e culturalmente, interpretando e vivenciando a religião dos Evangelhos, cuja característica mais proeminente era, sem dúvida, sua prática quase unânime. Na verdade, com certas diferenças de uma diocese para outra, o clero da Reforma Católica conseguiu impor duas coisas aos fiéis: um comparecimento regular e disciplinado à missa e uma escrupulosa execução dos deveres da Páscoa.

Essas duas práticas mudaram enormemente desde o fim da Idade Média até o século XVIII (como pode ser visto no caso de Flandres, que provavelmente pode ser aplicado de modo genérico) (Toussaert, 1963, p.122-204).[1] Durante a Idade Média, a missa de domingo nunca reunia todos os membros da paróquia, e todo mundo deixava de comparecer uma vez ou outra. Além disso, o comparecimento variava muito de uma estação para outra, com o pico durante a Quaresma, caindo a um mínimo durante o verão. Finalmente, a obrigatoriedade da confissão anual e da Sagrada Comunhão na Páscoa, instituída pelo Concílio

1 Para uma visão geral das práticas de domingo e Páscoa nos séculos XIV e XV, ver Chiffoleau, 1988, p.62-79.

de Latrão em 1215, era pobremente respeitada. Nas grandes e nas médias cidades talvez até metade da população deixasse de cumprir as obrigações pascais, se aceitarmos as estimativas de Jacques Toussaert, que calculou 10% dos cristãos se abstinham totalmente, 40% comungavam apenas irregularmente na Páscoa, 40% recebiam a Sagrada Comunhão na Páscoa e 10% faziam mais do que o mínimo prescrito. Nas áreas rurais, a observância do decreto conciliar parece ter sido mais elevada, mas também era irregular, variando de uma observância quase unânime num ano para uma pequena minoria no ano seguinte.

O resultado mais óbvio da Reforma Católica foi impor regularidade e universalidade a atos que, duzentos ou trezentos anos antes, só eram executados de forma irregular. Como atestam as visitas pastorais durante os séculos XVII e XVIII, aqueles que deixavam de cumprir seus deveres pascais passaram a ser muito poucos, em geral constituindo menos de 1% de suas comunidades. Os negligentes pertenciam aos níveis mais diversos da sociedade, uma vez que encontramos entre eles cavalheiros e funcionários públicos a quem eram recusados os sacramentos por motivos de conduta notoriamente imprópria (em particular, viver abertamente com uma concubina) e alguns cujas ocupações itinerantes tornavam difícil pertencer a uma paróquia, como marinheiros, lenhadores, lavradores diaristas e pastores. O comparecimento à missa dominical também era elevado, favorecido pelas leis que fechavam as tavernas durante a missa e proibiam o trabalho no dia de descanso obrigatório (Julia, 1973, p.351-3; Sauzet, 1988, p.434-43).

A instrução regular por parte do clero paroquial, apoiada por pregações dramáticas das missões, utilizava ameaças de excomunhão ou recusa de um sepultamento cristão para provocar essa fundamental mudança no comportamento coletivo. Questionários elaborados para visitas episcopais permitem-nos datar essa tendência de cristianização e até mesmo registrar quando obteve êxito. É possível, por exemplo, analisar a frequência com que eram feitas perguntas concernentes ao comparecimento aos sacramentos, em especial à comunhão da Páscoa (Froeschlé--Chopard, 1986, p.64-9 e mapa 65, p.192-3). Entre 1550 e 1620 a pergunta era formulada em apenas 29% das dioceses visitadas. Posteriormente, a preocupação com o assunto cresceu e a pergunta passou a ser feita em 58% das paróquias visitadas entre 1610 e 1670, e em 78% entre 1670 e 1730. Após esse período de estrita imposição de novos padrões de comportamento, obedecendo aos ditames da Igreja, a frequência da pergunta declinou (sendo formulada em apenas 57% das paróquias entre 1730 e 1790), como se as autoridades religiosas em numerosas regiões já considerassem a batalha ganha. Com exceção de certas dioceses no norte e nordeste da França, mais vagarosamente conquistadas pela influência tridentina do que aquelas do Midi, a Igreja parece não ter duvidado que daí por diante todos os católicos do reino se conformariam ao modelo do "bom cristão" que vai à missa escrupulosamente e pratica habitualmente seus deveres de Páscoa. Essas práticas difundidas, por mais elementares que fossem, sem dúvida moldaram uma identidade básica entre os fiéis, uma identidade em que a repetição dos mesmos gestos implantava em todos uma consciência direta de pertencimento e embutia um ponto de referência vital que emprestava significado ao mundo e à existência. Conforme escreveu Alphonse Dupront:

> Primeiro houve uma religião da vida cotidiana, dos dias comuns, definida de acordo com ritmo fixo, do dia do Senhor, e liturgicamente estruturada, formando uma correspondência entre o drama da história redenção e o ciclo astral anual quase tão perfeita que se tornou quase inconsciente(Dupront, 1987, p.422).

Essa "religião da estabilidade" era específica de uma situação cultural diferente tanto daquela dos tempos precedentes, que ainda não havia atingido esse estágio, quanto de uma situação posterior de conformidade religiosa na qual o cristianismo se reduziu aos grandes ritos de passagem do batismo, matrimônio e enterro.

Mas será que isso necessariamente indica um fervor religioso universal? Na realidade, por trás dos atos unânimes, documentáveis por toda parte (aqui, a partir de meados do século XVII, ali, após cerca de 1730), residiam profundas diferenças na relação entre os fiéis e a instituição da Igreja – o primeiro, se não exclusivo, mediador no que dizia respeito ao sagrado. Havia diferenças entre as dioceses, e mesmo dentro de determinada diocese, não na prática da Comunhão da Páscoa, que era praticamente universal, mas na presença ou ausência de uma participação livre e mais voluntária na vida religiosa. Isso era verdade também no que dizia respeito às vocações sacerdotais e, por exemplo, na fundação de fraternidades leigas. A diocese de La Rochelle, o exemplo clássico, mostra uma aguda distinção em ambas as categorias entre a metade ao norte diocese, mais arborizada, onde as vocações eram numerosas e as irmandades do Rosário prosperavam, e o sul, uma região de planícies e brejos, onde havia carência de padres e apenas algumas poucas fraternidades espalhadas (Perouas, 1964). Assim, fica claro que, se a Reforma Católica cristianizou a estrutura básica tanto da experiência pessoal como da coletiva, havia fortes variações geográficas no zelo cristão.

Mudanças na sensibilidade: vida e morte

Embora os desvios desse modelo durante o século XVIII possam ser entendidos em termos de descristianização, o respeito unânime pelas obrigações dominicais e pascais não desapareceu. Sob a superfície desse respeito, no entanto, mudanças fundamentais estavam transformando o pensamento acerca de assuntos essenciais. O primeiro transtorno decisivo afetou as atitudes relativas à morte. Em países católicos, os testamentos nos fornecem uma fonte documental maciça, homogênea e socialmente representativa refletindo essas atitudes. De fato, estudos cronológicos de cláusulas testamentárias mostram que entre 1730 e 1780, tanto em Paris quanto na Provença, todas as atitudes que o clero da Reforma Católica havia inculcado nos fiéis durante o século XVII foram gradualmente caindo em desuso (Vovelle, 1973; Chaunu, 1978). Primeiro, decresceram as somas que os testadores deixavam para financiar missas pelo repouso de sua alma; em seguida, uma indiferença generalizada em relação ao local de sepultamento dos restos mortais; finalmente, cessaram até mesmo os pedidos de missas pela redução ou mitigação dos julgamentos no purgatório. Na Provença, solicitações de tais missas, que figuravam em 80% dos testamentos entre o fim do século XVII e a metade do século XVIII, apareciam em apenas 50% na década de 1780. Além disso, nos testamentos que chegavam a prover essas missas, o número de missas requeridas caiu de quatrocentas para cem. Essa desintegração atingiu um conjunto de práticas baseadas em dois atos fundamentais – a estipulação do solo consagrado de uma igreja ou mosteiro como terreno de sepultamento e a alocação de uma porção significativa do patrimônio (talvez 4% em Paris entre 1670 e 1720) para custear missas e atos de caridade.

As atitudes obviamente não se modificaram com a mesma rapidez em toda parte. Tais mudanças ocorreram antes na capital do que nas províncias, e mais rapidamente nas cidades do que nas áreas rurais. Eram mais perceptíveis entre testadores masculinos do que entre mulheres e mais acentuadas entre artífices e homens de profissões marítimas, ou lavradores do solo – e até mesmo entre mercadores mais prósperos – do que entre as elites tradicionais. Ainda assim, a mudança é um bom indício de que pelo menos grande parte da população, se não toda ela, divergia de uma crença fundamental imposta pela Reforma Católica – medo dos terríveis sofrimentos do purgatório, levando a um pedido de intercessão para abreviá-los. Quando os atos comandados por essas crenças foram abandonados, a estrutura do discurso cristão nos preâmbulos e invocações testamentários perdeu sua coerência, já que amiúde os testamentos omitiam a fórmula "pelos méritos da morte e da paixão de Cristo" que fundamentava a recomendação da alma a Deus numa piedade fortemente cristocêntrica, baseada no mistério da Encarnação. Seria essa divergência em relação a uma prática anterior exclusiva da França? A manutenção da fidelidade ao modelo antigo entre testadores do condado de Nice, que ficava próximo da Provença secularizada mas se encontrava entre os estados da Casa de Savoy, indica que sim. No fim do século XVIII, assim como no início, nove em cada dez testamentos no condado de Nice continham um pedido de missas pelo repouso da alma do falecido, e embora o número de missas requisitadas mostre alguma variação ao longo do século, não há sinais de um declínio claro (Vovelle, 1973, p.128-9). Isso também se aplicava a Savoy em si, onde os testamentos depostos no senado de Chambéry mostram apenas um declínio muito ligeiro na proporção de testamentos com doações para missas, variando de 91% entre 1725 e 1767 para 88% entre 1768 e 1777, e para 86% entre 1778 e 1786 (Poisson & Chetail, 1987, p.30-46). Assim, aparentemente os hábitos diferiam muito nos dois lados da fronteira, até mesmo em regiões bem próximas, o que sugere a singularidade da descristianização na França.

O recurso a práticas contraceptivas trouxe uma segunda série de rompimentos com costumes passados que envolviam padrões de comportamento de caráter extremamente íntimo, demonstrando um declínio da moralidade religiosa e enfraquecendo o controle clerical. Dados demográficos altamente confiáveis atestam uma redução da taxa de natalidade em grande número de lugares após 1760. Quando a média de idade das mulheres em sua última gravidez é claramente inferior à média de idade em que se encerra a fertilidade, podemos ter bastante certeza de que o controle de natalidade está sendo praticado. Isso era verdade em Rouen, onde a proporção de casais "contraceptivos" (assim definidos) variou de 5 a 10% no fim do século XVII para 20% a 30% nos primeiros trinta anos do século XVIII, e para mais de 50% às vésperas da Revolução. Era verdade também nas aldeias da Vexin francesa e nas áreas rurais perto de Paris e da alta Normandia. Finalmente, também se constatava em cidades de proporções modestas, como Meulan e Vic-sur-Seille na Lorena. Portanto, fica claro que mesmo antes da Revolução, durante as três últimas décadas do Antigo Regime, a contracepção com intenções de pôr fim à geração de filhos (que se distinguia daquela que buscava aumentar o intervalo entre os nascimentos) havia-se tornado estabelecida, ao menos no norte da França (Bideau & Bardet, 1988, p.373-98). Esse novo padrão demográfico, que parece ter afetado grandes e médias cidades antes das áreas rurais, e os notáveis antes dos mercadores e artífices, constituiu obviamente um rompimento importante com a ética sexual cristã, que ligava as relações sexuais com o intento da procriação.

Paradoxalmente, porém, os ensinamentos da Igreja podem ser vistos, sob duas perspectivas bastante distintas, como a base para esse desvio das normas anteriores. Primeiro, ao enfatizar a impureza básica das relações sexuais, atribuindo um alto valor ao celibato e à autocontenção, e associando intimamente a carne e pecado, a Igreja da Contrarreforma desenvolveu um "ascetismo de repressão" (no sentido psicológico) que, embora possa ter tornado possível a abstinência conjugal e parcimônia matrimonial, também favorecia a prática de intercursos não completados. Uma casuística circular sustentava essa prática, que exigia estrito controle do corpo para ser menos pecaminoso, ou, no mínimo, para ser uma maneira de ocultar a fraqueza da carne. Daí a hipótese de haver uma forte correlação entre o aumento de práticas contraceptivas e a difusão do rigor da pregação jansenista, que enfatizava a culpa. Nas palavras de Pierre Chaunu:

> Indique num mapa as zonas de jansenismo difundido, de descristianização precoce e persistente, e ao mesmo tempo de declínio

rápido, contínuo e abrupto da fertilidade, e se perceberá que elas se sobrepõem perfeitamente (Chaunu, 1972, p.1-29; ibidem, 1988, p.553-63).

Da segunda perspectiva, a nova moralidade familiar proposta pela Igreja insistia na necessidade das obrigações parentais com os filhos e de proteger as mulheres de gravidezes excessivamente frequentes, que colocavam sua vida em risco. Os pais eram estimulados a cuidar dos filhos pequenos e lhes assegurar uma criação decente e um início de vida adequado. Isso pode muito bem ter provocado uma mudança nas prioridades das pessoas, que passaram a se empenhar para reduzir o tamanho da família e, portanto, recorrer aos expedientes embaraçosos do *coitus interruptus* como meio de atingir esses objetivos. Desse ponto de vista, foi colocado em funcionamento um sistema de valores menos hedonistas e individualistas do que fora imaginado, fazendo que os novos ensinamentos favorecendo a proteção de mulheres e crianças se voltassem contra a própria moralidade sexual da Igreja. Consequentemente, quando o clero do século XVIII ensinou aos fiéis as novas responsabilidades, acabou provocando a ruína dos mandamentos cristãos tradicionais, agora ignorados pelos casais que se haviam tornado mais livres e mais independentes (talvez ainda mais nas áreas onde o jansenismo era forte) (Flandrin, 1984, p.204-33). Embora as duas interpretações apresentem análises diferentes, ambas compartilham da noção de que os fiéis se apropriaram da retórica da Igreja e a voltaram contra os propósitos dela.

Dois outros fatos confirmam o enfraquecimento das normas da moralidade católica. Primeiro, mesmo que o índice de concepções pré-nupciais no século XVII fosse elevado (ou, em todo caso, mais elevado do que se julgou durante muito tempo), ele subiu após 1760 ou 1770, chegando a 10, 15 ou 20% de primeiros nascimentos, com taxas de natalidade pré-nupcial particularmente altas em comunidades com maior população de trabalhadores.

Segundo, os nascimentos ilegítimos aumentaram depois da década de 1750, não só nas grandes e médias cidades, mas também nas aldeias e nos vilarejos. A taxa de filhos ilegítimos subiu de 6% para 12% de todos os nascimentos nas cidades maiores (um número que sem dúvida seria bem maior se fossem computados apenas os primeiros nascimentos fora do casamento, que quase sempre eram ilegítimos). Os índices para as áreas rurais são mais baixos (passando de 1,5% para 4%), mas isso se deve em parte ao fato de as moças do campo preferirem o anonimato da cidade para trazerem seus filhos ilegítimos ao mundo. A curva de nascimentos ilegítimos de longo prazo indica claramente um forte declínio entre a metade do XVI e o período de 1650 a 1730 (época em que os índices foram mais baixos), o que reflete de forma incontestável o sucesso da ofensiva da Igreja contra as infrações da moralidade conjugal cristã. No entanto, os mesmos números mostram um aumento geral em nascimentos ilegítimos – portanto, em relações sexuais fora do casamento – começando nas décadas de 1750 e 1760 (ibidem, 1975, p.177-9 e 233-5).

Seria essa conduta mais livre exclusiva da França, ou podia ser encontrada em outros países católicos? Na Inglaterra, embora a limitação voluntária de nascimentos não fosse claramente evidente antes do século XIX, os índices de nascimentos ilegítimos nas áreas rurais, sempre mais elevados que na França, duplicaram entre as décadas de 1730 e 1790. As transformações que a primeira Revolução Industrial trouxe para a vida das pessoas e os costumes matrimoniais particulares da Grã-Bretanha (como a prática contínua de autorizar relações sexuais antes do casamento entre casais noivos) explicam em parte esse aumento, mas podem refletir também um controle social mais fraco por parte da Igreja – nesse caso, a Igreja da Inglaterra (Laslett, Oosterveen Richard, 1980). Se acrescentarmos que as práticas contraceptivas estão bem documentadas no fim do século XVIII tanto na Suíça Francesa como no Vale do Reno, podemos afirmar que por grande parte do noroeste da Europa, onde a alfabetização era há muito estabelecida e espalhada, as populações se libertaram mais cedo da teologia moral cristã, tanto católica como da Reforma. A França pode muito bem ter sido tanto a pioneira como o epicentro desse desligamento, já que separou o comportamento social da moralidade da Igreja muito mais cedo e de forma mais sistemática que nos outros lugares.

A crise nas vocações cristãs

Se a França passou por um processo exclusivo de secularização entre 1750 e 1775, foi sem dúvida porque tanto a sensibilidade como a sociabilidade se modificaram. Os cristãos seculares não se afastaram dos ensinamentos e da ética da Igreja Católica, contudo abandonaram as instituições da Igreja. A crise nas vocações religiosas foi o primeiro sinal disso. As ordenações diminuíram depois de meados do século em quase todas as dioceses, chegando a um mínimo nos anos 1770. Apesar de um tímido aumento nos anos seguintes, a Igreja francesa nas vésperas da Revolução enfrentou uma verdadeira carência de padres, num contraste gritante com o explosivo recrutamento no auge da Reforma Católica, que prosseguiu durante boa parte do século XVIII. Numerosas ordens religiosas passaram por um declínio semelhante durante as mesmas décadas.

Essa redução do número de padres foi acompanhada de uma mudança nas categorias sociais das quais o clero era recrutado. No final do século uma crescente proporção de padres era constituída de filhos de pessoas do campo e camponeses. Os filhos de funcionários, membros de profissões liberais e burgueses, que haviam contribuído em larga proporção para a formação de padres paroquiais no XVII, passaram a rejeitar a carreira eclesiástica quando esta começou a ser abraçada por "mercadores" (muitos deles provindos de áreas rurais) e camponeses (Tackett, 1979, p.198-234). Portanto, um amplo segmento da população francesa modificou sua atitude em relação ao estado sacerdotal durante os quarenta anos que precederam a Revolução. Considerações econômicas – a desvalorização, por exemplo, devida aos efeitos combinados de aumentos de preços e rendimentos prefixados com base em benefícios – podem ter levado alguns filhos de *officiers* e comerciantes urbanos a se afastar de uma carreira na Igreja. A razão fundamental, porém, reside sem dúvida em outro ponto: na secularização da estrutura mental do povo, que fez que as pessoas abandonassem os compromissos religiosos mais evidentes.

A mudança na composição das fraternidades penitenciais, abandonadas pelos notáveis após 1770, é outro exemplo dessa secularização. Na Provença, os funcionários, comerciantes e burgueses, que tradicionalmente serviam como reitores e vice-reitores das fraternidades, desertaram em massa das organizações religiosas em favor das lojas maçônicas. Mesmo que essa mudança fosse facilitada pela semelhança de práticas (segredo, convivência, independência) e funções (auxílio mútuo, caridade, discussão) dessas duas formas de sociabilidade, a transferência coletiva de participação é, todavia, um sinal seguro de um afastamento de um tipo de associação que florescera durante a Contrarreforma e se constituíra na principal técnica de organização social dos fiéis (Agulhon, 1968, p.189-211).

O declínio na entrada de novos membros na congregação mariana que os jesuítas haviam estabelecido em seus colégios para efetuar uma reforma radical na devoção, não só entre seus discípulos, mas até mais entre os homens e jovens das cidades onde estavam estabelecidos, foi um sinal adicional da crise em associações devocionais leigas (Châtellier, 1987, p.195-232). Antes mesmo da expulsão da Sociedade de Jesus, o recrutamento havia despencado nas congregações de Paris, Rouen, Dijon, Reims e Rennes, que também acabaram abandonadas pelos seus velhos membros. É verdade que o zelo congregacional se manteve elevado na Alsácia e na Lorena, onde as associações marianas se expandiram bruscamente até a supressão dos jesuítas pela súmula papal de 1773. A essa altura novas organizações fraternas no mesmo modelo (as da Agonia de Cristo, por exemplo) tomaram a frente, propondo-se à tarefa de implantar nas paróquias rurais um ideal de vida cristã até então dirigido, em sua maior parte, aos habitantes das cidades.

Portanto, é inegável que em certas áreas das fronteiras orientais do reino havia um vínculo com instituições que inculcavam preceitos tridentinos nos fiéis, e que se manteve forte por todo o Antigo Regime – fato esse que nos deveria servir de advertência contra declarações categóricas referentes à universalidade da descristianização em solo francês. No restante da França, porém, deserções e conflitos, que conduziram não somente à rejeição da tutela jesuíta, mas ao abandono das congregações, nos fornecem claros sinais de que as fraternidades leigas já haviam cumprido sua função.

Mudanças nas formas de composição social foram acompanhadas por uma profunda transformação na produção de material impresso e, consequentemente, no material de leitura oferecido a um número cada vez maior de recém-alfabetizados. A produção de títulos publicados com um *privilège* oficial ou com permissão pública demonstra a dramática transformação analisada no Capítulo 4 – o declínio, e depois o colapso, da parcela de livros religiosos no mercado e, como corolário, o triunfo de obras nas várias categorias bibliográficas das artes e ciências. Se acrescentarmos a essa produção de livros fortemente secularizada, mas aprovada por lei, os livros proibidos totalmente seculares, até mesmo críticos, fica claro que os leitores das três últimas décadas do Antigo Regime tinham à disposição vasta gama de novos livros impressos em que o velho equilíbrio fora abalado por completo – obras calcadas em escritos científicos e políticos como quadro de referência básico para descrever a natureza ou a organização da pólis. Nas palavras de Alphonse Dupront:

> É certo que durante as décadas finais do século XVIII o desenvolvimento de longo prazo de um processo de secularização ou "civilização" (termo da época) atingiu seu pico. [Sua] tendência básica foi exaurir os mitos sagrados, eliminar todos os mistérios, de modo a manifestar uma sociedade 'civil', perfeitamente homogênea, onde a quintessência do ato social devia se tornar pública (Dupront, 1965, p.225).

Dupront determinou o ponto exato em que a mudança de comportamento se relacionava com mudanças no material de leitura. A circulação ampla, que ao mesmo tempo disseminava e popularizava textos que minavam ou ignoravam a organização cristã da realidade e abalavam os fundamentos da tradição, era acompanhada, entre as elites leitoras (o mesmo meio que fizera a ruptura mais radical com os velhos hábitos e proibições), por uma nova maneira de enxergar os laços comunitários e a existência individual. Em sua divergência das formas herdadas, essas novas maneiras de pensar talvez tivessem constituído uma "sensibilidade pré-revolucionária" (Vovelle, 1978, p.516-38).

As razões do rompimento

Embora seja certamente um de seus sinais e principais esteios, a proliferação da difusão de novas ideias não revela por si só as razões fundamentais subjacentes a um rompimento com a tradição, rompimento esse inédito por sua brutalidade, massividade e sistemática meticulosidade. Busquemos, portanto, algumas explicações, com o auxílio de hipóteses formuladas por Michel de Certeau e Dominique Julia (Certeau, 1975, p.153-212; Julia, 1988a, p.185-239).

O primeiro ponto importante é a divisão da Igreja. Após o surgimento e a consolidação das várias formas de protestantismo que abalaram a venerada unidade da cristandade ocidental, o conflito se introduziu na Igreja Católica. Daí o duplo efeito descristianizador do jansenismo entre os padres paroquiais das várias partes do reino (Champagne, Borgonha, o vale do Loire, a região de Paris, a própria Paris e a Normandia). Pelo seu rigor no que dizia respeito aos sacramentos – isto é, permitindo aos fiéis acesso à sagrada comunhão e à absolvição apenas depois de uma estrita preparação interna, e exigindo deles conhecimento dos mistérios da fé e contrição profunda – os jansenistas sem dúvida fizeram que um bom número de penitentes se afastassem dos confessionários e da eucaristia quando esses fiéis eram incapazes ou não estavam dispostos a efetivar a verdadeira conversão que lhes era exigida. Além disso, quando os poderes seculares foram mobilizados para apoiar as partes em litígio (o Parlamento do lado dos jansenistas, o rei e seu conselho do lado dos jesuítas e prelados antijansenistas), um conflito inicialmente doutrinário e pastoral se transformou numa luta diretamente política (Kley, 1984, p.163-5). Isso significava que tanto a autoridade do clero como a certeza da crença estavam gravemente abaladas. Curas jansenistas e missionários jesuítas engajaram-se em combates amargos, com cada lado visando a destruir a legitimidade religiosa do outro, e cada um pronunciando o outro herético. Politizada, manipulada e disputada por antagonistas irreconciliáveis, o caráter absoluto da crença transformou-se numa simples opinião que, uma vez passível de contestação, podia ser rejeitada. A unidade da doutrina e da disciplina perdeu-se de vez, abrindo caminho para incerteza, afastamento e rompimento.

Por sua particular marca de intransigência, o jansenismo pastoral de uma fração do clero francês sem dúvida expressava (e radicalizava) a dicotomia essencial estabelecida pela Contrarreforma entre um modelo de Igreja institucional dirigida imperiosa tarefa de aculturação e uma forma totalmente diferente de vivenciar o sagrado, daí em diante desvalorizada e estigmatizada. Em 1731 um padre paroquial jansenista da diocese de Nantes declarou numa carta a um colega:

> Lembra-se, meu caro e venerável colega, das belas palavras de nosso mestre divino, *Ecce mitto vos sicut oves in medio luporum* [Vede, eu vos envio como cordeiros entre os lobos (Lucas 10:31)]: que nós nos vejamos, você e eu, nestes cantões como se estivéssemos na China ou na Turquia, ainda que estejamos em meio à Cristandade, onde nada se vê a não ser pagãos (Julia, 1988a, p.222).

Essa carta expressa claramente o abismo intransponível entre o cristianismo do clero e a religião do povo, ou, mais precisamente, o movimento por meio do qual "uma cultura da Igreja, senhora, como quer parecer, de sua coerência intelectual e espiritual, intercepta a experiência viva de um complexo religioso mais amplo que ela estima necessitado de purificação" (Dupront, 1987, p.424). Ao estabelecer uma distinção estrita entre as ordens seculares e as sagradas no ponto exato em que suas identidades eram testadas existencialmente; ao instituir a obrigatoriedade da meditação eclesiástica em lugar da participação direta na imanência divina; e ao impor disciplina e controles sobre impulsos religiosos elementares, investidos de irracionalidade e ansiedade, a cristianização do clero – talvez paradoxalmente – afastou seus fiéis de uma apreensão religiosa do mundo.

A sugestão eclesiástica que buscava induzir todos os cristãos a compartilhar a definição clerical de cristianismo estava carregada de insustentável tensão. Entre os fiéis e seus padres paroquiais da Contrarreforma – homens dotados de forte cultura teológica adquirida durante anos no seminário, cônscios de formarem uma sociedade diferenciada e tradicionalmente oriundos de meios sociais mais sofisticados que o de seus paroquianos – a incompreensão mútua era inevitável. Ocasionalmente (em peregrinações, confraternizações ou exorcismos) a conjunção gerava conflitos abertos, opondo por toda parte duas formas de vivenciar a relação com Deus (Tackett, 1977, p.194-215). Essas tensões ocorriam por toda a Europa onde quer que bispos e padres paroquiais denunciassem os abusos e as superstições de uma religião irredutível a seus cânones. Se na França tais tensões levaram, mais cedo que em outros lugares, ao abandono de atitudes que constituíam uma demonstração pública de obediência às exigências da Igreja, provavelmente foi por que a versão francesa do catolicismo tridentino, imbuído de augustianismo mesmo fora das esferas jansenistas, estabeleceu uma divisão extremamente radical entre a experiência "popular" do sagrado e a definição institucional de práticas lícitas e regras obrigatórias. A campanha de cristianização, mobilizando todos os seus recursos (missões, pregações, catecismo, escolas), foi numa época capaz de impor a aceitação de suas normas, mas o abismo entre a religião popular e a institucional se tornou intolerável quando a autoridade se dividiu e a dinâmica da conversão se esgotou.

Uma segunda causa básica de descristianização residia no declínio da paróquia como quadro de referência vital para as pessoas. A segunda metade do século XVIII assistiu a um aumento da migração populacional – tanto definitiva, quando as pessoas deixavam áreas rurais e se estabeleciam nas cidades, como temporária, quando saíam das aldeias em busca de emprego, fregueses ou auxílio. Os movimentos de população desse tipo tinham dois resultados: primeiro, asseguravam maior circulação do material impresso, notícias e costumes, dessa forma introduzindo novos padrões de comportamento em comunidades antes fechadas para o mundo exterior. Segundo, destruíam a disciplina e esgarçavam os laços de dependência anteriormente garantidos pelas obrigações paroquiais e pela autoridade do clero. Em geral, partir para a cidade grande significava a conquista de uma liberdade e autonomia que eliminavam rapidamente velhos ensinamentos e modos de comportamento arraigados. Mesmo para aqueles que posteriormente retornavam às aldeias, viajar e familiarizar-se com o cenário urbano eram experiências que podiam facilmente erodir hábitos e enfraquecer o conformismo. Não é de surpreender que as cidades fossem a vanguarda no processo de secularização e as primeiras a abandonar as prescrições e proibições da Igreja, nem que a maioria das regiões e meios altamente descristianizados fossem os mais afetados pela cultura migrante.

Obviamente, a tendência de secularização durante o século XVIII precisa ser vista, como nos lembra Michel de Certeau, dentro de um processo de longo prazo de mudança, de uma organização religiosa da sociedade para um ética política ou econômica. A transformação mais fundamental que ocorreu entre os séculos XVI e XVIII foi, na verdade, a substituição da religião pela política – a política da razão do Estado e do absolutismo – como princípio organizacional e quadro de referência para a sociedade francesa. As estruturas e práticas religiosas pareciam intocadas por essa transformação; na realidade, foram reutilizadas e rearticuladas de acordo com novos princípios formais comandados pelas exigências do rei, do Estado e da ordem social. "As instituições políticas *usam* as instituições religiosas, infundindo nelas seus próprios critérios, dominando-as com sua proteção, dirigindo-as para seus objetivos." (Certeau, 1975, p.165.) A brecha entre a experiência espiritual – exilada das questões mundanas, relegada à vida interior, mística no sentido primordial do termo – e o comportamento cristão público, daí em diante sujeito às exigências seculares da "politização", foi a pedra angular da secularização, habitando o próprio coração dos triunfos da igreja da Contrarreforma. Exemplos de abandono e desvinculamento da Igreja na segunda metade do século XVIII podem assim ser encarados como sinais de debilitação em práticas que haviam-se tornado inúteis para uma ética autônoma, construída exclusivamente sobre a utilidade social ou sobre as demandas imperiosas da consciência.

Reforma católica, descristianização e transferência de sacralidade

Devido à sua extensão, a descristianização da época do Iluminismo constituiu uma das fases mais originais e surpreendentes da história cultural francesa. À sua própria maneira, as rupturas provocadas pela Revolução revelam o impacto da descristianização nas mais variadas formas; por exemplo, a distribuição geográfica do juramento clerical em apoio à Constituição Civil, que foi exigido de todos os padres na primavera de 1791 e jurado por 54%dos padres paroquiais, vigários e assistentes paroquiais (Tackett, 1985; Julia, 1988b, p.761-70). Há um claro contraste entre a França de padres "constitucionais", que concordaram em se tornar "funcionários públicos eclesiásticos", e a dos padres refratários, que se recusaram a jurar fidelidade à nova Constituição. O primeiro grupo mantinha dois bastiões: a bacia de Paris, estendendo-se de modo a incluir Picardia, Champagne, Berry, a Bourbonnais e parte de Guyenne; e a margem esquerda do Saône e do Rhône, incluindo Bresse, Bugey, Dauphiné e a Provença. O segundo grupo circundava o vasto triângulo parisiense por três lados: a oeste (Normandia ocidental, Bretanha, Anjou e a baixa Poitou), ao norte (Flandres, Artois e Hainaut), e a leste (da Alsácia até Franche-Comté), penetrando como uma cunha entre os dois blocos "constitucionais", já que a rejeição ao juramento era elevada no coração do Maciço Central e no Languedoc. Assim, a distribuição geográfica do juramento era complexa. No entanto, foi duradoura e perpetuou-se até o século XX na prática religiosa, que se manteve mais forte nas áreas onde padres refratários eram a maioria e mais fraca onde dominavam os padres que aderiram ao juramento.

Restrições impostas pela comunidade eram inextricavelmente combinadas com a angustiante decisão que os fatos colocaram diante dos clérigos. Sob esse aspecto, sua escolha pode ser vista como um reflexo das relações do povo tanto com a Igreja institucional antes da Revolução como com toda a série de atos e crenças das quais a Igreja era guardiã. A recusa em assinar o Juramento Eclesiástico foi mais pronunciada em regiões onde o protestantismo, consolidado pelo Édito de Tolerância de 1787, era mais forte (por exemplo, no Languedoc e na Alsácia); em regiões anexadas ao reino numa data relativamente tardia, que achavam difícil aceitar o galicianismo da Igreja da França (como ocorria nas províncias do norte da França e em Franche-Comté); e, acima de tudo, em regiões onde uma densa rede de padres de origem local e de formação rural, secundados por vigários e padres substitutos que viviam perto do padre paroquial, projetava uma consciência sólida da identidade e da particularidade clerical (como no caso do oeste da França).

Por outro lado, onde o juramento era predominante (em particular na bacia de Paris estendida), os padres vinham de fora e eram gente da cidade; uma vez que estavam mais isolados entre si devido a uma rede paroquial mais difusa, ficavam imediatamente sujeitos às pressões de seus paroquianos. Sua aceitação da Constituição Civil e, em consequência, da Revolução e de seu afastamento do catolicismo romano e tridentino pode ser legitimamente interpretada como expressão de uma secularização já em progresso e amplamente difundida, até mesmo além do limitado mundo das elites que, conforme já vimos, eram as primeiras a romper com os costumes tradicionais.

Aproximadamente as mesmas divisões caracterizaram a radical descristianização do ano II, que teve seu auge entre setembro de 1793 e agosto de 1794, e foi efetuada pelos *représentants-en-mission*, pelas *armées révolutionaires* e pelas sociedades populares. Um mapa da toponomia revolucionária contendo as comunas que trocaram de nome superposto a um mapa do índice de deserções clericais mostraria as mudanças mais radicais exatamente onde foi mais elevado o número de padres que prestaram o juramento – em áreas adjacentes ao Maciço Central (o epicentro das renúncias aos votos clericais) e na região de Paris, na Dauphiné, no vale do Rhône e na Provença (Vovelle, 1976; 1988). Essa diferenciação pode ser vista como responsável por estabelecer uma divisão a longo prazo entre uma França que permaneceu cristã e uma França que deixou de ser cristã; foi uma divisão que deixou traços perceptíveis na prática até meados do século XX. Mas se a ruptura foi duradoura e profunda, isso se deve indubitavelmente ao fato de ela revelar e exacerbar, num momento de crise, fraturas que haviam sido mascaradas pela conformidade obrigatória no Estado cristão anterior a 1789.

Portanto, as duas ondas de descristianização na França – aquela que provocou mudanças em uma série de atitudes fundamentais durante as três últimas décadas do Antigo Regime, e aquela que dividiu o clero durante a Revolução – nos levam de volta às variações no grau de profundidade com que a Reforma Católica penetrou no reino. A resistência à secularização foi mais forte nas regiões em que uma sociedade clerical numerosa e que se apoiava mutuamente – padres paroquiais, mas também vigários, capelães e curas de origem local – aceitavam e mantinham um

> equilíbrio, às vezes frágil mas sempre necessário, entre uma cultura fundamental emergente da religião popular, uma realidade antropológica e a cultura eclesiástica nascida de uma história prodigiosa e detentora de uma cosmogonia e uma escatologia – o que vale dizer, de uma consciência e um sentido de existência (Dupront, 1987, p.466).

Por outro lado, as deserções vinham com mais rapidez e com mais intensidade em todo lugar onde um clero paroquial mais espalhado desenvolvera uma política pastoral de aculturação brutal, buscando instilar um cristianismo purificado sem nenhuma concessão à experiência do sagrado, que era julgada supersticiosa e condenada como incompatível com a verdadeira fé. O oeste da França é o exemplo clássico do primeiro caso: possuía uma poderosa "clerocracia" de padres nativos da área e uma religião missionária vital, exterior e até mesmo "barroca" em sua ênfase a devoções públicas e atos coletivos, bem como integracionista em suas tentativas de acomodar ritos profundamente arraigados (Dupuy, 1988, p.328). As dioceses da Grande Paris oferecem um bom exemplo do segundo caso. Ali, o augustianismo rígido de alguns membros do clero que se empenhavam em converter a vida interna dos fiéis era acompanhado por um controle clerical mais fraco. Assim, lendo de trás para frente o processo de secularização único da cultura francesa no século XVIII, podemos discernir o que houve de singular na Contrarreforma na França: ela chegou à França mais tarde que em outros lugares (exceto nas dioceses no sudeste francês); enfrentou um protestantismo que em pouco tempo afetou apenas uma minoria; dividiu-se em duas visões de como instituir o cristianismo renovado, divisão essa que se manifestou e foi simbolizada por uma tenaz oposição entre os compromissos devocionais dos jesuítas e a intransigência sacramentaria dos jansenistas.

Massiva e profunda, com todas as suas anomalias e contrastes, a secularização que transformou a França durante o último terço do século XVIII não deve ser entendida como uma dessacralização. Embora tenha marcado uma distância assumida – ou imposta – em relação aos atos que manifestavam a submissão do comportamento às normas e injunções do catolicismo reformado, a secularização não significou que toda a referência religiosa tivesse sido eliminada, nem mesmo fora dos bastiões da fé tradicional. A violenta descristianização imediata, num nível mais profundo da Revolução, sem dúvida constituiu a culminação manifesta de uma "transferência de sacralidade" que, mesmo antes de vir à superfície, já havia transferido silenciosamente para valores patrióticos, cívicos, orientados para a família, o afeto e a emoção anteriormente investidos nas representações cristãs (Ozouf, 1976, p.317-40). E não deixa de ser um paradoxo que, se o cristianismo reabastecido da Reforma Católica fomentou o desligamento e a deserção durante a descristianização do Iluminismo, a Revolução, por meio de sua declarada hostilidade à religião antiga, revelou a todos a realidade de uma transformação de crença que já havia efetivamente ocorrido.

A análise dual de Tocqueville parece, portanto, válida. De um lado, é certo que a França do século XVIII passou por um processo de abandono de práticas cristãs sem igual em todo o restante da Europa. Deveria isso ser imputado, como cita Tocqueville, aos furiosos ataques dos *Philosophes* à Igreja, guiados por uma paixão antirreligiosa que se tornou "dominante... feroz, intolerante e predatória"? Provavelmente não, se admitirmos que os livros nem sempre tinham a eficácia que lhes foi atribuída e se concordarmos que as mudanças mais profundas nas formas de ser não foram resultado direto de pensamentos claros e distintos. Mais do que as denúncias "iluminadas" de Voltaire e dos materialistas, foi o discurso religioso, virado do avesso pelos fiéis em sua incapacidade de atender às suas exigências, que produziu o abandono maciço do cristianismo. No entanto, também fica claro que a incredulidade universal (entendida como a capacidade de colocar uma distância entre si mesmo e os ensinamentos e mandamentos da Igreja) não implicava rejeição de toda a crença e sua substituição por um novo conjunto de valores que, tal como os valores antigos substituídos, transcendiam o particular, expressavam o universal e pertenciam à ordem do sagrado. Portanto, o processo de secularização da crença e da prática que teve início muito antes da Revolução operou mediante um processo de desligamento e transferência. Seria isso verdade também no que dizia respeito à mudança de relação entre o povo e o seu rei?

6
Um rei dessacralizado

Em 1789 o amor do povo francês pelo seu rei parecia incólume. Os *cahiers de doléances* – notificações de queixas apresentadas à Assembleia Geral – estão imbuídos de "um estado de espírito de fervor e grandiosidade monárquica" (Dupront, 1963, p.52). Seus preâmbulos entusiásticos e reverentes expressam gratidão ao soberano, prometem-lhe lealdade continuada e afirmam a certeza de uma nova e feliz ordem possibilitada pela sua bondade. Nos *cahiers* o rei é retratado como um pai atencioso que vem em auxílio de seus filhos mais fracos. A comuna de Saint-Jean-de-Cauquessac, na Gasconha, dirigia-se ao rei em louvor ao "amor paternal profundamente gravado em vossas conquistas pelos feitos inefáveis realizados em prol de seus fiéis súditos e que vos deram a reputação de maior rei da Europa". A comuna de Lauris, na Provença, retratava a Estates General como uma reunião de família:

> a dignidade do homem e dos cidadãos, aviltada até esta data, será, estamos seguros, elevada na augusta assembleia, onde um rei

> justo e benevolente, cercado de seus súditos como um pai em meio a seus filhos, consultando-os no interesse de sua família maior, irá moderar a avidez de alguns, conter a satisfação das exigências de outros, considerar os lamentos dos oprimidos, secar as lágrimas destes e romper seus grilhões.

Como protetor e dispensador da justiça, o monarca reinante revivia os méritos dos bons reis do passado e apagava os erros dos maus: "Ó Luis XVI, herdeiro do cetro e das virtudes de Luís IX, Luís XII e Henrique IV, tendes, desde vossos primeiros passos de subida ao trono, estabelecido [bons] hábitos sociais [*les moeurs*], e, mais ainda para vossa glória, tendes servido oferecido exemplo deles em meio a uma corte francesa" (*cahier de Lauris*). "Se Luís XII, se Henrique IV ainda são hoje os ídolos dos franceses em virtude de seus bons atos, Luís XVI *le Bienfaisant* é o deus dos franceses. A história o proporá como modelo para os reis de todos os países em todos os séculos" (*cahier* do Terceiro Estado de Barcelonnette).

Os *cahiers* insistiam, portanto, em restaurar e forjar novamente um elo que, conforme mostram as definições do dicionário, ligava um povo grato e respeitoso a um rei cuja maior preocupação era a felicidade de seus súditos. Os habitantes de Sèvres, na *bailliage* de Versalhes, quiseram tornar solene a ascensão do rei ao trono tanto em palavras faladas quanto gravadas em pedra.

> Nós rogamos a Vossa Majestade que se digne a receber da nação um título digno das eminentes qualidades de tão grande monarca e que descreve particularmente [vossas] virtudes patrióticas, ou seja, "Pai do povo e regenerador da França". Que este ato de patriotismo e amor de um soberano por seus súditos seja transmitido para a posteridade por um monumento adequado para eternizar a importância deste acontecimento, e [que possa] impressionar os corações dos franceses e até mesmo [os de] nações estrangeiras a unanimidade dos sentimentos de respeito pelo seu soberano que preenche esta assembleia.

As imagens tradicionalmente associadas com a figura do rei (pai, juiz, protetor) parecem, portanto, intactas às vésperas da Revolução, com um efeito ainda mais vigoroso pelo contraste entre a benevolência do rei e as extorsões dos nobres. Nas palavras dos cidadãos de Toutry, em Borgonha:

> Tendo perfeita consciência dos pontos de vista benevolentes de Sua Majestade para com seu povo e as excessivas vexações sobre nós perpetradas dia após dia pela nobreza e pelo clero, que nos privam, pode-se dizer, de nossa subsistência pelas cobranças diárias que a nós impõem, vimos assim implorar o auxílio de Sua Majestade e rogar-lhe que tenha a bondade de voltar a nós um olhar gentil e favorável no momento de aflição em que hoje nos encontramos.

Os habitantes de Lauris se dirigiram ao rei nos seguintes termos:

> Ó grande rei! Aperfeiçoa tuas obras, dá apoio aos fracos contra os fortes, destrói os restos da escravidão feudal... Completa [a tarefa de] nos fazer felizes; teus povos, à mercê dos déspotas, anseiam por tomar refúgio aos pés do teu trono e veem a ti buscando o seu deus tutelar, o seu pai, o seu paladino.[1]

Longe de reduzir a mística da monarquia, a paixão pela regeneração que tomou conta do reino na primavera de 1789 a investia de novas expectativas e de uma nova tensão.

Mesmo assim, ainda que os *cahiers* proclamassem com extremo fervor e vigor a lealdade e o amor que unia as ordens da sociedade (ou da nação) ao monarca, o rei, como o vemos

---

1 Os textos extraídos dos *cahiers de doléance* mencionados neste parágrafo e no anterior são citados de Goubert & Denis, 1964, p.39-49 (para Saint-Jean de Cauquessac, Lauris e Sèvres); Durpont, 1963, p.53 (para Barcelonette); Robin, 1970, p.298-308 (para Toutry).

apresentado nos *cahiers* não era mais um rei totalmente tradicional. O adjetivo *sacré* – sagrado – ainda era com frequência ligado a seu nome, mas o termo já estava fraco semanticamente. Por um motivo: o rei já não era mais o único elemento "santificado" na ordem política, uma vez que a nação, seus representantes e os direitos individuais também eram considerados *sacrés*. Outro motivo é que a "sacralidade" real já não era necessariamente de instituição divina, e amiúde era concebida como conferida pela nação. Esse encolhimento da natureza sagrada da pessoa do rei é evidente em todos os *cahiers généraux* no nível da *bailliage*, tanto da nobreza como do Terceiro Estado, independentemente de seu zelo monárquico (Markoff, 1989-90, p.237-45). Mesmo quando o rei é louvado como uma força para a regeneração, a representação do monarca mostra sinais de deterioração. Inadvertidamente, e no calor dos argumentos, os *cahiers* de 1789 traem algo do "desligamento simbólico" que, separando o rei da divindade, tornou possível (por ser concebível) as profanações revolucionárias que o conduziram ao ridículo e ao opróbrio (retratando-o, em palavras e figuras, como bêbado, insano ou um porco), e, em última instância, ao ato sem precedentes de execução do soberano deposto, que o destruiu tanto fisicamente como em seu corpo político (Walzer, 1974; Merrick, 1990). Uma compreensão plena desse processo requer a observação de diversas cronologias.

Mauvais Discours

A primeira cronologia é breve e parisiense. Ela acompanha a proliferação, após a década de 1750, de declarações hostis ao rei, denunciando tanto sua pessoa como sua autoridade. Os primeiros sinais dessa hostilidade podem talvez ser encontrados em maio de 1750, quando ocorreram escaramuças em Paris para protestar contra a detenção de crianças pelas forças da ordem, executando um decreto do ano anterior que exigia que

> todos os mendigos e vagabundos que sejam encontrados nas ruas de Paris, nas igrejas, nas portas das igrejas, ou nos arredores e vizinhanças de Paris, qualquer que seja sua idade ou sexo, devem ser levados para *maisons de force*.

A causa imediata da revolta foi o zelo excessivo dos oficiais encarregados das detenções (os exempts) que, seja na tentativa de agradar a Nicolas Berryer (o comandante geral da polícia) ou de extrair propinas das famílias, agarraram não somente filhos e filhas pré-adolescentes de vagabundos e *gens sans aveu* (nômades), mas também filhos e filhas de mercadores, artesãos e trabalhadores. Embora a ira dos parisienses tivesse sido dirigida basicamente à força policial – em particular aos inspetores e seus agentes que, desde o estabelecimento dos postos no início do século, haviam solapado a autoridade familiar e respeitada dos comissaires des quartiers (comissários dos bairros) – ela não poupou o soberano.

"Há rumores de que o rei é leproso e que se banha em sangue como um novo Herodes", comentou o marquês d'Argenson em seu jornal. Os rumores sugeriam uma explicação para as detenções em massa: se o rei era de fato o escravo indolente e caprichoso dos prazeres depravados retratados no *mauvais discours* relatado pelos informantes policiais, era porque tinha lepra; e se havia crianças desaparecendo, era porque seu sangue era necessário para curar o rei. Esse boato completava o rompimento entre a cidade de Paris e um rei arbitrário e cruel, que negligenciava os deveres de seu cargo *Vive le roi sans étape! Vive le roi sans maltôtes! Vive le roi sans gabelle!* (Viva o rei sem verba de recrutamento! Viva o rei sem taxas extras! Viva o rei sem a taxa de sal!), essas haviam sido as palavras de ordem que ressoaram durante as revoltas do século XVII, quando a hostilidade em relação àqueles que violavam os direitos e os privilégios tradicionais do soberano (que diziam ser enganado, mal orientado e roubado por maus conselheiros) baseava-se num vínculo entre o rei, considerado dispensador da justiça, e os direitos costumeiros que ele garantia (Bercé, 1974, p.608-11). Um século mais tarde, numa Paris que vivenciara a denúncia jansenista de um rei ímpio e impuro, esse vínculo não se sustentava mais. O próprio monarca foi acusado e tornou-se o alvo de ameaças cada vez mais violentas. Assim, numa conversa de taverna um informante de polícia ouvia alguém dizer que "nossas mulheres feirantes vão se juntar; vão para Versalhes destronar o rei [e] arrancar os olhos de sua cabeça, e quando voltarem para Paris, ao assassinar o *lieutenant criminel* e o *lieutenant de police*" (Farge & Revel, 1988, p.112 e 133).

A tentativa de assassinato de Luís XV, feita por Robert Damiens em 5 de janeiro de 1757, e sua execução em 28 de março, combinaram-se para oferecer de uma só vez a mais espetacular (e última) exibição do poder de punição do soberano, e uma clara indicação da cisão entre o rei e seu povo. O duplo evento – a tentativa de assassinato e a execução – gerou duas reações. Os jornais (mesmo os publicados fora da França, que não estavam sujeitos à censura real) não estabeleceram relação entre a tentativa de regicídio e eventos contemporâneos como a crise provocada pela recusa dos sacramentos aos padres de inclinações jansenistas, ou ao conflito entre o rei e o Parlamento de Paris, cuja maioria de membros renunciou após o *lit de justice* do rei de 13 de dezembro de 1756. Os jornais assumiram a tarefa de negar qualquer significado às declarações de Damiens, apresentando seu ato como o de um fanático isolado ou de um monstro agindo irracionalmente e sem nenhum cúmplice. Aos leitores foi fornecido o quadro de um complexo ritual de expiação e reparação, visando a restabelecer o laço entre o monarca e seus súditos (Rétat, 1979). Como escreve Michel Foucault, a punição de Damiens foi acima de tudo "um cerimonial pelo qual uma soberania momentaneamente ferida foi reconstituída" (Foucault, 1975, p.36-72).

Mas o *mauvais discours* captado pela polícia e os *placards séditieux* que ela confiscou exprimiam outro nível de consciência do ocorrido. Ela denunciava uma conspiração: uma conspiração acobertada pelo interrogatório judicial a portas fechadas; uma conspiração na qual Damiens serviu meramente como agente. O partido jansenista, por seu lado, não tinha dúvidas de que a tentativa de regicídio fora organizada pelo arcebispo de Paris, pelos jesuítas e pelos membros do Parlamento que se mantinham leais ao rei. Na visão do partido "devoto", por outro lado, foram os membros rebeldes do Parlamento, associados ao jansenistas, que estavam operando por trás do pano. Acima de tudo, a palavra que circulava nas ruas e os escritos afixados espontaneamente nas paredes estavam repletos de declarações violentamente hostis ao rei, considerado responsável por todas as desgraças do Estado e do povo, e um justo alvo para uma justa punição (Kley, 1984, p.226-65).

Um ano e meio depois da execução de Damiens, Emond Barbier, um advogado, registrou em sua publicação o seguinte fato:

> Sieur Moriceau de la Motte, meirinho da *requêtes de l'hôtel* [uma corte que tratava de queixas referentes às secretarias reais etc.], um esquentado, fanático e capcioso crítico do governo – um homem de pelo menos cinquenta e cinco anos, que se casou com sua amante oito meses atrás – meteu na cabeça, há um ou dois meses, de ir jantar numa estalagem da rua Saint-Germain-l'Auxerrois, numa *table d'hôte* para doze. Ali, tendo a conversa se voltado para o terrível caso Damiens, ele falou acaloradamente sobre a maneira como o julgamento havia sido conduzido, contra o governo e até mesmo contra o rei e seus ministros (Barbier, 1963, p.279-80).

Denunciado "ou pela gente da corte de apelações ou por alguém da *table d'hôte* que tenha ficado nervoso sobre as possíveis consequências de tal declaração", Moriceau de la Motte foi detido, preso na Bastilha, interrogado sob tortura e condenado por ter escrito panfletos hostis aos rei e aos membros legalistas do Parlamento:

> Diz-se que entre seus papéis foram encontrados *placards* que haviam sido afixados nos portões de jardins públicos e outros [lugares] antes e depois da tentativa de assassinato do rei. Foi-lhe indagado onde conseguira aqueles cartazes, ao que ele respondeu que os havia arrancado das paredes, mas os cartazes não tinham cola nem estavam rasgados com sinais de terem sido arrancados.

Tendo perdido a causa por uma fraca defesa, Moriceau de la Motte foi sentenciado a

> fazer retificações íntegras diante da porta da igreja de Paris, de cabeça descoberta, vestindo sua *chemise*, uma corda em torno do pescoço, com uma tocha acesa, [e] carregando placas na frente e atrás [dizendo] "autor de declarações sediciosas atacando a autoridade real", e depois a ser enforcado na Place de Grève [e ter] seus bens confiscados.

O ritual público de expiação e punição teve, portanto, lugar de acordo com a forma usual. A reiterada proclamação do crime (com o arauto público anunciando a sentença, com a confissão e as retificações íntegras do condenado, com as placas que carregava) e o espetáculo de uma punição exemplar destinavam-se a manifestar a restaurada autoridade do rei e fortalecer o respeito pela pessoa inviolável do soberano em todos os seus súditos. O fato de o condenado ser um funcionário real e um burguês de Paris simplesmente acrescentava força à demonstração.

No entanto, em setembro de 1758, quando a sentença deveria ser executada, as coisas não funcionaram tranquilamente:

> Havia uma grande multidão de gente reunida ao longo do seu trajeto e em La Grève. Alguns diziam que não se manda matar uma pessoa simplesmente por dizer ou escrever algumas palavras; outros esperavam que ele obtivesse seu perdão; mas queriam fazer um exemplo usando um burguês de Paris – um detentor de cargo [público] – no

> sentido de reprimir a licença de numerosos fanáticos que falavam abertamente demais sobre o governo.

As reações que Barbier relata mostram uma mistura da representação tradicional do rei como dispensador da justiça, que pode punir mas também deve perdoar, e uma nova consciência da desproporção entre a punição e o crime. Palavras, quaisquer que tivessem sido, não justificavam a morte. Para o povo de Paris, o crime de lesa-majestade perdera seu impacto tradicional (mesmo que seu significado tenha sido relembrado na declaração real de 16 de abril de 1757). Na opinião popular, declarações atacando o rei, fossem faladas ou escritas, já não eram consideradas blasfêmias (Farge, 1986b, p.206-34).[2]

A dessacralização da monarquia

O relato de Barbier atesta claramente os efeitos duais do ataque de Damiens. De um lado, a despeito da censura real e da prudência dos jornais, a tentativa de regicídio criou um palco político no qual partidos opostos se acusavam mutuamente de ter desejado a morte do rei. O *mauvais discours* trocado nas ruas ou escrito em *placards* produziu uma politização radical em que o monarca não estava mais isento de críticas e que visava a fazer que a gente comum de Paris se envolvesse em algum dos campos opostos. Assim, os acontecimentos de 1757 enredaram (possivelmente pela primeira vez) a coletividade dos cidadãos como um todo numa disputa política, gerando um "interesse popular nos confrontos políticoeclesiásticos envolvendo os parlamentares e apelantes com o episcopado e a monarquia da França (Kley, 1984, p.232).

---

2 A autora mostra a crescente crítica a execuções públicas, expressa por meio de pedidos de perdão provenientes da multidão e, ocasionalmente, mediante a sabotagem dos meios de fazer cumprir a punição do rei.

De outro lado, o pretenso regicídio inspirou imitadores – ao menos em palavras, se não em atos. Em 1757 e 1758 um número razoável de homens e mulheres do povo, sem necessariamente compreender as arcanas complexidades da política parlamentar ou jesuítica, deploraram o fato de os golpes de Damiens não terem atingido o alvo, proclamando eles próprios que teriam se saído melhor. Acusado de ser a causa da miséria do povo e negligente com suas obrigações, o rei, ainda mais do que em 1750, atraía um ódio que nem sempre poupava sua família ou a própria Monarquia. Assim, o trabalho de base para a "dessacralização da monarquia" (adotando a expressão de Dale K. Van Kley) foi realizado no fim da década de 1750, numa época em que o *mauvais propos* das pessoas falando direta e abertamente de seu ódio por um rei infiel a seus deveres juntou-se ao discurso mais bem informado dos notáveis, optando ou pelo partido parlamentar-jansenista ou pelo partido "devoto". As duas correntes estavam ligadas, uma vez que "a controvérsia da recusa dos sacramentos..., ao dessacralizar a pessoa monárquica, tendia a soltar as línguas da população, quaisquer que fossem suas queixas particulares" (ibidem, p.255).

Em 1768, no auge da liberação do comércio de grãos, que provocou aumento de preços,[3] Sartine, o comandante-geral da polícia, enviou um aviso aos *comissaires des quartiers* de Paris:

> Sem dúvida os senhores não deixam de ter consciência de que ocasionalmente são achados cartazes colocados nas esquinas das ruas. É seu dever não poupar esforços para buscar descobrir os autores nos seus bairros, ou pelo menos de estabelecer a cada início de dia, na totalidade de seus departamentos, turnos exatos para retirar os cartazes encontrados e trazê-los a mim imediatamente.

3 As citações neste parágrafo e nos dois seguintes (com exceção daquela oriunda do *Dictionnaire de Trévoux*) foram extraídas de Kaplan, 1976, p.309, 320e 321; e Kaplan, 1982, p.54, v.72, pt.3.

Naquela época, efetivamente os *placards* circulavam em grande número em Paris. Para tais protestos, alguns se conformavam aos modelos tradicionais, denunciando os ministros do rei sem acusar o rei diretamente. Um desses foi um cartaz encontrado por volta do fim de setembro de 1768 pelo *comissaire* da *rue des Noyers*, exigindo que o rei "se livre dos senhores Choiseul e Laverdy que, com um exército de ladrões fazem com que os grãos sejam levados para fora do reino". O *comissaire* estava seguro de que conseguia identificar o *status* social dos autores: "O cartaz vem de pessoas de poucos recursos porque não há ortografia [correta] e a redação não está nem um pouco dissimulada".

Outros cartazes de parede atacavam o próprio rei, acusado de ter organizado a alta de preços e ser o primeiro a lucrar com ela. O livreiro Hardy cita um texto desse tipo em sua publicação. Segundo ele, o cartaz afirmava que

> sob Henrique IV nós sofremos [escassez] de pão ocasionada pelas guerras, mas durante esse período tínhamos um rei; sob Luís XIV vivenciamos de maneira similar diversas outras [carências] de pão, geradas às vezes pelas guerras, mais ainda tínhamos um rei; no momento atual a [escassez] de pão não pode ser atribuída nem às guerras nem a uma verdadeira escassez de grãos; mas não temos um rei, pois o rei é um grande comerciante.

Este *placard*, que assustou Sartine e o *procureur général* do Parlamento, terminava com uma menção à tentativa de assassinado do rei por parte de Damiens. Ele revelava (ou buscava produzir) uma brecha no contrato implícito que ligava a população leal a um rei paternal e protetor que provinha aos seus. "O povo francês ama seu Soberano", dizia o *Dictionnaire de Trévoux* em sua edição de 1771 para ilustrar o uso da palavra *peuple*, "e o Soberano está ocupado com a felicidade de seu povo; de seus povos. Chamar um rei de pai do povo não é tanto louvá-lo e sim chamá-lo pelo seu nome".[4] Paris na década de 1760 via uma realidade bem diferente: o rei era debochado, venal e voltado para fazer o povo passar fome. Não era mais o rei, e certo número de parisienses foi detido na época por afixar "horrores e imprecações contra o rei".

Em maio de 1774, durante a enfermidade de Luís XV, Hardy comentou:

> Todo dia uma quantidade de pessoas são detidas por terem falado com liberdade demais sobre a doença do rei, sem dúvida para dar lições de circunspeção, particularmente porque o número de descontentes aumentou. Corria o rumor de que na rue Saint-Honoré uma homem teria dito a um amigo, "Que diferença faz para mim? Não podemos ficar pior do que estamos".[5]

"Que diferença", de fato; um abismo imensurável abrira-se entre a vida das pessoas comuns e a história da dinastia. De um lado, o rei agora não passava de uma pessoa privada cujo corpo, enfermo ou saudável, perdera todo o valor simbólico. De outro, o homem das ruas havia separado radicalmente seu próprio destino daquele que era representado pelo Estado da pessoa do soberano. A população humilde não mais percebia sua existência como parte de um destino maior que a englobava, e que era manifestado na história do rei.

Após a morte do rei, Hardy comentou:

> O povo, longe de parecer afetado pela morte desse rei naturalmente bom, porém fraco, que, em anos recentes, infelizmente se tornou a infeliz presa de uma descontrolada paixão por mulheres

---

4 *Dictionnaire Universel français et latin, vulgairment appelé Dictionnaire de Trévoux*. Nova ed. Paris, 1771, s. v. "Peuple".

5 Esta citação da revista de Hardy e a próxima foram extraídas de Farge, 1986b, p. 204-5

> encorajada por membros vis da corte, empenhados em alardear a falta de gosto do monarca pelo trabalho para se tornarem eles próprios mais poderosos, deu provas um tanto indecorosas de sua satisfação pela troca de senhores.

Existe aqui um esclarecedor contraste entre duas reações. Hardy desculpa o soberano voltando ao velho tema do rei cujos assistentes próximos se aproveitam dele, estimulando-o a uma vida desordenada de modo a melhorar suas próprias posições. No entanto, Hardy atribui ao povo uma atitude que exprimia de forma bastante brutal a dissolução dos laços afetivos que davam significado ao simbolismo do corpo real como entidade manifestadora do corpo político do reino.

Devemos então concluir que as relações entre o rei da França e seu povo se transformaram radicalmente na década de 1750? Será que devemos concordar com Dale K. Van Kley quando afirma que "o caso Damiens... revela que por volta de 1757 o *mauvais discours* popular afetava diretamente a monarquia", e que "este fenômeno não é muito anterior a 1757, e que os anos 1750 foram em geral decisivos com respeito a isso"? (Kley, 1984, p.253-4.) Parece certo, na verdade, que depois da década de 1750 as autoridades (os defensores do rei no Parlamento, os *comissaires des quartiers* em Paris, o inspetores de polícia e seus informantes) começaram a prestar séria atenção às declarações sediciosas, boatos de conspirações, e insultos ao rei. No entanto, será que isso necessariamente significa que a dessacralização da Monarquia havia conquistado todas as mentes de forma inexorável e definitiva? Talvez não, por três motivos.

Os limites de uma ruptura

Primeiro, Paris não era o reino inteiro. O *mauvais discours* podia, é claro, ser ouvido em toda parte, como prova a variedade de lugares nos quais os insultos mais violentos à Monarquia em 1757-8 foram registrados – uma taverna perto de Château--Gontier, outra taverna próxima a Gisors, na cidade de Clermont--Ferrand, em Mayenne, e nas lojas de vinhos de Sézanne em Brie (ibidem, p.247-8 e n.86, p.347-8). Ainda assim, era somente na capital, atormentada por crises políticas e religiosas, que o "mau discurso" se transformava em "opiniões" que inspiravam medo nas autoridades encarregadas das funções policiais e judiciais. As opiniões alimentavam os rumores que corriam de uma rua a outra, ou de um bairro a outro, e eram capazes de liberar uma violência que ia além do meramente verbal.

Segundo, seria um erro enxergar a proliferação do mau discurso como um processo cumulativo que espalhava um desafeto cada vez mais amplo pelo rei entre 1750 e 1789. Após 1774, durante os quinze anos anteriores à Revolução, as declarações e cartazes hostis a Luís XVI parecem ter sido menos numerosos e menos violentos do que aqueles que denunciavam Luís XV. Os ataques antimonárquicos mais agudos parecem ter perdido ímpeto depois que o conflito jansenista se acalmou e o preço do grão se estabilizou, no período entre a Guerra da Farinha, em 1775 (que resultou de uma combinação de colheita pobre e a decisão de Turgot de restabelecer o livre mercado de grãos), e a crise dos preços altos, em 1788. Naqueles anos houve, portanto, um lapso na fúria dos libelos denunciando a depravação e a fraqueza do *falecido* rei[6] e a ausência – ao menos a relativa ausência – de hostilidade em relação ao soberano. Esse contraste poderia ser visto como um apoio à hipótese de que os textos que atacavam sua majestade real deviam seu sucesso mais a rupturas previamente estabelecidas do que à introdução de novas representações.

---

6 Como em *Les Fastes de Louis XV*, o título mais solicitado entre os clientes de Mauvelain em Troyes, onde ele vendeu livros proibidos entre 1782 e 1784. Ver Darnton, 1982, p.122-47, especialmente p.145-6.

Por último, será tão certo que os franceses da primeira metade do século XVIII estivessem realmente persuadidos de que seu monarca era sagrado? A pergunta poderia parecer irrelevante se lembrarmos que os reis franceses e os reis ingleses estavam sozinhos na manifestação da natureza sagrada – poder-se-ia quase dizer sacerdotal – de sua realeza por um dom taumatúrgico particular, a cura da escrófula (o "mal do rei") por meio do toque real. O milagre real era praticado na França até o tempo de Luís XVI, e atestava que o poder do soberano era sobrenatural, graças à unção durante sua coroação e à intercessão de São Marcoul, um santo curador diante de cujas relíquias oravam todos os reis da França recém-coroados, e que tanto sua autoridade como sua pessoa eram sagradas. "O caráter sagrado dos reis, tão amiúde afirmado pelos autores das Idades Médias, permanece uma verdade óbvia para os tempos modernos." (Bloch, 1983, p.309-79.)

No entanto, significaria isso que o corpo do monarca era realmente santificado ou que existia uma crença real numa religião da realeza? O fato de muitos textos falarem dos reis como "deuses em forma corporal" (segundo um jurista em 1620) (ibidem, p.351) não prova por si só a plena crença no sentido literal de tais declarações. Alguns historiadores acham extremamente difícil ver uma verdadeira sacralização política da pessoa do monarca na estrutura totalmente teórica e ficcional da transcendência da monarquia ou nos funerais rituais organizados com base na doutrina dos dois corpos do rei – o corpo físico, vulnerável e mortal e o corpo político, que nunca morre. Se for verdade, como escreveu Alain Boureau, que "a concepção da instituição não infere nenhuma crença", a relação dos súditos com o rei não pode ser concebida nos mesmos termos que a relação dos fiéis com o sagrado da forma como é experienciada na fé religiosa (Boureau, 1988, p.23). Entendida dessa maneira, essa sacralização impossível – quer o problema derive a reticência por parte da Igreja, que pouca inclinação tinha para aceitar a instituição divina não mediada dos reis (Courtine, 1985, p.89-118), ou do sentimento de que todos os corpos mortais, inclusive o dos reis que conduziam a *danses macabres*, estavam condenados a um destino comum – aconselha prudência em dar um nome a um processo que enfraquecia a relação entre o rei e seu povo. Mais que uma dessacralização (que supõe uma sacralidade prévia) deveríamos talvez falar de uma ruptura afetiva; um desencantamento que provavelmente não era de todo novo na metade do século XVIII (Luís XIV fora objeto de uma rejeição similar), mas que acostumava ao povo dissociar a existência ordinária do destino do soberano.

Conformidade monárquica e interesse próprio

Jacques-Louis Ménétra, vidraceiro de profissão, é um bom exemplo desse desencantamento. Sua revista e seus outros escritos expressam uma lealdade totalmente convencional à Monarquia – o que não quer dizer que essa lealdade fosse insincera. Em 1673 ele retornou a Paris vindo de Châtillon "para ver a inauguração da estátua equestre na Praça Luís XV". Em 1770 ele e sua esposa compareceram "àquele casamento fatal do delfim", o futuro Luís XVI, um evento marcado por uma violenta aglomeração popular com acesso livre a todos, que deixou 132 mortos e várias centenas de feridos ("Foi uma noite de celebração transformada numa noite de luto... Tudo que podíamos fazer era desconsiderar essa celebração fatal, que parecia um prelúdio para a desgraça dos franceses"). Em 1781, ele escreveu um poema para comemorar o nascimento do novo delfim:

D'un dauphin nos voeux sont exaucés,
Amis il vient du bon temps de vendange,
Vive cet illustre sang de Bourbon.

Com um delfim nossos votos foram atendidos,
Amigos, ele vem na boa hora da vindima,

Viva esse ilustre sangue Bourbon (Ménétra, 1986, p.131, 176, n.18, p.366).

Assim, não encontramos em Ménétra nada do mau discurso e comentários rudes relatados pela polícia e pelos cronistas. Barbier nos conta que em fevereiro de 1763, por ocasião da mesma inauguração da estátua de Luís XV a que Ménétra compareceu:

> No dia 23 deste mês, a estátua equestre do rei foi colocada no pedestal na nova paca do outro lado da Pont-Tournant das Tulherias. Foram necessários três dias para transportar a estátua da oficina, que se localizava em Roule. Havia uma grande multidão para assistir à mecânica dessa operação, supervisionada por um construtor de Saint-Denis, um homem de grande habilidade. O governador de Paris, o *prévôt des marchands*, e os pais da cidade ficaram debaixo de tendas [com] a madame marquesa de Pompadour, o senhor duque de Choiseul, o príncipe-marechal de Soubise, e outros. Porém, como sempre na multidão sempre há arruaceiros e gente mal-intencionada, relatou-se que ao longo do caminho e na praça várias pessoas foram detidas por proferir comentários indecentes sobre os motivos que faziam a estátua se deslocar tão vagarosamente. Diziam que o rei acompanhava o caminho da estátua; que teriam dificuldades de conseguir fazê-lo passar pelo Hotel de Pompadour; que ele precisava ser sustentado por quatro *grues* [gruas, mas também prostitutas] a serem baixadas sobre o pedestal, juntamente com alusões aos ministros e vários outros *mauvais discours* (Barbier, 1963, p.301-2).

Ménétra não escreveu nada desse tipo. No entanto, mesmo sem nutrir sentimentos antimonarquistas violentos, suas atitudes políticas eram imbuídas de uma instintiva desconfiança em relação à autoridade e um feroz anseio por independência. No tocante a *comissaires du quartier*, inspetores de polícia, a guarda a milícia, as *gardes françaises*, e, de forma geral, todos os *épétiers* (homens de espada), Ménétra estava bem ciente da necessidade de cautela e da arte de evitação e, sempre que surgisse a ocasião, de resistência. Sua prática, portanto, confirma uma atitude política governada pelo interesse próprio e defesa desses próprios interesses. "Jamais gostei de sofrer qualquer tipo de impedimento, muito menos de perder a minha liberdade", ele declara orgulhosamente, proclamando o direito a uma liberdade que não aceitava nem as hierarquias consagradas de uma sociedade estratificada, nem impedimentos de prazeres privados. No "rousseaunismo primitivo" de Ménétra, o rei era respeitado, mas mantido à distância, assim como seus agentes (Ménétra, 1986, p.389-94).

Dos rituais políticos à sociedade da corte

Se desejamos ampliar cronologicamente o nosso ângulo de visão, é tentador atribuir o rompimento entre o rei e o homem comum a uma mudança importantíssima dentro da Monarquia, uma mudança envolvendo a substituição dos ritos de então pelos cerimoniais da corte. Existe de fato um contraste claro a ser traçado entre esses dois modos de apresentação do poder monárquico. Esta, pelo menos, é a hipótese sugerida por Ralph E. Giesey (1987a, p.42-59; 1986, p.579-99). Os grandes rituais políticos organizados num sistema cerimonial de ritos de Estado – funerais reais, coroações, aparições reais, os *lits de justice* – possuíam uma natureza dual. De um lado, o caráter público do cerimonial autorizava uma relação direta entre o rei, que estava presente (fosse morto ou vivo), e todos aqueles que compareciam ao evento; de outro, a excepcionalidade do evento suspendia, durante o período definido para sua duração, o curso de tempo ordinário. Na sociedade da corte, em contraste, esses dois elementos se invertiam. Por meio da "privatização" da etiqueta, o rei era confinado a um espaço fechado e sujeito a um cerimonial interminável: era afastado de seus súditos e rodeado por um ritual que excluía qualquer participação do povo. Em consequência, as formas pelas quais o rei era percebido e imaginado eram radicalmente alteradas.

Quando teve início esse afastamento, essa distância entre a "privacidade" do rei e o olhar de seus súditos? Um rompimento observável ocorreu durante o reinado de Luís XIV, que abandonou os ritos de Estado – sua última entrada real em Paris teve lugar em seu matrimônio, em 1660; após 1673 não constituiu nenhum *lit de justice* – e optou por fixar sua corte em Versalhes. Talvez tenhamos, porém, de buscar num passado ainda mais remoto, anterior a 1610, quando o sistema de cerimoniais públicos foi desmontado. Naquela época, o jovem Luís XIII, ainda menor de idade, constituiu um *lit de justice* no Parlamento de Paris, ainda antes de o falecido rei, Henrique IV, tivesse sido sepultado. Indicando dessa maneira que a plenitude de seu poder nada devia ao funeral ritual, o novo soberano destruiu a significação simbólica investida nos funerais reais. Esses funerais tinham vários aspectos inusitados. Primeiro, o rei no trono não participava de qualquer função pública relacionada com as exéquias de seu predecessor. Segundo, uma efígie do rei falecido desempenhava um papel central nos ritos. (Essa efígie era um manequim de madeira, vime ou couro com face de cera modelada de maneira a se assemelhar aos traços do falecido rei, e ostentando as insígnias da realeza. Disposto sobre um leito construído especificamente para a procissão, o manequim era servido pelos utensílios reais e exibido, a certa distância do corpo do falecido rei, no cortejo que percorria as ruas de Paris.) Terceiro, no fim das cerimônias em Saint-Denis, a coroa, o cetro e a mão da justiça eram removidos da efígie aos gritos de "O rei está morto! Viva o rei!" e distribuídos entre os acompanhantes do cortejo.

Esse funeral ritual tinha um duplo significado. Significava que a "dignidade" real (posto, cargo ou título) permanecia vinculada ao rei morto até o momento em que era enterrado, mesmo que os poderes soberanos de criar leis passassem ao seu sucessor no momento da morte do monarca. A "dignidade" do rei no poder era, portanto, considerada incompleta até que seu predecessor tivesse sido baixado à tumba e ele próprio fosse ungido e coroado. O uso de uma efígie – um objeto sólido que podia ser exibido, "nutrido" e carregado – era mais apropriado do que utilizar um cadáver passível de deterioração (mesmo quando embalsamado) para suportar o longo e complexo ritual dramatizado por essa ideia política que, implicitamente, requeria que o rei vivo se ocultasse, já que ainda não estava investido de plena dignidade monárquica. De outro lado, o funeral ritual, cujo impacto era ampliado por sua excepcionalidade, dava forma visível ao princípio da soberania real. A efígie designava e exibia o que habitualmente era invisível: o corpo político imortal do rei. Inversamente, seu corpo natural, em geral visível, ficava longe da vista, lacrado num caixão. Na procissão funeral, o clero acompanhava os restos morais do rei com sua presença e orações, mas eram os magistrados do Parlamento que andavam em torno da imagem de cera, pois "a justiça nunca cessa".[7]

Quando, em 1610, Luís XIII confundiu a ordem dos rituais, alterando dessa forma seu significado, desferiu um golpe fatal em toda a estrutura que vinculava a natureza pública das cerimônias à exibição pública do mistério da Monarquia. Na verdade, o sistema inteiro se desintegrou. O rei no trono esteve presente à exposição da efígie (que desapareceu da cerimônia depois de 1610); a unção e a coroação no novo rei tornaram-se uma simples confirmação da posse plena da soberania em lugar de um ritual de inauguração; a invenção no novo rito do *roi dormant* (o rei dormente) reuniu em um só o corpo natural e o corpo político do rei, que anteriormente eram dissociados por meio da existência da efígie paralelamente aos restos mortais. Portanto, mesmo antes do estabelecimento do

7 Sobre a subversão do simbolismo constitucional e a teoria da realeza em 1610, ver Hanley, 1983, caps. 10 e 11, p.231-80; Giesey, 1960.

culto à monarquia na sociedade da corte, o corpo político do rei já fora absorvido no seu corpo físico, fazendo assim a distinção entre a pessoa individual de cada soberano e a *dignitas* real invisível, e até mesmo inconcebível. Com Luís XIV, a afirmação da unidade do corpo simbólico do monarca (pela inversão da máxima *l'État c'est moi* como *le moi, c'est l'État*) era obliterar o meio mais antigo de estruturar e apresentar o poder, colocando uma insistência muito maior no caráter absoluto do poder real do que na perpetuação da dignidade real (Giesey, 1987b, p.33-47). Eliminando a participação popular nos cerimoniais da soberania – efetuando assim uma profunda mudança no conceito de realeza – a transferência de ritos de Estado para a sociedade da corte, que fora preparada pelas inovações introduzidas no funeral real de 1610, tornar-se-ia assim o ato essencial a distanciar o povo do monarca.

A corte como público: ritual sem presença

Esta é uma análise convincente, porém requer algum refinamento. Primeiro, o cerimonial da corte não pode ser considerado pertencente a um domínio privatizado. Versalhes era, de fato, um palácio aberto a "uma multidão variada, uma multidão enorme, constante e obsessiva" (Himelfarb, 1984-6, p.246). As pessoas tinham muitos motivos para ir até lá. Iam visitar o palácio e suas redondezas, conforme recomendavam numerosos guias impressos durante o século XVII; iam por assuntos administrativos, em busca dos escritórios da administração instalados no castelo em 1684; iam para ver o que conseguissem dos eventos importantes da vida da corte (matrimônios reais, recepções a embaixadores extraordinários, a cerimônia do "roque do rei", ou o *Grand Couvert* de domingo). Uma medalha cunhada em 1685 traz a legenda *Hilaritati Publicae Aperta Regia* (o palácio do rei aberto para o prazer do público), solenizando o fato de que a residência do rei era aberta ao público (Pommier, 1984-6, p.193-234).[8] A esse primeiro tipo de abertura ao público, assegurada pela presença física das pessoas, as imagens impressas retratando a pompa e o cerimonial da Corte acrescentaram um segundo tipo, de maior alcance. Gravações e "almanaques murais" (grandes cartazes trazendo um calendário e um retrato) asseguravam a ampla circulação (a julgar pelo preço modesto das gravações) das imagens dos casamentos, nascimentos e funerais celebrados na corte (Grivel, 1986, p.157-60). O cerimonial da corte não era, portanto, um culto privado. Aberto ao comparecimento de uma variedade de pessoas e tornado público mediante retratos mantinha-se na esfera pública.

Com respeito à natureza pública dos atos envolvidos, portanto, a diferença entre o cerimonial da corte e os grandes rituais de Estado não eram tão grande quanto se possa imaginar. Da mesma forma que as atividades da corte, os cerimoniais de Estado eram testemunhados diretamente, numa relação imediata entre o rei e o povo, apenas por um número limitado de espectadores presentes nas cidades em que tinham lugar (Paris, Saint-Denis, Reims), e mesmo os espectadores podiam observar apenas pequenas partes de um longo e complexo ritual. Assim como nos cerimônias da corte, a eficácia do ritual de Estado baseava-se em diversos meios de divulgação – pictórico, escrito e falado – que separavam a representação do poder do soberano da presença física do rei, estivesse ele vivo ou morto.

Além disso, foi no exato momento em que o sistema de rituais de Estado se desintegrava – quando a sociedade da corte estava se tornando estabelecida e as aparições reais e *lits de justice* desaparecendo – que a Monarquia instituiu um novo ritual público, o *Te Deum* (Fogel, 1989, p.133-245). Essa inovação, introduzida por Henrique III em 1587, conseguiu duas coisas: pegou o hino de

8 A medalha de 1685, ilustrada na p.227, é tirada de *Médailles sur les principaux événements du Règne de Louis-le-Grand* [1702].

louvor a Deus, que fora parte do ritual das cerimônias de coroação ou da entrada real numa cidade, e fez dele o núcleo de uma cerimônia autônoma; ele combinava uma canção de celebração de Deus com a leitura de um salmo e orações ditas em favor do rei. A cerimônia de ação de graças – ordenadas por carta real e celebrando os triunfos do monarca (nascimento de um delfim, uma vitória militar, uma paz vantajosa para o reino) – era focalizada no soberano, que trazia o ritual religioso para sua glória; caía na categoria dos grandes ritos de Estado ainda que não exigisse a participação efetiva do rei. Celebrada simultaneamente por todo o reino e reunindo todas as ordens e corpos da sociedade, o *Te Deum* fazia proliferar a presença do rei mesmo que ele não estivesse ali em pessoa. Assim, o ritual podia "tornar presente em toda parte aquela personagem única, a encarnação do Estado, exatamente no mesmo momento em que, não se dignando a se mostrar ao seu povo, optava pela ausência" (ibidem, p.243). Isso explica a crescente frequência das celebrações do *Te Deum*: embora fosse utilizado em Paris para comemorar vitórias apenas raramente antes de 1620, houve dezoito dessas ocasiões entre 1621 e 1642, 22 durante a menoridade de Luís XIV, 89 entre 1661 e 1715, e outras 39 entre 1715 e 1748 (ibidem, 1985, p.325-36).

Finalmente, embora a menoridade de Luís XIV em 1643, e a de Luís XV em 1715, tivessem fixado permanentemente o modelo de sucessão inventado em 1610, não se pode concluir que a coroação em Reims tivesse perdido seu impacto simbólico (Le Goff, 1984-6, p.89-184). Primeiro, mesmo que a investidura do novo rei pelo *lit de justice* lhe concedesse soberania plena, apenas a unção e a coroação podiam conferir a ele "sacralidade", qualquer que fosse a definição do termo. Segundo, a estabilidade desse ritual, que passou por poucas transformações entre 1484 e 1775, fazia da *sagração* do rei uma ocasião privilegiada para a conservação da memória dinástica e nacional. Ela reunia os mitos fundamentais da Monarquia (a lenda da Santa Ampola contendo o óleo sagrado para a unção dos monarcas franceses, trazida por uma pomba vinda do céu) e a lenda de Clóvis, o primeiro rei ungido e o primeiro legislador taumatúrgico. Embora o povo – inclusive o povo de Reims – não estivesse presente na cerimônia (no máximo, eram espectadores da entrada do soberano na cidade), essa constituía uma força poderosa em moldar a imagem popular do rei. Mesmo no auge da sociedade da corte, e mesmo tendo perdido parte de seu significado constitucional, o ritual da *sagração* prosseguiu – como evento, representação e memória – para emprestar apoio à irredutível singularidade do mistério real.

Representação em evolução

Quais foram os efeitos do desenvolvimento daquilo que Ralph Giesey denominou "a fusão dos dois corpos, anteriormente distintos, em um corpo único"? Ou seja, o que aconteceu quando o corpo natural do monarca absorveu o corpo político do reino, substituindo a ficção teórica manifesta num ritual que distinguia entre o corpo mortal de um rei de carne e osso e o corpo imortal corporativo e místico da soberania? Com Luís XIV, a *humanitas* do rei no trono tornou-se a corporificação da *dignitas* monárquica (Giesey, 1987b, p.85). Mais que o presunçoso ego de Luís XIV, essa alteração reflete uma mudança no próprio conceito de representação. A noção representacional subjacente ao ritual de funerais reais repousava sobre o princípio de que uma imagem (nesse caso a efígie, que também era chamada *représentation* no francês antigo) pudesse expressar simbolicamente um objeto ausente ou uma entidade invisível (aqui, a perpetuação da dignidade – cargo e função – do rei). A noção representacional subjacente à unidade do corpo político e do corpo histórico do rei é totalmente diferente porque supõe a presença da coisa significada no signo: uma coincidência da representação e da coisa representada. Concebida dessa maneira como exibição ostentatória, a representação da Monarquia encontrou seu modelo na eucaristia. A frase (sem dúvida apócrifa) *l'État, c'est moi* funcionava de maneira semelhante a "Este é o meu corpo" de Cristo; transformava o corpo do rei num corpo sacramental.

A primeira consequência foi que o retrato do rei funcionava tão efetivamente como o rei em pessoa; inversamente, a pessoa física do soberano, em carne e osso, era em si sua representação. Se "representar sempre for apresentar a si mesmo representando algo" (Marin, 1982, p.7-22), o retrato do rei em forma pintada, escrita, esculpida ou gravada, mas também a presença imediata do monarca podiam ser consideradas a encarnação do caráter absoluto do poder. A transposição do modelo eucarístico para o campo político investiu o corpo do rei com a tríplice visibilidade do corpo de Jesus:

> como corpo sacramental, ele é visivelmente presente de verdade nas manifestações visuais e escritas; como corpo histórico é visivelmente representado, ausência torna-se de novo presença "em imagem"; como corpo político é visível como ficção simbólica em seu nome, direito e lei (ibidem, p.19).

A nova maneira de conceber e praticar a representação do poder real teve diversas consequências. A primeira dizia respeito à forma como a figura do rei era apresentada. A tradição fazia largo uso do simbolismo, recorrendo à heráldica (com o escudo retratando a flor-de-lis), a alegorias baseadas em referências clássicas (o rei como um herói-músico – Orfeu, Amfion ou Cadmus – como Hércules ou, sob Luís XIII, como Apolo), e de símbolos cristãos tradicionalmente relacionados com Cristo (o pelicano, a fênix e o sol – um símbolo com um futuro elegante). O símbolo do Sol figurava entre os dispositivos reais já no reinado de Carlos VII. Desenvolvido durante o reinado de Carlos IX, tornou-se central no período inicial de Versalhes (Lecoq, 1984-6, p.145-92). O rei, ainda jovem e banhado com seu sucesso militar, forneceu o "corpo" de seu emblema, a "alma" da qual era a fórmula *nec pluribus impar* [não inferior a muitos]:

> O Sol é escolhido para o corpo: nas regras dessa arte, é o mais nobre de todos e, por sua singularidade, pela luminosidade que o cerca, pela luz que comunica às outras estrelas que servem como algo semelhante à corte, pela distribuição igual e justa que faz da mesma luz para os vários climas do mundo, pelo bem que faz em todos os lugares, em toda parte produzindo incessantemente vida, alegria e ação, pelo seu movimento infalível (e mesmo assim parecendo tranquilo) e pelo seu curso constante e invariável do qual ele jamais se desvia nem emperra, é seguramente a imagem mais vibrante e mais linda para um grande monarca (Longnon, 1978, p.35).

A escolha do símbolo do Sol e de Apolo, identificado com o sol, comandou o inteiro sistema simbólico do *château* de Versalhes e seu parque. Conforme comentou Félibien, "Como o Sol é o dispositivo do Rei, e como os poetas identificam o Sol com Apolo, nada existe nesta soberba morada que não tenha alguma relação com essa divindade" (Félibien, 1674). Desde a *Carruagem de Apolo*, que Tuby esculpira para a monumental fonte na extremidade do jardim diante do palácio, até a Gruta de Tétis (um recanto de ninfas transformado em oficina do Sol, decorado por um grupo de esculturas de Girardon, *Apolo servido pelas ninfas* e por dois grupos feitos por Guérin e os irmãos Marsy, *Os cavalos do sol conduzidos pelos Tritões*), havia um intento coerente de utilizar símbolos para magnificar a grandeza do rei, combinando as imagens do deus grego e do corpo celeste (Teyssèdre, 1967, p.128-202).

No decorrer da década de 1670, porém, a mesma representação simbólica que recebera ampla circulação em relatos e gravações de aparições reais foi reduzida em Versalhes. Os vários estágios do declínio dos mitos do Sol de Apolo nos são familiares. Em 1674 a *grande commande* mitológica e cósmica planejada para o *Parterre d'Eau* foi abandonada; em 1678 dois projetos apresentados por Lebrun e destinados para a *Galerie des Glaces* – uma história de Hércules e uma história de Apolo – foram rejeitados; em 1684 a Gruta de Tétis foi destruída. A emblemática mais antiga foi substituída por "alegoria real"; ou seja, representando o rei à sua própria semelhança e ilustrando a história de seu reinado. Foi isso que ocorreu em 1674 em relação à decoração do *Grand Degré du Roi* (chamado de Escadaria dos Embaixadores), que mostrava os grandes feitos do rei desde sua ascensão ao trono. Esse também foi o caso em 1678, quando um esquema decorativo representando os triunfos do monarca foi escolhido para a abóbada da *Galerie des Glaces*. Estabelecendo a pintura de fatos históricos no repertório alegórico, mostrando o soberano tal como era e com suas próprias vestes, "a história do rei se desfazia da fábula, para tornar-se sua própria fábula" (Pommier, 1984-6, p.213).

Como devemos interpretar essa importante mudança? Primeiro, deve-se dizer que o simbolismo do Sol não desapareceu totalmente das moradas reais. Ao mesmo tempo que seu uso declinava em Versalhes, era usado no castelo real de Marly e, em certa medida, no Trianon de Marbre. Deveríamos concluir que os temas cósmico e mitológico ainda considerados adequados para a decoração de casas de prazer eram julgados menos apropriados para um palácio governamental? A casa de prazer podia empregar representações sutis mostrando apenas um signo visível de uma referente oculto; a sede do governo exigia imagens simples e claras de significado não ambíguo (Himelfarb, 1984-6, p.252-7). Essa hipótese, que estabelece a conexão entre a função do edifício com seu esquema de decoração, tem certa pertinência. Não deve, porém, mascarar o fato de que o abandono do repertório simbólico, não só em esquemas decorativos da residência real, mas nas imagens impressas (desde gravações para o *Cabinet du Roi* até impressões vendidas por comerciantes de artigos impressos), refletia uma mudança mais ampla que foi transformava profundamente o significado atribuído à representação da pessoa real.

Essa mudança teve importância genuína num sistema de persuasão política no qual o "poder de efetuar o reconhecimento do poder" dependia diretamente da eficácia dos "instrumentos para demonstração de poder por exibição pública [*monstration*]" (Bourdieu, 1980, p.226). Uma redução no uso da força para assegurar a dominação do monarca implicava que a crença nele por parte de seus súditos, bem como a lealdade deles, podiam ser capturadas por outros meios. Modos de representação contrastantes eram parte essencial dessa operação, uma vez que era "o arcabouço representacional [que] opera[va] a transformação de força em potencial e da força em poder" (Marin, 1982, p.11). O abandono de motivos simbólicos em favor de imagens que podiam ser lidas de forma mais ampla e direta parece ter atingido seu objetivo, porque a sociedade da corte e a figuração do rei em seu papel histórico funcionaram como uma máquina bem lubrificada para produzir obediência sem o uso da força bruta. A pacificação (pelo menos, a relativa pacificação) da esfera social e menor necessidade de violência por parte do Estado enraizavam-se na submissão das imaginações capturadas. Pascal especificou a essência do mecanismo pelo qual a imagem faz o rei:

> O hábito de ver reis acompanhados de guardas, tambores, oficiais, e todas as coisas que curvam a máquina humana diante do respeito e da reverência, faz que sua presença, quando ocasionalmente vistos sozinhos e sem tais acompanhamentos, inspire respeito e reverência por parte dos súditos, porque em pensamentos não conseguimos separar as pessoas da parafernália que geralmente é vista com elas. E o mundo, inconsciente de que o efeito surge desse hábito, pensa que ele se ergue partir de uma força inata; daí a frase, "o caráter da divindade está estampado na sua aparência" etc. (Pascal, 1963, p.503.)

O retrato do rei

Por sua simples presença, em um sistema no qual a imagem do rei funcionava tão bem quanto sua pessoa, e o poder era considerado sagrado, a figura do rei, livre de toda sua camuflagem simbólica, constrangia a imaginação. Era como se a mudança na representação do rei, de alegorias complexas para uma forma de retratar simples, não ambígua e facilmente acessível, tivesse tomado uma aula com Pascal:

> Quem atribui reputações? Quem aporta respeito e veneração ao povo, às conquistas, Pasleis, aos grandes, se não a faculdade da imaginação? Toda a riqueza do mundo seria insuficiente sem a ajuda dela (ibidem, p.504).

De Luís XIV em diante, o retrato do rei, que imediatamente ativava o que Pascal chamava *la faculté imaginante* de seus súditos, aparecia em todos os gêneros escritos e meios iconográficos, até mesmo em alguns que aparentemente pouco tinham a ver com a celebração da Monarquia. Para sugerir um exemplo: na Lyon do século XVII, o ritual de casamento requeria que o marido desse à esposa um título nupcial abençoado por um padre junto com o anel de casamento. Esse documento continha as palavras de votos e de doação ditos pelo marido durante a cerimônia, colocadas num cartucho e cercadas de figuras (xilogravuras; mais tarde, gravações em cobre, muitas vezes coloridas), com temas tirados da iconografia religiosa (os evangelistas, São Pedro e São Paulo, a Trindade, ou pares de cenas da Tentação de Eva e o Casamento da Virgem). Esses títulos não eram de forma alguma seculares, e menos ainda tinham algum conteúdo político. Eram impressos em grandes quantidades pelos *imagiers* de Lyon, e todo casal possuía um (já que o ritual de casamento assim o exigia) e o mantinha no lar da família enquanto viviam. No entanto, até mesmo esses títulos nupciais – da mesma forma que os calendários e outros impressos – contribuíam para a difusão da presença da imagem real. Uma versão impressa desses títulos mostra o rei e a rainha por ocasião de seu casamento. O gravador anotou na margem em torno da imagem: "Este título foi feito no ano do Matrimônio do Rei Luís XIV, no ano de 1660". O motivo parece ter obtido sucesso, uma vez que Luís e Maria Teresa aparecem em outra série de títulos, ainda em uso nos anos 1680, que acrescentavam a Trindade e os evangelistas à figura do casal real. Uma gravação do monarca instalava-se assim no coração de grande número de lares lioneses, retratado no mesmo ato que dava à gravação sua razão de ser. A vida ordinária dos casais em Lyon estava assim conectada a um evento dinástico, que era uma forma de fazer o povo humilde sentir, por meio de uma imagem respeitada, que eles e seu rei compartilhavam uma história comum (Chartier, 1987c, p.229-51).

Assim, representações do soberano figuravam em numerosas peças impressas que a população comum encontrava em sua vida cotidiana. É bem possível que essas imagens banais e familiares tenham feito mais para cimentar a difundida crença na legítima e inviolável autoridade do monarca que os grandiosos esquemas decorativos restritos a um pequeno número de espectadores. Isso toca na mais essencial definição da cultura política popular sob o Antigo Regime, que sem dúvida dependia de submeter as representações mentais dos súditos do rei a representações subjetivas que lhes eram dadas retratando o corpo glorioso do soberano. Como, portanto, devemos considerar o fato de que num dado momento – pelo menos em Paris, porém tendo em mente que num reino fortemente centralizado como a França os humores da capital eram decisivos – o sistema de crenças tenha desmoronado?

Não há resposta fácil para essa pergunta, como este capítulo demonstrou. Devemos datar nos anos 1750 a brecha entre o rei e o povo que não percebia mais seu soberano como a encarnação de um destino comum? Ou nos anos 1670? Quem sabe até mesmo em 1610? É justo considerar o movimento que levou alguns dos súditos do rei a abandoná-lo e voltar-se contra ele em palavras e atos como um processo de dessacralização de certa forma paralelo ao processo de descristianização? Devemos dar mais peso ao *mauvais discours* violento e profanatório ou a um desligamento pacífico que utilizava a lealdade conformista como véu por trás do qual se estruturava uma ética de interesse próprio intocado pela transcendência política? Não existem certezas aqui; cada uma dessas questões define um ponto para pesquisa futura, e a reflexão se faz necessária.

A hipótese que eu arrisco é: embora o sentido literal dos *cahiers de doléances* de 1789 seja ambíguo, justapondo uma afirmação exaltada das representações mais antigas e uma nova maneira de olhar para o rei (ainda visto como paternal, talvez, mas não mais como sagrado no sentido tradicional), isso sem dúvida ocorre porque durante várias décadas o sistema de representação da monarquia elaborado sob Luís XIV estivera em crise. Havia diversas razões para isso. Primeiro, o modelo eucarístico, emprestado para tornar o poder real mais facilmente concebível e para investir as imagens do soberano com uma dimensão sacramental, perdeu sua eficácia como consequência do crescente desligamento da religião por parte do povo. Segundo, a presença menos frequente do rei em meio a seus súditos e o declínio no número de rituais de Estado (devido, sobretudo, ao simples fato de os reinados serem mais longos) enfraqueceu o sentimento de participação numa história comum. Finalmente, o progresso de modos críticos de pensamento – tanto nas formas intelectualizadas de uma "opinião pública" que debatia questões antes proibidas quanto nas reações espontâneas de um homem da rua que ia se tornando menos simplório – minaram a autoridade absoluta longamente associada com os impenetráveis e intimidadores mistérios de Estado. Nas palavras de Pascal, "O homem é naturalmente crédulo e incrédulo, tímido e ousado" (Pascal, 1963, p.514). Em algum ponto durante o século XVIII, a incredulidade dos franceses no tocante à sua relação com as representações da pessoa do rei triunfou sobre sua credulidade, e a ousadia triunfou sobre a timidez.

7
Uma nova política cultural

Crédula ou incrédula, tímida ou corajosa, a relação do povo com o rei não era tudo em termos de política popular. Peter Burke, numa hipótese ampla, descreveu o período entre o início do XVI e a Revolução Francesa como uma época de "'politização' da cultura popular" (Burke, 1978, p.259). Na visão de Burke,

> na Europa Ocidental, ao menos, entre a Reforma e a Revolução Francesa, os artesãos e camponeses assumiam um interesse cada vez maior nas ações dos governos, com um senso de envolvimento em política nunca antes sentido.

Dada sua relação com a pressão das exigências do Estado centralizado – que exigia homens para seus exércitos e dinheiro para suas despesas –, e alimentada pela circulação em larga escala de canções, imagens e panfletos hostis às autoridades, a participação do povo em assuntos de Estado, segundo a linha de raciocínio de Burke, cresceu à medida que progredia a fase inicial do período moderno. Seria um erro encarar esse processo como linear ou cumulativo; não obstante, ele produziu um crescimento na consciência política e fez que os eventos se movessem rumo a uma mudança de longo prazo que, ao menos na França, destruiu a ordem estabelecida.

Houve uma politização da cultura popular?

A tese merece exame e discussão. Primeiro, não é certo que o aumento do número de textos impressos referentes a assuntos de Estado, em si e por si só, implique que os compradores e leitores de tais textos fossem do povo. Grenoble, durante a Fronde, nos oferece um instrutivo exemplo. Graças ao registro de vendas a crédito mantido pelo livreiro Nicolas, podemos identificar o meio urbano mais ávido por libelos e panfletos. Enquanto mercadores e gente do comércio constituíam 13% dos fregueses de Nicolas em geral, contribuíam com apenas 5% os compradores de *mazarinades* (sátiras políticas). De forma inversa, funcionários do sistema judicial e dos gabinetes financeiros estatais figuravam mais proeminentemente entre os compradores de *libelles* (58%) do que entre sua clientela como um todo (30%). Portanto, em vez de alcançar os leitores mais "populares", as peças políticas eram basicamente compradas por aqueles – como atores potenciais num movimento de resistência ao poder real ou possíveis vítimas de uma mudança política – cujo *status* social dependia diretamente dos eventos.

O mesmo é verdade com referência à circulação de *La Gazette*, o periódico publicado por Théophraste Renaudot de 1631 em diante. Em Grenoble eram fundamentalmente as elites de capa e espada que figuravam de modo mais proeminente entre os compradores do jornal, mais do que o público geral; o inverso era verdadeiro no que dizia respeito a artesãos e classes mercantis.

A *Gazette* era lida acima de tudo por todos aqueles que, devido a seu cargo ou posição, estavam ligados à Monarquia, e, portanto, tinham interesse direto nos assuntos de Estado.[1] No século XVIII, os *cabinets de lecture* e os cafés sem dúvida ampliaram a leitura de periódicos. Apesar disso, seu preço de assinatura relativamente elevado e suas tiragens limitadas nos levam a supor que tinham poucos leitores entre a população urbana comum, e menos ainda entre os camponeses.

Olhando a questão da leitura de panfletos sob outro ponto de vista, a literatura política parece notavelmente ausente do *corpus* de títulos impressos destinados a uma gama maior de leitores, urbanos e rurais. A *Bibliothèque bleue*, por exemplo, dependia de baixos custos de produção para prover versões baratas de textos que já haviam sido publicados em formas mais elegantes para uma clientela mais abastada. Impressas com tipos muitas vezes gastos e mal alinhados, ilustradas com gravuras que já tinham sido extensivamente utilizadas, costuradas e encapadas com o familiar papel azul (embora também fossem usados papéis pretos, vermelhos e marmorizados), e vendidas por mascates tanto na cidade como no campo, essas edições baratas foram a invenção de livreiros-impressores da província no fim do século XVI – homens como Benoît Rigot, que trabalhou em Lyons entre 1555 e 1597, e Claue Garnier, cujo depósito em Troyes, em 1589, continha almanaques e livros de profecias, manuais de conduta básica e de boas-maneiras, vidas de santos e cancioneiros (*noëls*) em capas azuis ou vermelhas. A partir do início do século XVII, primeiro em Troyes, depois em Rouen, e mais tarde em várias cidades provinciais e em Avignon, houve livreiros-impressores que se especializavam nesse comércio (continuando a oferecer os textos mais clássicos) e forneciam aos novos leitores textos que haviam tido

1 Chartier, 1982-6, p.405-25, especialmente tabela da p.423, que faz uso de Martin & Lecoq et al., 1977.

menor circulação e uma categoria mais seleta de leitores nas edições originais (Morin, 1974).[2]

No repertório de títulos assim destinados a um público mais amplo apenas três textos – ou melhor, três gêneros – podem ser identificados como mais ou menos diretamente políticos. O primeiro é exemplificado por uma *mazarinade* intitulada *La conferénce agréable de deux paysans de Saint Ouen et de Montmorency sur les affaires du temps. Réduit em sept discours, dressés exprès pour divertir les esprits mélancoliques*, que teve diversas tiragens durante o século XVII por editores em Troyes e reimpresso por Jacques Oudot (ativo 1680-1711) e posteriormente por sua viúva e seu filho Jean, sob uma permissão concedida em 1724. Publicado e circulando num lugar e época distantes dos eventos que deram ao texto seu significado – o embate da Fronde – o texto sem dúvida perdeu muito ou toda sua pertinência política, passando a ser percebido (como muitos outros textos da *Biliothèque bleue* que parodiavam a linguagem e os gêneros literários) simplesmente como uma peça divertida no dilato de seus dois atores camponeses (Deloffre, 1962; Jouhaud, 1985a, p.223-5).

O segundo gênero político tradicional incluía relatos da "miséria" dos diaristas e aprendizes. Uma dessas publicações era *La misère des garçons boulangers de la ville et fauxbourgs de Paris* [A miséria dos jovens padeiros da cidade e dos arredores de Paris], publicado em seis ocasiões diferentes durante o século (sob uma permissão de 1715) pelas firmas editoras de Troyes; outra era *La peine et misère des garçons chirurgiens, autrements appelés Fratres. Represéntés dans un entretien joyeux et spirituel d'un garçon chirurgien et d'un clerc*, impresso cinco vezes sob uma permissão de 1715. Textos desse tipo, que pertenciam ao repertório de gracejos, relatos burlescos de aprendizado, não eram de forma alguma críticas sociais ou políticas virulentas, e indubitavelmente eram recebidos por seus

2 Sobre a *Bibliothèque bleue*, ver Oddos, 1981, p.159-68; Chartier, 1987d, p.87--124 e1987e, p.247-70.

leitores como narrativas pitorescas e divertidas, neutralizando assim qualquer possibilidade de leitura subversiva.

O mesmo seria verdade para o terceiro gênero – os vários textos dedicados aos dois bandidos "sociais", Cartouche e Mandrin, que figuravam nos catálogos literários dos mascates? A resposta é menos categórica. De um lado, enquanto respeitavam os motivos e as convenções de um gênero fortemente codificado (a literatura de velhacaria e suas representações do contrarreinado de falsos mendigos e ladrões de verdade em *L'histoire de la vie et du procès du fameux Louis-Dominique Cartouche. Et plusieurs de ses complices* e *L'histoire de Louis Mandrin. Depuis sa naissance jusqu'à sa mort. Avec um détail de ses cruautés, de sés brigandages et de ses supplices*; o burlesco e suas paródias de formas cultas de literatura em *Le dialogue entre Cartouche et Mandrin. Où l'on voit Proserpine se promener en cabrioles dans les Enfers*, esses textos tinham o objetivo de neutralizar qualquer identificação que o leitor popular pudesse sentir com o bandoleiro adversário das autoridades. De outro lado, a despeito da vigilância dos censores e da ênfase dos autores nos feitos de crueldade dos bandidos, e de seu arrependimento final, não obstante forneciam uma representação do bandido nobre redirecionando a balança da justiça, que tendia a aumentar a popularidade de heróis cujos alvos eram os ricos e os coletores de impostos. Nessa medida, portanto, à sua própria maneira, as obras da *Bibliothèque bleue* desempenharam um papel na "politização crescente" que invadiu as descrições de crimes e retratou as figuras criminosas no século XVIII (Lüsebrink, 1984, p.11-76; Chartier, 1987f, p.271-351).

Narrativas sobre a vida de Cartouche e Mandrin, no entanto, constituem apenas uma parte infinitamente pequena de um catálogo dominado por obras de instrução e devoção religiosa, obras de ficção (romances de cavalaria, contos, farsas), obras sobre aprendizagem e livros técnicos do tipo "como fazer". Se sua presença – ainda que tênue – no repertório de livros publicados para o público comum indica que esse repertório não estava totalmente fora de contato com seu tempo, não nos deve levar a esquecer que fosse por obrigação, gosto ou hábito, os leitores dos pequenos livros azuis consumiam maciçamente textos tradicionais, conformistas, nos quais qualquer indício de preocupação política era atenuado.

Os relatórios enviados (entre 1790 e 1792) e resposta ao questionário do *abbé* [abade] Grégoire referente "aos hábitos e números da população do campo" apoiam essa conclusão. Respondendo à questão 37, "Que tipo de livros são geralmente encontrados em sua casa?" (isto é, na casa da população do campo), as respostas apresentavam um inventário das obras em francês que os camponeses mais comumente possuíam antes de 1789. Mencionavam livros sobre horários canônicos, obras piedosas, almanaques, livros de bruxaria e a *Bibliothèque bleue*, porém jamais mencionavam obras políticas de qualquer espécie. Na visão desses observadores – que se achavam ligeiramente à parte do mundo camponês, mas tinham familiaridade com a cena rural na qualidade de juízes, padres paroquiais e viajantes – a súbita aparição de textos políticos nas áreas rurais foi resultado direto da Revolução. O prior Grégoire falava com sarcasmo em seu relato à Convenção do Prairial, ano II, dos "contos pueris da *Bibliothèque bleue*, contos de velhas donas de casa, e do *Sabath*"; foi somente com a Revolução que a política chegou ao mundo rural para varrer a biblioteca tradicional, arcaica e imutável, e abrir espaço para a literatura polêmica e em constante mutação que trouxe para o coração da aldeia os conflitos que dividiam a nação (Chartier, 1987b, p.223-46).

Podemos ir um pouco mais longe: mesmo admitindo que a consciência política coletiva tivesse crescido, pelo menos nas cidades, isso não significa que o desafio ao poder estatal tivesse crescido progressivamente no decorrer do tempo. Ao contrário: os assuntos de estado tornaram-se as balizas nos múltiplos conflitos, abertos e violentos, na primeira metade do século XVII, primeiro com a Liga, depois com a Fronde. Mas a estabilização do Estado moderno, realizada (pelo menos parcialmente) por meio da conquista de uma dupla monopolização – o poder de criar taxas, centralizado para benefício do soberano, e a violência legítima, que lhe dava a força militar, tornando-o dessa forma o senhor e garantidor da pacificação do Estado social (Elias, 1969a; 1978-9, p.123-311)– impediu durante quase um século e meio a recorrência de crises similares àquelas antigas que haviam incendiado o reino e em duas ocasiões abalado a autoridade do rei.

Mais do que a politização da cultura popular houve, assim, uma separação entre as práticas e motivações da cultura da aldeia ou pequena cidade (portanto desqualificada, tolhida e destituída de qualquer carga política) e uma política cujas referências, atores e ações eram circunscritos pelos estreitos limites das rivalidades que assolavam a corte real, ou confrontações que dividiam a sociedade restrita dos detentores do poder público. Entre os reinados de Luís XIV e Luís XVI, o reino não viu nada para comparar o uso em larga escala dos recursos da cultura carnavalesca (escatologia, inversão de papéis, animalização) durante as Guerras Religiosas e as guerras da Liga para fazer troça e atacar inimigos políticos e religiosos. Houve uma despopularização da política que ecoou na despolitização do folclore. Mas será que isso significa inverter a visão de Peter Burke, de que a ruptura trazida pela Revolução ocorreu numa sociedade menos preocupada com seu destino comum do que aquela do primeiro período da modernidade, entre a metade do século XVI e a metade do século XVII? Provavelmente, não. É certo, contudo, que a forma como essa preocupação se expressava fora profundamente modificada, como demonstram de modo amplo as mudanças nas formas de resistência.

Das revoltas contra taxas até processos judiciais antissenhoriais

Rebeliões contra a autoridade havia muito tomaram a forma de revoltas armadas que incluíam ou certo número de levantes de alguma duração, envolvendo diversas comunidades ou espalhados por diversas províncias, ou tumultos de menor importância, mais limitados em alcance e objetivos (Bercé, 1974). A cronologia de tais levantes é claramente circunscrita, num dos extremos da escala temporal, pela revolta dos Pitauds da Aquitânia em 1548 e, no outro extremo, pelas revoltas dos Bonnets Rouges da Bretanha em 1675 e a Tard-Avisés de Quercy, em 1705. Incontestavelmente, as revoltas atingiram seu auge durante o segundo quarto do século XVII, com seus numerosos distúrbios camponeses (em Quercy em 1624, em várias províncias do sudoeste da França em 1636-37, na Normandia em 1639 com a revolta dos *Nu-Pieds* [descalços] e num certo número de províncias em 1643-45), bem como agitações urbanas (Porchnev, 1963, mapas com a localização das revoltas, p.665-76).

O principal objetivo dessas revoltas era quase sempre denunciar extorsões fiscais do Estado em alguma de suas variadas formas: a obrigação de alojar soldados, controles mais rigorosos na coleta de impostos, que resultavam em pagamentos mais pesados, a introdução (real ou imaginária) de novos direitos de taxar a circulação de mercadorias ou a venda de vinho e sal. A natureza basicamente antifiscal dessas rebeliões fica clara pelos nomes brutais dados às pessoas que sofriam o impacto das revoltas – oficiais da corte e soldados, comissários ou sargentos de armas – que eram indiscriminadamente chamados de *gabeleurs* ou *maltôtiers* (coletores de impostos, extorsionistas). O sentimento contra as taxas também explica a geografia das revoltas. Elas poupavam amplamente "a França do rei" (Paris e os domínios capetianos), onde a proximidade da lei do monarca mantinha firme a obediência e a submissão do povo. Eram raras na França do "*pays d'états*", que gozava de proteção fiscal graças aos acordos conseguidos no passado entre as assembleias das províncias e o monarca. Por outro lado, eram recorrentes e vigorosas numa terceira França que incluía as regiões em torno da bacia de Paris (Normandia, Poitou e especialmente o Maciço Central, que assistiu a repetidos levantes, Quercy, Rouerge e Périgord), Bretanha, Guyenne e Gasconha. Nessa França de senhores e *communes* de aldeias, de liberdade e imunidades (certificadas autenticamente ou proclamadas por tradição), as exigências fiscais das finanças de Estado, consideravelmente aumentadas sob o ministério de Richelieu, eram vistas como atos de agressão intoleráveis que destruíam "as liberdades públicas" (Cornette, 1985, p.14-27). Embora o poder central não fosse ameaçado nesses conflitos (diferentemente dos conflitos da Liga e da Fronde), as revoltas do começo do século XVII mostram toda a aparência de uma disputa política direta, no fato de as aldeias e províncias se manterem firmes na oposição aos agentes do rei responsáveis pelo cumprimento, em nível local, das cobranças fiscais monárquicas.

Outras características desses levantes seguem-se de forma lógica. As revoltas do século XVII podem ser chamadas de "populares" uma vez que mobilizavam comunidades inteiras e se baseavam em solidariedades locais, sem excluir nenhum grupo social. Cavalheiros, padres e funcionários locais tomavam parte delas e desempenhavam seus papéis ao lado dos camponeses e da população urbana menos favorecida, todos unidos contra a ameaça aos direitos que consideravam ancestrais e inalienáveis. A referência ao costume, portanto, emprestava legitimidade à rebelião, que clamava ser em defesa de privilégios justamente adquiridos e consolidados contra usurpações iníquas. As revoltas tinham lugar em nome do rei contra os oficiais e funcionários que o enganavam e o serviam mal; eram justificadas por um apelo a um direito tácito e tradicional, garantido pelo soberano, autorizando o povo a se levantar contra fatos novos que ameaçavam indevidamente (e desconhecidos do rei) o contrato que estabelecia esse direito.

Os levantes também tomavam emprestadas formas rituais da cultura de disfarces: as pessoas usavam máscaras, fantasias, inversão de papéis; distribuíam sua justiça espontânea, e com frequência mortal, na linguagem das práticas festivas, muitas vezes assemelhando-se a paródias carnavalescas de julgamentos, ritos lúdicos, ou penas populares que humilhavam a vítima. Sob esse aspecto, pertenciam totalmente ao universo da cultura popular, contanto que esta seja definida não como cultura do povo comum (rural e urbano), oposta à dos notáveis, mas um repertório de temas e atos prontos a serem usados pela população de uma variedade de níveis sociais (não necessariamente da mesma maneira) e disponíveis para exprimir o que as comunidades recusavam, e o que esperavam em suas relações com o Estado e seus agentes.

Quando as revoltas antitaxas desapareceram, após um último rompante entre 1660 e 1675 (em Boulonnais, Béarn, Roussillon, Vivarais, e então na Bretanha), os protestos rurais não se exauriram, porém suas formas se transformaram radicalmente. As rebeliões do século XVII dirigidas contra os abusos do Estado foram seguidas, no século XVIII, por um tipo de contestação que "mudara de alma, tática e estratégia" (Ladurie, 1974, p.6-22). Primeiro, os objetivos já não eram os mesmos. O ódio campesino se desviou do coletor de impostos para o senhor local, o padre paroquial e seus dízimos e o latifundiário que cobrava as taxas locais. Os métodos também mudaram, e o recurso a procedimentos administrativos ou aos tribunais reais substituiu a violência aberta e a vingança brutal. Finalmente, a geografia da resistência inverteu-se, uma vez que as lutas antissenhoriais passaram a ser mais amargas no leste da França, onde poucas rebeliões tinham ocorrido anteriormente, e pareciam menos vigorosas nas províncias do centro e do sul, que haviam sido o sítio de tantas revoltas populares de 1624 a 1648.

A Borgonha foi um bom exemplo de uma luta tenaz e persistente que utilizou o sistema judiciário para atingir suas metas (Root, 1987, p.155-204). Após 1750, as comunidades rurais trouxeram perante os tribunais do rei (as *baillages* locais e, se uma apelação se fizesse necessária, o Parlamento de Dijon) cada vez mais processos judiciais contra os senhores para obter a supressão dos direitos senhoriais considerados injustos. Os alvos principais dos tenazes processos movidos pelas comunidades eram o *guet et garde* coletado para reparos no castelo do senhor, o direito de *triage* que garantia ao senhor um terço da floresta da aldeia para seu próprio uso e o direito de *four banal*, que obrigava os camponeses a assar seu pão no forno de propriedade do senhor, pagando por esse privilégio. Mesmo quando o recurso a justiça era frustrado, os habitantes das aldeias recusavam-se a desistir. Para sustentar as ações, tinham recursos provenientes da venda de madeira das florestas comunais e dinheiro conseguido com o aluguel dos pastos comunais, e eram incentivados pelo intendente real que, com o objetivo de colocar um senhor arrogante em seu devido lugar, dava à população autorização liberal para mover novas ações. Embora tais ações tivessem objetivos limitados, as causas dos camponeses eram em pouco tempo transformadas pela retórica dos advogados que os representavam, e que aproveitavam cada caso específico como oportunidade de atacar os próprios fundamentos das alegações senhoriais. Eles estavam de acordo quanto ao fato de os deveres senhoriais serem as contrapartes contratuais de uma proteção que os senhores já não mais asseguravam, e que direitos que não fossem uniformes por toda a província eram nulos e cancelados, e afirmavam que a legislação monárquica tinha precedência sobre as cláusulas na legislação local de terras que contradissessem a lei real. Ao expressarem, mas também enfeitarem, o protesto camponês, os homens que defendiam os direitos da comunidade rural faziam balançar a autoridade dos costumes e da tradição.

Isso, porém, levanta um problema. É como se as revoltas do século XVII – com sua nostalgia em relação à Idade de Ouro, seu mito da abolição do *impôt*, sua milenar capacidade de investida e sua unanimidade comunitária – realmente existissem fora da esfera da política, o que pressupõe a existência de referências realistas, uma expressão controlada de interesses conflitantes e a resolução pacífica de diferenças por meio da arbitragem de instituições reconhecidas. Esse conflito posterior, por outro lado, que teríamos de chamar "a politização da aldeia", não tinha mais o Estado moderno em suas fases iniciais como adversário, e sim o sistema senhorial. Ao longo de todo o século XVIII foi esse tipo de aprendizagem em política que ocorreu nas comunidades rurais, pelo menos em algumas partes do reino, quando desviaram sua hostilidade das taxas estatais, as quais foram finalmente aceitas, e tomaram como alvo um senhor que se tornara intolerável tanto por seus privilégios arcaicos e arbitrários como por sua dinâmica capitalista. Os protestos antissenhoriais de fato focalizavam-se nas extorsões, mas também estavam em questão a apropriação de terras comuns, a construção de cerca em torno dos prados e a constituição de grandes latifúndios. Essa disputa tinha objetivos limitados, mas foi conduzida por um campesinato mais alfabetizado e mais familiarizado com a cidade (graças a migrações e intercâmbios) e se expressava numa retórica judicial reformadora que contribuiu mais para minar as bases do exercício do poder do que as anteriores explosões de violência. Paradoxalmente, talvez, foi quando as rebeliões brutais contra os detentores do poder público se acalmaram e o conflito dirigido ao governo do reino desapareceu, é que uma politização prudente, cotidiana e não tão espetacular no nível da aldeia acostumou os franceses a perceber sua relação com as autoridades de um modo novo. O fato de a Monarquia não ter caído vítima desse desafio à ordem estabelecida antes de 1789 e, ao contrário, ter chegado mesmo a encorajar o desafio dando apoio às exigências das comunidades rurais, tem menos importância do que o resultado dessa atitude, ou seja, que daí em diante o povo estava menos inclinado a aceitar as dependências tradicionais sem examiná-las e mais apto a submeter a críticas e análises o que havia muito parecia pertencer à ordem imutável das coisas.

1614-1789: a mudança nas expectativas dos camponeses

Uma das formas possíveis para mensurar a profunda transformação na relação entre o mundo rural e autoridade, transformação ocorrida entre o período da revolta aberta e o dos conflitos legais e de procedimentos, é comparar para uma determinada localidade as reclamações submetidas nas duas últimas convocações da Assembleia Geral, em 1614 e em 1789. A *bailliage* de Troyes, por exemplo, fornece uma vasta documentação, acessível em forma de publicação: para 1789, 250 *cahiers de doléances* de paroquianos foram preservados; para 1614 há 11 *cahiers de châtellenie* (distritos reais menores que uma *prévôté*) e 54 livros de atas das assembleias primárias. (Em 1614, o Terceiro Estado foi convocado nos três níveis geográficos de paróquia, *châtellenie* e *bailliage*, ao passo que em 1789 as divisões eram apenas duas: paróquia e *bailliage*.) (Durand, 1966; Vernier, 1909-11.) Diferenças entre um corpo e outro, analisados pelos mesmos critérios, podem revelar diferenças nas expectativas dos camponeses na Champagne; isto é, mudanças no que rejeitavam e, acima de tudo, a evolução de sua representação do mundo social e do estado político (Chartier & Nagle, 1982, p.89-111; Chartier, 1981, p.68-93).

Em 1614, as expectativas dos camponeses se cristalizavam em torno de três tipos de queixas: protestos referentes ao funcionamento da justiça e a situação dos gabinetes públicos; desejo de reforma religiosa; e protesto contra a política fiscal real. Nas paróquias esses três títulos contribuem, respectivamente, com 10, 17 e 48,5% de todas as *doléances* (reclamações). Tais percentagens mudam um pouco nos *cahiers de châtellenie* elaborados por uma assembleia que reuniu representantes das aldeias no distrito e habitantes da pequena cidade que detinha o assento (22, 22 e 28,5%). A proporção de reclamações antifiscais – responsáveis por 60% de todas as queixas nas assembleias primárias, uma vez é necessário adicionar às reclamações explícitas contra taxação todos as lamentações contra calamidades e distribuição injusta de terras apresentadas como razões para considerar insuportável o fardo fiscal – portanto, diminuiu numa instância mais elevada das convocações. As dificuldades da vida diária parecem ter sido menos severas para os habitantes das *châtellenies*, permitindo-lhes obter mais espaço em suas queixas referentes a questões religiosas e reforma do sistema judiciário. Em comparação com as três preocupações – política fiscal, religião cristã e sistema judiciário – outras reclamações eram bem menos importantes; em particular, queixas sobre o sistema senhorial respondem por apenas 3,2% das reclamações no nível paroquial, e 3,9% no nível das *châtellenies*.

Em 1789, o equilíbrio entre as causas para protesto havia mudado notavelmente. As reclamações fiscais, é claro, ainda ocupavam o primeiro lugar com 33% de todas as queixas. Acima de tudo, eram quase onipresentes na *bailliage*: 99% das paróquias reclamavam de taxas diretas, e 95% se queixava de taxação indireta. Ocupando o segundo lugar em importância, no entanto, vem uma incidência sem precedentes de queixas antissenhoriais, que aparecem em oito de cada dez *cahiers* e respondem por 11%   % se acrescentarmos as queixas contra o dízimo). Logo a seguir, na ordem das reclamações, vêm as queixas referentes à justiça e funcionários públicos (10%o), depois às referentes ao clero, que caíram para 6%. Da primeira para a última convocação, as queixas contra assuntos referentes diretamente ao rei – taxas e justiça – mantiveram-se aproximadamente iguais. As questões religiosas, por outro lado, deram lugar a recriminações contra o senhor e o coletor do dízimo.

Como devemos entender essas diferenças, em primeiro lugar o índice mais baixo de queixas religiosas? Em 1614, as paróquias e *châtellenies* ambas expressavam uma preocupação de terem sido espiritualmente abandonadas. Sua inquietação, enraizada em fortes ansiedades – a de morrer sem receber a extrema-unção, por exemplo – levou-as a exigir que os padres paroquiais residissem em suas paróquias, que o número de vigários fosse aumentado, que a missa fosse celebrada mais regularmente e que a pregação e o ensino do catecismo fossem intensificados. Uma consciência da mediocridade moral e intelectual do clero após as Guerras Religiosas também é visível. Numa época de fragmentação e incerteza religiosa (Galpern, 1976), as comunidades rurais olhavam para o clero para restabelecer a ordem e a unidade. Para essa finalidade, enfatizavam que o homem de Deus precisava ser diferente do leigo, e essa diferença deveria ser imediatamente visível em seus trajes (batina e *bonnet carré*), hábitos (abstinência sexual em particular) e educação.

A Reforma Católica moldou esse novo estilo de padre, que era preparado em teologia e cuidado pastoral pelos seminários, e cuja conduta geralmente era irrepreensível. Os *cahiers* reconhecem esse fato: queixas sobre o comportamento do clero representavam 9,5% de todas a reclamações nas *châtellenies* e 7% nas paróquias em 1614; em 1789 respondiam por menos de 1%. Os fiéis não tinham mais motivo para reclamar de seu clero, embora o inverso fosse verdade. O julgamento negativo levantado pelos paroquianos do século XVII contra seus padres tornou-se, no fim do Antigo Regime, a realidade dos curas em relação a seus rebanhos. Os mesmos traços – vulgaridade, embriaguez, imoralidade – recorriam nessa transposição de julgamentos, mostrando que a lacuna entre os dois grupos que a própria população queria em 1614 havia-se tornado tão firmemente estabelecida que os padres paroquiais – ainda que estivessem sendo cada vez mais recrutados entre os filhos dos camponeses durante as duas últimas décadas anteriores à Revolução – haviam-se tornado largamente alheios ao mundo rural que denunciavam (Julia, 1967, p.19-35; 1968, p.41-66).

Quanto às condições materiais do clero, 1789 trouxe novas e intensas queixas contra o dízimo (*la dîme*). Em 1614 os *cahiers* de Champagne atinham-se a dois pontos principais: a Igreja devia viver de seus próprios recursos (o que exigia melhor administração de suas posses temporais) e a Igreja devia viver das cobranças instituídas pela Bíblia (o que explica a ausência de reclamações contra o dízimo naquela época). A hostilidade das comunidades rurais se concentrava na exigência dos padres de serem pagos por sacramentos e enterros e na pressão do clero sobre os moribundos para persuadi-los a deixar sua riqueza para a Igreja (um costume na Champagne autorizava os padres a receber doações testamentárias). Em 1789, ao contrário, a recusa em pagar o dízimo da forma como era então coletado era largamente proclamada. É certo que essa queixa responde por apenas 1,7% do total, mas é encontrada em um em cada dois *cahiers*. A crítica ao dízimo, porém, não significava uma exigência à sua abolição pura e simples: apenas quinze *cahiers* faziam essa exigência. Outras reclamam dos atos incorretos dos coletores do dízimo ou de cotas consideradas elevadas demais; elas propõem que as somas coletadas fossem usadas para diferentes propósitos (em geral para benefício dos padres paroquiais); exigem a eliminação de tipos específicos de contribuições (as que se tornaram propriedade de leigos mediante transferência; as taxações sobre novas terras cultivadas; ou outros dízimos extraordinários) além do principal. Mais do que um sentimento anticlerical, o que os *cahiers* da *bailliage* de Troyes revelam aqui é o desejo da população de participar das decisões que concernem de forma imediata à sua própria existência. Na vasta maioria das paróquias, o princípio do dízimo não era contestado; o que as comunidades queriam era poderem estabelecer (ou pelo menos negociar) as somas envolvidas, as condições de coleta e o uso a ser feito do dinheiro. Por maior que fosse o fardo, o dízimo era aceito em

1614 porque o que mais importava era a necessidade de uma Igreja imediatamente presente e exemplar. Em 1789, enquanto o clero já não era mais o alvo de um número grande de queixas, o dízimo era considerado maduro para reforma.

Isso também era verdadeiro em relação aos direitos senhoriais. No início do século XVII, os *cahiers* de cada paróquia na *bailliage* prestavam relativamente pouca atenção à instituição da senhoria e não atacavam nem o princípio nem a extensão das cobranças senhoriais. O que as comunidades do campo de fato contestavam eram as festas de caça que destruíam as colheitas, a usurpação das terras comunais e as coações que acompanhavam as arrecadações das taxas senhoriais. Mesmo considerando o papel oficial dos senhores nos procedimentos de consulta (o que os colocava em posição de direcionar as reclamações camponesas para as taxações reais, que competiam com as cobranças senhoriais), a característica essencial era a força representativa da sociedade de ordens e Estados que reconhecia a legitimidade dos direitos e dos privilégios do senhor como corolário de sua responsabilidade de prover defesa e proteção.

A situação era muito diferente em 1789. Nessa época, 82% das paróquias apresentavam reclamações contra a instituição da senhoria. As prerrogativas mais questionadas eram às pertencentes à justiça senhorial (16% de todas as queixas nessa categoria); a seguir vinham a hostilidade aos direitos senhoriais em geral, denunciados como infundados ou impostos injustamente (11%), a oposição aos advogados feudais (*feudistes*) e a revisão de registros de terras (11%); reclamações contra a taxa mestra (o *cens*; 9%), contra direitos de caça exclusivos e o direito de manter um pombal (7%), contra *banalités*, ou monopólios senhoriais (forno de assar, moinho etc.; 6%), contra a *corvée* (serviço obrigatório ao senhor; 6%) e contra *lots et ventes* (a percentagem senhorial da venda quando terras camponesas mudavam de mãos; 4%). Quando essas reclamações são redistribuídas em ordem de frequência, a justiça lidera a lista (mencionada pela metade das paróquias), seguida pelo *cens* (41% das paróquias), a *corvée* (25%), direitos de caça (24 por cento), registros de terras (23%) e monopólios senhoriais (22%).

Três atitudes diante dos direitos senhoriais predominavam nas aldeias. A primeira e mais difundida favorecia a reforma. Em 45% das reclamações, os *cahiers* falam de "recuperar", "transferir", "reformar", "reduzir" ou "simplificar" as cobranças senhoriais. Num tom mais abaixo, 32% das reclamações simplesmente expressam queixas sem sugerir qualquer solução; num tom mais elevado, 21% exprimem o desejo de que tais direitos fossem abolidos imediata e completamente. Esse desejo de abolição dos direitos aparece com frequência apenas no caso de três privilégios senhoriais: a *corvée* (mais da metade dos protestos contra esse direito feudal exigem sua abolição), os direitos de caça e os monopólios senhoriais. Isso pode ser um bom indício da verdadeira hierarquia das insatisfações camponesas na Champagne às vésperas da Revolução. Além desses exemplos, porém, a contestação antissenhorial expressa em 1789 não envolvia nenhum desejo abrangente de uma revolta abolicionista. Ela consistia mais numa vontade sólida e obstinada por uma reforma disposta a examinar, criticar e reformular os vários privilégios dos donos da terra. Também ali onde antes houvera expectativa de uma necessidade de proteção – a proteção dos senhores contra pilhagens de soldados ou coletores de impostos reais – que requeria submissão e sacrifício por parte dos habitantes, havia agora um desejo de usar o rei e a *Estates General* para negociar uma divisão mais justa de direitos e responsabilidades.

O principal inimigo, tanto em 1614 como em 1789, era a taxação real. Tanto no número absoluto de reclamações como na unanimidade entre os vários grupos, as taxas lideravam todas as listas de reclamações. Quase todas as paróquias em ambas as datas tinham algo a dizer sobre o fardo das taxas. Isso é facilmente explicável pela natureza e circunstâncias das convocações, no fato de que a missão básica da *Estates General* era consentir a taxação real, e esta última era a única cobrança que o rei, a quem eram dirigidas as reclamações, podia modificar por sua exclusiva vontade. Em 1789, as taxas diretas eram as que mais sofreram críticas, e a exigência principal era que fossem distribuídas mais equitativamente. Essa exigência assumiu duas formas: a recusa de privilégios fiscais (encontrada em 74% dos *cahiers)* e uma exigência de aplicação igualitária das cargas fiscais (exigida por 97% dos *cahiers*). Em 1614, o protesto se voltara contra aumentos na *taille*, contra os procedimentos de coleta de impostos (com exigência de verificação de contas) e contra a proliferação das isenções concedidas a cidades, nobres autoproclamados e detentores de cargos públicos. Nessa ocasião, as reclamações não eram exageradamente sensíveis às intoleráveis desigualdades entre os nobres e plebeus, mas dirigiam-se basicamente à extensão indevida (ou usurpação por parte de pessoas que não tinham esse direito) dos privilégios considerados legítimos quando comparados a um serviço prestado à comunidade. Cento e setenta e cinco anos depois, as paróquias da Champagne haviam substituído essa hostilidade em relação a isenções ilegítimas (que não eram absolutamente incompatíveis com respeito ao privilégio justificado) por uma nova exigência por distribuição igualitária das obrigações fiscais.

Poderíamos dizer, porém, que a comparação das queixas expressas em 1614 e 1789 na *bailliage* de Troyes é capaz de nos fornecer a chave para as transformações na cultura política das massas na França (aqui representadas pelas comunidades rurais camponesas)? A prudência nos obriga a recordar que a Champagne não era todo o reino da França, e que o discurso das reclamações era filtrado por textos escritos por outras pessoas que não a população analfabeta ou semianalfabeta que expressava tais queixas. Não obstante, comparações entre os dois corpos de reclamações mostram claramente uma diferença entre duas maneiras de pensar e vivenciar a relação da sociedade com as instituições. Em 1614, os efeitos das Guerras

Religiosas ainda eram sentidos e, numa conjuntura econômica de reconstrução, as comunidades rurais protestavam contra as cruéis demandas das finanças do Estado. Um aguçado senso de abandono moral e espiritual acompanhava o desespero – real ou exagerado – baseado numa aflição genuína. Isso explica o respeito pelas instituições protetoras (a senhoria, por exemplo) e o desejo de cristianização, portanto efetivação clerical, da sociedade. O ideal que os *cahiers* de 1614 expressam é que as autoridades, seculares e espirituais, deviam assumir a responsabilidade do corpo social e, em troca de sua promessa de salvaguarda – aqui na terra e no mundo vindouro –, desfrutar de privilégios e direitos considerados perfeitamente legítimos.

Em 1789, as expectativas eram bem diferentes, tendendo a questionar o que anteriormente era considerado ponto pacífico e a exigir que as autoridades respondessem às opiniões e aspirações do povo. Em dois séculos, a Igreja da Reforma Católica e o Estado judicial e administrativo haviam trazido a almejada segurança, mas ao elevado custo de notáveis sacrifícios financeiros e culturais. Era, portanto, uma sociedade protegida e abrigada – uma sociedade ordeira e pacífica – que debatia medidas que pudessem harmonizar seus desejos com a ordem que reinava no mundo. A reforma dos impostos senhoriais e eclesiásticos em nome da utilidade social e o movimento por igualdade fiscal em nome da justiça eram os dois pontos básicos que expressavam um desejo de controle das, ou ao menos participação nas decisões que governavam a existência comum. Assim entendida, a politização da aldeia que voltava sua atenção a objetivos "particulares" e "imediatos", como os chamou Tocqueville (1958, p.126), aparece como o inverso do processo pelo qual o Estado monárquico estabeleceu seu monopólio de violência. Afrouxando os laços de submissão que sujeitavam os mais fracos à autoridade de seus protetores imediatos, instituindo procedimentos regulares para a resolução de conflitos e reduzindo a brutalidade na esfera social, a consolidação do Estado moderno criou as próprias condições que acabaram por fazer que dependências antes aceitas como autoevidentes passassem a ser percebidas como intoleráveis. Essa evolução talvez esteja subjacente à ampla estrutura mental que passou a ver como desejável e necessária a reformulação profunda do corpo social e do corpo político, reformulação essa efetivada, em condições de urgência, em 1789.

Cena urbana: conflitos de trabalho e aprendizagem política

Nas grandes e médias cidades, a politização surgiu de um crescente número de conflitos entre trabalhadores e patrões, e graças ao interesse em objetos "próximos" e "particulares", transformou a relação com a autoridade. Exatamente da mesma forma que a contestação antissenhorial se seguiu às grandes revoltas anti-impostos nas áreas rurais, o desaparecimento dos levantes urbanos (que haviam sido particularmente intensos entre 1623 e 1647) (Porchnev, 1963, p.132-5) foi seguido nas cidades pelo confronto nas áreas profissionais acerca das condições nos locais de trabalho. Embora ainda seja impossível elaborar estatísticas completas referentes a *cabales* e greves dos trabalhadores durante o século XVIII, os exemplos de Nantes e Lyon fornecem duas conclusões. Primeiro, tanto os arquivos comunais como os registros policiais atestam que os conflitos ocorreram em quase todas as profissões (vinte em 27, em Nantes; todas as dezesseis em Lyon). Segundo, os mesmos registros mostram um aumento incontestável na agitação de trabalhadores após 1760. Em Nantes, irromperam confrontos em 36 ocasiões entre 1761 e 1789, contra apenas dezoito vezes durante os primeiros sessenta anos desse século (sendo que, em dezenove e dez oportunidades, respectivamente, foram confrontos acirrados). Em Lyon, as três décadas que precederam a Revolução foram marcadas por dezoito conflitos, ao passo que ocorreram apenas sete entre 1701 e 1760 (e nove haviam ocorrido no século anterior) (Truant, 1986, p.131-75, resumos da atividade de artesãos no trabalho em Nantes e Lyon, p.174-5). O aumento na insubordinação dos trabalhadores, um dos temas preferidos de Restif de la Bretonne e Louis-Sébastien Mercier, foi mais do que um motivo literário para expressar nostalgia por uma harmonia perdida; era uma realidade que exprimia a nova representação do mundo social por parte de diaristas e trabalhadores urbanos.

Havia, de fato, estreita ligação entre os *cabales* que visavam a forçar os patrões a ceder terreno e o fortalecimento da sociabilidade dos trabalhadores. Em todas as cidades grandes e médias, em todas as ocupações, os trabalhadores tinham razões similares para protestar: recusavam-se a aceitar o controle de contratação por parte das guildas e, exatamente ao contrário, exigiam livre colocação no mercado de trabalho; exigiam pagamentos mais elevados e mais frequentes, com melhores condições de trabalho e moradia; repudiavam impedimentos para deixar uma oficina (em particular, o registro obrigatório – os *certificats de congé*, que demonstravam permissão para abandonar um emprego, bem como o *livret* pessoal que o trabalhador era obrigado a portar). Mostravam um ardente desejo de independência. A proliferação de conflitos – caracterizada pela interrupção organizada do trabalho, pela "danação" (boicotes) de patrões que se faziam de surdos para as exigências dos trabalhadores, e a pressão sobe *compagnons* que se recusavam a aderir às ações ou demonstrações de força – implica o desenvolvimento de uma vasta gama de modelos de associações de trabalhadores, desde as totalmente espontâneas até as mais meticulosamente institucionalizadas. Nas *compagnonnages*, das *confréries* e das reuniões em tavernas, os trabalhadores urbanos podiam ser considerados envolvidos numa forma de política que, embora sem atacar o poder público, fazia que a população se acostumasse a organizar ações coletivas, muitas vezes levando-a a criar uma caixa comum e sempre incitando-a a discutir a defesa dos interesses comuns (Kaplan, 1979, p.17-77).

Essa defesa dos interesses comuns não implica necessária e unicamente recorrer a greves. Da mesma forma que nas comunidades rurais, os grupos de trabalhadores urbanos utilizavam códigos e processos jurídicos para obter reconhecimento de seus direitos. Ao longo de todo o século XVIII bombardearam o Parlamento com apelos para a abolição dos regulamentos novos e desfavoráveis promulgados pelas guildas e confirmados pelo comandante-geral da polícia, pelos governos municipais ou pelo próprio Parlamento. Se é verdade que "a 'forma típica de protesto' das profissões do século XVIII não era nem conflitos por comida nem greves, e sim... processos judiciais", a ação coletiva dos *compagnons*, longe de estar desconectada da vida pública, encontrou nas formalidades e no vocabulário dos procedimentos judiciais um meio de participar dos mais importantes debates políticos (Sonenscher, 1987, p.77-109; 1989, p.244-94). Os argumentos desenvolvidos pelos advogados e procuradores contratados pelos *compagnons* certamente não eram elaborados na própria linguagem dos trabalhadores, mas tais argumentos fizeram que os trabalhadores se acostumassem a pensar em suas disputas com os patrões segundo categorias mentais – a lei civil e a lei natural – que universalizavam e politizavam todo processo judicial individual.

Tal aprendizagem em política por parte dos trabalhadores foi sem dúvida acelerada pela reforma abortiva de Turgot, que provocou desilusão e desapontamento (Kaplan, 1986, p.176-228). O édito de fevereiro de 1776 abolindo as guildas havia, na verdade, gerado grandes esperanças entre os trabalhadores, que o interpretaram como dando-lhes o direito de abandonar, livre e imediatamente, o patrão a quem vinham servindo e a empregar-se em outro lugar como bem entendessem. Mais ainda, uma boa quantidade deles entendeu a medida como uma oportunidade de se estabelecer independentemente, abandonando dessa forma a condição de dependência de um trabalhador assalariado. As restrições das autoridades à aplicação do édito, sutilmente seguidas pelo restabelecimento das guildas em agosto de 1776, puseram um freio imediato a esse entusiasmo. O aumento no número de conflitos nas profissões e locais de trabalho durante os últimos doze anos do Antigo Regime (pelo menos 35 deles em Paris entre 1781 e 1789) (Sonenscher, 1987, p.108-9) deve-se indubitavelmente à disputa entre os trabalhadores, agora amargurados e desencantados, e os patrões, determinados a restaurar suas prerrogativas. A crise de 1776 estabeleceu uma conexão imediata entre os numerosos conflitos espalhados por todo o mundo do trabalho, conflitos esses que mudavam rapidamente, e a política em escala governamental, que tendia a reunir pontos isolados de tensão. Para os trabalhadores, as disputas que os haviam colocado contra seus patrões tinham assumido significado em um conflito no qual a própria autoridade do rei estava em jogo. Assim, a politização que brotara de questões puramente relacionadas com o trabalho e com a vida cotidiana passou a estar ligada aos assuntos de Estado.

Isso também era verdade, mas em defesa de interesses opostos, no que dizia respeito aos patrões e às guildas. Nos processos legais que instituíram contra os trabalhadores para assegurar a aplicação dos novos regulamentos, em sua luta contra os *faux ouvriers* que se haviam estabelecido fora do controle das guildas, em suas próprias salas ou em certos locais privilegiados (como no *faubourg* Saint-Antoine) (Kaplan, 1988, p.353-78), e em seus protestos – em manifestos na forma de memoriais advocatícios – contra o édito de fevereiro de 1776, os patrões, à sua própria maneira, associavam a salvaguarda de seu domínio sobre os trabalhadores à participação na esfera pública. A "metáfora do *sans-culotte*" do ano II, que forjou a imagem ideal de

> um produtor independente, vivendo e trabalhando sob o mesmo teto que um pequeno número de trabalhadores, mantendo com eles relações familiares e íntimas, compartilhando as mesmas preocupações e os mesmos interesses,

não deve nos enganar (Sonenscher, 1985, p.1094-5). Ela não corresponde nem às estruturas de produção artesanal (caracterizadas, pelo menos em Paris, por grandes oficinas, alto grau de divisão de trabalho e elevada mobilidade entre os trabalhadores, que não tinham praticamente nenhum vínculo duradouro com seus patrões) nem ao vocabulário das muitas e variadas disputas que colocaram patrões e trabalhadores uns contra os outros ao longo de todo o século XVIII, em especial após 1760. A politização do mundo da produção e do comércio sem dúvida se deve mais à repetida expressão desses antagonismos, formulada tanto na confrontação física no local de trabalho quanto em batalhas judiciais, do que qualquer percepção de uma condição comum.

A esfera literária pública: os salões

No mundo das elites sociais e intelectuais, a menor dependência em relação à autoridade do Estado foi marcada pelo surgimento de uma esfera cultural autônoma com dois traços marcantes: primeiro, a constituição de um público cujos julgamentos críticos e práticas literárias não eram governados unicamente nem pelos decretos da corte em termos de gosto, nem pela autoridade das academias; segundo, o estabelecimento de um mercado de bens culturais com sua própria lógica funcionando dentro das, e muitas vezes contra as, hierarquias de valor e pessoas impostas pelas formas mais antigas de patronagem. Algumas opiniões sugerem que um primeiro sinal dessa mudança ocorreu durante o período da Regência, quando a corte real perdeu sua prerrogativa exclusiva de regular as normas estéticas. A "esfera literária pública" criada nessa época baseou-se em instituições que criaram uma nova legitimidade, como os cafés, os salões e as revistas. Essa legitimidade assentava-se sobre novos princípios: o livre exercício das faculdades críticas, cujo monopólio foi removido das instituições eclesiásticas, acadêmicas e administrativas que defendiam tal monopólio; a igualdade de todas as pessoas envolvidas na comparação de opiniões e ideias, apesar das diferenças de estado e condição que as separavam no mundo social; e a intenção de representar e formar o juízo de um novo público do qual a elite literária e elegante se considerava mestre e porta-voz. Portanto, com uma diferença de trinta a quarenta anos em relação à Inglaterra, a França abriu espaço para práticas intelectuais fundadas no uso público da razão por parte de pessoas privadas cuja competência crítica não estava vinculada a pertencer a um órgão oficial ou ao mundo da corte, e sim à sua qualidade como leitores e espectadores reunidos pelos prazeres do convício da conversação (Habermas, 1962). É uma hipótese que devemos examinar agora.

Os salões eram a forma básica de convivência, reunindo de forma organizada pessoas dos mundos da moda e da literatura que se encontravam para compartilhar passatempos como jogos, conversas, leituras e os prazeres da mesa. Havia filiações e rivalidades sutis entre os vários redutos sociais, cada um deles dominado por uma mulher (embora nem sempre: o barão d'Holbach tinha seu salão). Assim, durante as três primeiras décadas do século XVIII, o salão da marquesa de Lambert no Hotel de Nevers era contrastado com a "corte" em Sceaux reunida em torno da duquesa do Maine, onde se perpetuava a velha etiqueta. Começando nos anos 1750, houve uma rivalidade mais acentuada entre a sociedade de Madame Geoffrin, que anteriormente fora *habituée* do salão de Madame de Tencin, e o grupo que frequentava os aposentos de Madame du Deffand, antes íntima da marquesa de Lambert. Posteriormente, após 1764, o salão de mademoiselle de Lespinasse, na *rue* Saint-Dominique, competia pela companhia dos homens de letras e visitantes estrangeiros com o salão da tia da Madame, sua ex-protetora, Madame du Duffand. Uma rivalidade feroz por essas mais elevadas distinções reinava, portanto, na sociedade dos salões parisienses. Em última análise, o que estava em jogo era o controle de uma vida intelectual que se emancipara da tutela da Monarquia e da corte.

O salão assegurava a escritores penetrar no mundo dos poderosos. No salão da marquesa du Deffand, na década de 1750, por exemplo, amigos da senhora da casa como Charles Hénault, o presidente do Parlamento de Paris, Jean-Baptiste Formont, herdeiro de uma família de ricos mercadores e banqueiros de Rouen, ou o conde de Pont-de-Veyle, sobrinho de madame de Tencin e escritor amador, podiam se encontrar com *Philosophes* como Turgot, Marmontel, La Harpe, Condorcet e Grimm, bem como com as grandes damas da aristocracia parisiense, como a duquesa de Luxemburgo e a condessa de Boufflers (cada uma das quais tinha seu próprio círculo), a duquesa de Mirepoix, a duquesa d'Aiguillon, a marquesa de Forcalquier e a condessa de Rochefort (Craveri, 1982).[3]

O pequeno grupo de frequentadores regulares que constituíam o círculo íntimo de d'Holbach na *rue* Saint-Honoré incluía aristocratas de famílias antigas (o cavaleiro de Chastellux e o marquês de Saint-Lambert), nobres de data mais recente (o próprio d'Holbach; o médico e químico Darcet; Le Roy, que tinha o posto de *lieutenant des chasses* em Versalhes; ou o *fermier général* Helvétius), estrangeiros estabelecidos em Paris (Abbé Galiani e Melchior Grimm), os filhos de boas famílias burguesas de Paris e das províncias (Diderot, Abbé Raynal, Morellet, Suard), e intelectuais de origem mais humilde (Naigeon, Marmontel, Doctor Roux). Esse entrelaçado de frequentadores, unidos por amizade, amor a uma boa mesa e conivência filosófica (e nem tanto pelo seu ateísmo, que nem todos compartilhavam), reunia-se com um círculo maior de convidados ocasionais que incluía viajantes, diplomatas, personalidades literárias e aristocratas (Kors, 1976; Roche, 1978a, p.242-53). Por meio dessa mescla de pessoas cujas

3 Para um visão geral dos salões, ver Goodman, 1989, p.329-50.

diferenças eram esquecidas em nome de tais momentos de prazer e discussão, os salões davam apoio e realidade a um dos temais mais caros aos textos filosóficos após a metade do século: a junção dos *hommes de plume* (escritores profissionais; "tão à vontade em sociedade quanto em seu estúdio", como escreveu Voltaire no artigo "Gens de lettres", na *Enciclopédia*) e dos grandes, não só como protetores ou patronos, mas também como genuínos homens de letras.

A participação na sociedade dos salões era, portanto, uma necessidade para qualquer um que quisesse progredir. Era ali que proteção, pensões, empregos e subsídios podiam ser obtidos; era ali que as eleições para a Academia francesa podiam ser asseguradas.

> Dificilmente um dos quarenta [membros] dá seu último suspiro sem que dez candidatos se apresentem... Eles correm às pressas para Versalhes; provocam os comentários de todas as mulheres; agitam todas as intriga; puxam todos os barbantes (Voltaire apud Craveri, 1982, p.137).

As facções que se formavam, dentro e fora dos círculos literários, eram primeiro organizadas nos salões, guiadas pelas preferências das mulheres que eram as anfitriãs. Assim, em 1754, d'Alembert, após três tentativas fracassadas, foi eleito para a Academia Francesa graças à solícita intervenção da marquesa du Deffand, que provou ser mais poderosa que os esforços de Madame de Chaulnes em favor de seu candidato (ibidem, p.136-42). No século XVII, as eleições para a Academia refletiam basicamente os desejos da figura importante que emprestava sua proteção àquele corpo (primeiro Richelieu, depois Séguier, e mais tarde o rei); no século seguinte, as candidaturas eram decididas em Paris, como resultado de batalhas entre círculos sociais que eram ao mesmo tempo confrontos ideológicos. A eleição de d'Alembert, por exemplo, marcou o início da conquista da Academia Francesa por parte do partido filosófico, que dirigiu aquele bastião da legitimidade intelectual durante os anos 1760. Na mesma década, o salão de mademoiselle de Lespinasse, exilada do salão de Madame du Deffand, de quem ela roubara o recém-eleito acadêmico, tornou-se o paraíso para os vitoriosos *Philosophes*, recebendo Condorcet, Malesherbes, Turgot, Suard, Abbé Morellet, Marmontel e o marquês de Chastellux. Como locais onde a aristocracia e os escritores se encontravam e onde ocorria mistura social em certa medida, e como lugares onde obras e atores culturais podiam achar consagração intelectual independente, fora das instituições com regulamentos rígidos e de corpos culturais estabelecidos, os salões foram os primeiros a estimular a nova esfera literária pública no início do século XVIII, emancipando-a da tutela da corte e da Academia Francesa.

A faculdade de julgamento: crítica, literária e artística

As revistas e outras publicações impressas periódicas, que dedicavam grande espaço à crítica estética, foram o segundo apoio à esfera literária pública. Para os periódicos franceses, que amiúde eram impressos fora do reino da França, os anos 1720-1750 foram muito importantes. O número de novos periódicos cresceu notavelmente (48 novas publicações foram criadas entre 1720 e 1729; setenta entre 1730 e 1739; noventa entre 1740 e 1749). As grandes revistas de cultura do fim do século XVII foram seguidas por periódicos dominados por autores literários e dedicados ao exame crítico de novos livros (Sgard, 1982-6, p.198-205). O título das publicações criadas durante esse período de trinta anos mostra isso claramente pela inclusão de termos como *Bibliothèque* (que aparece em treze novas revistas), *Spectateur* (incluindo a *Spectateur français*, de Marivaux) e *Spectarice* (onze novas revistas no modelo de *The Tatler* e *The Spectator* de Addison e Steele), e *Nouvelles littéraires* (seis novas revistas, inclusive a fundada por Raynal em 1747), às quais se deve acrescentar *Le Pour et le Contre*, o periódico do abade Prévost, fundado em 1733. Os novos periódicos do segundo quarto do século XVIII proclamavam e compartilhavam as metas de listar obras recentemente publicadas, *sujeitando-as a* "crítica desinteressada", "exame crítico", "observações", "reflexões" ou "julgamentos" (conforme o vocabulário dos títulos das revistas), fornecendo excertos e comunicando novidades da República das Letras (ibidem, 1984). Ao fazer isso, simultaneamente davam expressão e abasteciam a sociabilidade literária livre dos cafés e clubes que se espalhavam por toda a França, imitando o modelo inglês.

A imprensa rapidamente adaptou suas fórmulas de publicação e o conteúdo de sua produção às expectativas de um público ávido de informação e opiniões sobre novas obras. Isso teve diversas consequências. Primeiro, as revistas passaram a sair com mais frequência: em 1734, cerca de metade dos periódicos literários era mensal (apenas um quarto deles aparecia com frequência maior); trinta anos depois, em 1761, mais da metade de todos os periódicos literários eram semanais ou quinzenais. Além disso, artigos longos ou copiosos excertos deram lugar gradativamente a notícias mais curtas, que permitiam chamar atenção dos leitores a um número maior de livros, satisfazendo melhor a curiosidade deles (Labrosse; Rétat; Duranton, 1985, p.71-86).

Finalmente, e o mais importante, o periódico dava um apanhado mais abundante dos gêneros novos que das obras tradicionais. Durante as três primeiras décadas do século XVIII, esse ainda não era o caso. A distribuição temática dos 1.309 trabalhos resenhados nos cerca de vinte periódicos publicados em 1.734 não difere de modo significativo de uma distribuição similar de pedidos de permissões para publicação, tanto *privilèges* quanto *permissions simples*. Embora as proporções gerais sejam semelhantes nos dois casos, as revistas apresentam um pouco menos de teologia (um quarto dos títulos mencionados, contra um terço dos registros de *privilèges*) e mais belas-letras e história (o dobro de menções nas revistas).[4] Se seguirmos a evolução de dois periódicos que mostravam pouca tendência a novidade – a publicação bem acadêmica *Journal des Savants* e a *Mémoires de Trévoux*, um órgão dos jesuítas – veremos que já na década de 1750 havia-se estabelecido uma importante diferença entre a produção total de livros autorizados e as obras que as revistas escolhiam para resenhar. A mudança em termos de categorias é espetacular. O número de livros religiosos resenhados nas publicações caiu significativamente (representavam menos de 10% das resenhas numa época em que ainda representavam um quarto de todas as permissões públicas), ao passo que o número de obras de artes e ciências aumentou para quase metade de todos os livros resenhados (40% na *Mémoires de Trévoux* e 45% no *Journal des Savants*) (Ehrard & Roger, 1965-70, p.33-59).

Portanto havia mais publicações, elas apareciam com mais frequência e estavam cada vez mais abertas aos mais recentes interesses intelectuais. Tudo isso gerou um mercado para avaliações daí em diante livre da orientação exclusiva dos periódicos oficiais e baseados na oportunidade de comparar opiniões. Ainda que as várias revistas empregassem técnicas semelhantes de análise, apoiando-se nos mesmos procedimentos (sumários, citações, excertos, referências e comentários) (Labrosse, 1985, p.119-74), e mesmo que disputassem entre si a primazia de ditar, por meio de suas escolhas e decisões, a interpretação "correta" das obras, o simples fato de haver grande número de periódicos em circulação alimentava debate crítico e discussão vívida. Alegando falar em nome de seus leitores e nomeando os leitores árbitros de gosto libertos de normas fixas e autoridades rígidas, os periódicos literários trouxeram à luz uma entidade nova, autônoma e soberana: o público.

---

4 Segundo a comparação de dados fornecidos por Duranton; Favre; Labrosse; Rétat, 1978, p.63-126; Furet, 196570, p.3-32.

Após 1737, a data a partir da qual foi organizada com base regular a exposição bienal no *Salon carré* do Louvre, promovida pela Academia Real de Pintura e Escultura, produziu efeito similar (Crow, 1985). O *Salon* ampliou consideravelmente o número de espectadores em posição de ver arte. Além do limitado número de *conoisseurs* (compostos, como no campo musical, de patronos e teóricos) (Weber, 1980, p.58-85), multidões de público geral passaram a se acumular no Louvre durante as quatro ou cinco semanas das exposições. Se supusermos que o livreto divulgado pela academia por ocasião de cada *Salon* (dando os nomes dos artistas, o tema das pinturas e, quando necessário, uma "explicação" de cada trabalho) fosse comprado por um em cada dois visitantes, podemos estimar que quinze mil pessoas passaram pelas exposições no fim da década de 1750, e mais do dobro desse número em 1780 (Sandt, 1984, p.79-84; Fort, 1989, p.368-94). Eram eventos concorridos, e geravam uma enchente de publicações – artigos em revistas, libelos e panfletos (muitas vezes anônimos e impressos com endereços falsos), e críticas inseridas em *nouvelles à la main* (cartas informativas para assinantes) como as escritas por Diderot entre 1759 e 1771 para a *Correspondance littéraire* [Correspondência literária] de Grimm (depois, de Meister), que era distribuída para cerca de quinze assinantes de origem nobre espalhados pela Europa. Abria-se um espaço no qual, de um lado, podiam-se comparar divergentes concepções estéticas, e, de outro, o julgamento do público (ou o julgamento atribuído ao público) podia ser considerado a autoridade primordial para avaliação das obras de arte. A exposição, apresentada sob o patrocínio do *directeur des bâtiments du roi* e organizada por um funcionário da academia (que tinha grande cuidado em respeitar a hierarquia, tanto das fileiras acadêmicas quanto dos gêneros pictóricos) levou assim – de forma um tanto paradoxal, dados seus intentos iniciais – ao lançamento do polêmico debate sobre os fins e os meios da pintura.

Quando o público geral teve uma oportunidade de comparar obras e formas de julgamento, as autoridades tradicionais arriscaram-se a perder seu monopólio de ditar os padrões de gosto, ameaçando dessa maneira as reputações estabelecidas e as hierarquias aceitas. Isso levou a academia a buscar um controle mais próximo das exibições no *Salon carré*. Em 1748, ela instituiu um júri composto por seus próprios oficiais e professores de suas fileiras, que foram encarregados de escolher trabalhos feitos por acadêmicos e outros cujas peças fossem consideradas dignas de inclusão. O controle foi severo, pois no fim do Antigo Regime menos de cinquenta artistas foram admitidos nos *Salons*, e o número de obras exibidas raramente foi superior a duzentas. O conservadorismo do júri traduzia-se em nervosismo por parte dos artistas que gozavam do maior número de participações, e os quais encaravam com alguma ansiedade uma instituição que visava a ditar as preferências de seus clientes, talvez os privando de seu mercado. Foi em vão, porém, que Charles-Nicolas Cochin, o secretário da Academia de Pintura e Escultura, tentou em 1767 desencorajar as críticas insistindo que essas fossem assinadas. Apesar de hesitações, o *Salon carré* impôs de toda maneira um novo princípio de consagração artística, retirando o processo de trás das portas fechadas da academia e trazendo-o a público, para a arena da crítica contraditória e da livre apreciação.

A politização da esfera literária pública

A longo prazo, a constituição de uma esfera literária pública entre as elites, baseada nas várias instituições que forneciam sociabilidade intelectual e na emergência de um mercado para julgamento artístico e obras de arte, produziu uma profunda mudança nas práticas culturais trazidas a essa esfera pública, acabando por politizá-las fortemente. Como foi ressaltado no Capítulo 1, há duas maneiras e entender a politização. A primeira, que deve muito ao trabalho de Augustin Cochin, sustenta que as associações voluntárias do século XVIII (clubes, sociedades literárias, lojas maçônicas) foram laboratórios nos quais a sociabilidade "democrática" prefigurando a do jacobinismo, embora não definida explicitamente, foi inventada e experimentada. Fora da sociedade corporativa tradicional do Antigo Regime, sem comunicação com aquela sociedade e em competição com ela, emergiu uma esfera política baseada em princípios totalmente diferentes daqueles que estruturavam o Estado monárquico:

> No entanto a sociedade real de fato reconstruiu, de outras maneiras e em outros lugares, além da Monarquia, um mundo de sociabilidade política. Esse novo mundo baseava-se em indivíduos, e não mais nos grupos institucionais a que eles pertenciam; fundamentava-se na confusa noção denominada "opinião" e veio a existir nos cafés, salões, lojas maçônicas e nas assim chamadas sociétés de pensée, ou "sociedades filosóficas". Pode-se chamá-la de sociabilidade democrática – ainda que sua rede não se estendesse a toda a população – simplesmente para expressar a ideia de que suas linhas de comunicação eram formadas "embaixo", e corriam horizontalmente numa sociedade desconjuntada, onde todos os indivíduos eram iguais (Furet, 1978a, p.59).

Mesmo quando afirmavam seu respeito pelo soberano e sua aceitação dos valores tradicionais, como geralmente faziam, as novas formas de sociabilidade intelectual na prática tendiam a negar as fundações da ordem tradicional.

Mas o processo de politização pode ser entendido de outra forma: como a aplicação, além do domínio puramente literário, de um julgamento crítico não restrito a limites nem obrigatoriamente sujeito à autoridade instituída. Ao dar apoio e aplicar regulamente o exercício público da razão, tanto o aumento da circulação do material escrito impresso e as maiores oportunidades de uso do julgamento estético levaram os indivíduos a pensarem sozinhos – a avaliar obras e ideias livremente e a estruturar uma opinião comum a partir do choque de pontos de vista conflitantes. Isso significou que não existia mais uma divisão clara entre crenças e lealdades obrigatórias, de um lado, e opiniões que podiam ser legitimamente contestadas, de outro. Quando uma abordagem crítica se tornou hábito, nenhum domínio do pensamento ou da ação podia estar protegido de uma livre análise, nem mesmo os mistérios da religião ou do Estado.

> A nossa época é, num grau especial, a era da crítica, e à crítica tudo deve se submeter. A religião mediante sua santidade, e a legislação mediante sua majestade, podem tentar se eximir dela. Mas então simplesmente despertam suspeitas, e não podem clamar pelo respeito sincero que a razão concede somente àquilo que foi capaz de sustentar o teste do livre e aberto escrutínio (Kant, 1950, p.9).

Esse comentário, feito por Kant no prefácio da primeira edição de sua *Crítica da razão pura* em 1781, forçosamente descreve a submissão gradual da autoridade política à jurisdição do julgamento e ao veredicto da razão. Na França, como em outras partes da Europa, a mudança que anulou a dicotomia radical (instituída pelo absolutismo) entre o julgamento interno do indivíduo, regulado por sua consciência individual, e a razão do Estado, regida por princípios que não deviam nada à moralidade comum, foi em grande medida efetivada pelo progresso de dois dos mais importantes corpos sociais: a República das Letras e a Maçonaria.

Liberdade em segredo e o segredo da liberdade: franco-maçonaria

A sociedade maçônica merece atenção particular porque era o maior dos novos grupos que ofereciam sociabilidade intelectual.

Em 1789 os maçons eram pelo menos 50 mil na França, ou um homem em vinte entre as classes da população urbana passível de ser admitida numa loja (Gayot, 1980, p.32). Desde a fundação da primeira loja maçônica em Paris, em 1725 (por um grupo de emigrados ingleses), a maçonaria espalhou-se rapidamente. Seu crescimento chegou ao auge em duas ocasiões: a primeira durante a década de 1760, quando uma crise institucional abalou a Grande Loja de França (que acabou levando à formação da Grande Oriente de França em 1773); e mais tarde, na década de 1780, quando eram criadas anualmente de vinte a quarenta lojas. A disseminação da maçonaria (apenas na Grande Oriente havia 635 lojas às vésperas da Revolução) não pode ser impedida nem por dissensões internas nem pela competição por parte das sociedades mais obviamente políticas que floresceram na década de 1780 (Halévi, 1984).

A expansão da maçonaria não pode ser medida pelos mesmos padrões utilizados para avaliar outras sociedades do Iluminismo como os salões, os clubes ou as academias. Era singular em sua continuidade, em seus números maciços e em sua distribuição ampla. Depois de 1750, as lojas proliferaram por todo o reino. Eram particularmente fortes ao longo das vias principais, dos rios e da costa, bem como nas províncias do sul da França; eram menos numerosas na Alsácia e nas províncias ocidentais, áreas mais vacilantes em acolher uma sociedade que fora condenada por bulas papais em 1738 e 1751. Além disso, embora a maçonaria fosse um fenômeno cultual exclusivamente urbano, alcançou cidades e vilas de todos os tipos e tamanhos, até mesmo as menores. Em 1789, 81 cidades com menos de 2 mil habitantes tinham uma loja maçônica. Essa expansão não seguiu um padrão habitual, passando de cidades maiores para menores; existiam lojas e cidades e vilas de toda espécie já em 1750. Tampouco tal implantação fazia parte do trabalho de políticas de recrutamento da Grande Oriente, pois as lojas floresceram antes de 1773 em cidades com população inferior a 10 mil habitantes. Obviamente, a expansão da maçonaria respondeu a uma vasta demanda que persistiu por todo o século. Como devemos entender esse fenômeno?

Talvez ele possa ser explicado – numa abordagem inspirada pela tese de Augustin Cochin – como expressão de um impulso rumo a um igualitarismo que abriu um novo espaço numa sociedade de ordens e estados, um espaço onde indivíduos não eram diferenciados por sua condição jurídica e o mérito era a única base legítima para chegar a escalões mais altos e obter posições de respeito. Desse ponto de vista, a maçonaria estabeleceu uma área de "sociabilidade democrática" em uma sociedade que estava longe de ser democrática, mostrando com seu exemplo que os laços sociais podiam ser forjados não com base na participação obrigatória em corpos sociais separados e estratificados, mas com base na igualdade essencial que existe entre todos os indivíduos.

Esse ideal, claro como é, não obstante contrasta com as realidades de uma sociedade não igualitária – realidades frequentemente refletidas na própria maçonaria. Por exemplo, até a fundação da Grande Oriente, que insistia que os escalões mais altos fossem ocupados via eleições, os postos mais elevados tinham a tendência de se tornar repartições "tradicionais" consideradas propriedade daqueles que detinham tais postos. Além disso, a igualdade abstrata e universal sobre a qual a associação maçônica se assentava tinha de se conformar com as exclusões e especializações que governavam o recrutamento das lojas num nível prático.

A maçonaria era, é claro, muito mais aberta em termos de participação do que outras instituições de sociabilidade intelectual da época. Membros do Terceiro Estado formavam a grande maioria, envolvendo 74% dos membros em Paris e 80% dos membros das lojas estabelecidas em 32 cidades nas províncias que também tinham uma academia. Nessas cidades, apenas 38% dos *académiciens ordinaires* eram membros do Terceiro Estado. As lojas também acolhiam membros de categorias sociais que em geral não eram representadas nas sociedades literárias ou em outras associações intelectuais – comerciantes, lojistas e artesãos, por exemplo. Nas lojas de Paris, homens de manufaturas e do comércio atacadista representavam 17,5% de membros do Terceiro Estado, e os donos de lojas e comerciantes de varejo outros 12%. Nas cidades provinciais que se vangloriavam de ter uma academia, as duas categorias contabilizavam, respectivamente, 36%e 13% do recrutamento maçônico, ao passo que somente 4,5% dos membros da academia pertencentes ao Terceiro Estado eram comerciantes (aparecendo em números significativos apenas em poucos lugares), e não havia artesãos ou pequenos donos de lojas em suas listas (Roche, 1978b, v.2, quadro 38, p.419; quadro 13, p.382; quadro 41, p.423-4).

Apesar de tudo, a maçonaria também manifestava rejeições – todos aqueles cuja ocupação "vil e mecânica" os privava do tempo livre indispensável para a entrada e dos meios requeridos para contribuição nas obras de caridade que se achavam entre suas obrigações fraternais. Há um grande número de declarações justificando tais exclusões, em particular quando as lojas fundadas por pessoas de recursos modestos solicitavam reconhecimento por parte da Grande Oriente. Em 1779, por exemplo, a loja Clermont em Tolouse escreveu: "Embora a maçonaria nivele todos os estados, é todavia verdade que se deve esperar mais de homens ocupem um estado distinto na sociedade civil do que se pode esperar de plebeus." Em 1786, o venerável de uma loja em Nancy escreveu para informar seu correspondente da recusa da Câmara das Províncias da Grande Oriente em

> multiplicar maçons de uma classe pouco apta a fazer o bem ou que, ao fazê-lo, sempre agem em detrimento de suas famílias. Em segundo lugar, uma vez que esses maçons, devido ao seu estado, nunca estiverem em posição de receber boa educação, é desagradável para todo o corpo da maçonaria ser obrigado a se confraternizar com eles.

Em 1788, um dignitário da mesma Câmara das Províncias declarou numa carta:

> Nossa meta em buscar devolver à maçonaria seu antigo brilho tem sido admitir para participação em nosso Regime apenas aquelas pessoas que sejam mestres de seu tempo e cujas fortunas lhes permitam participar sem inconvenientes no alívio da humanidade (Gayot, 1980, p.170-1; Halévi, 1984, p.79-80).

Isso explica a exclusão deliberada da sociedade maçônica daqueles que não tinham nem educação nem riqueza; e também explica a estrita especialização social das lojas maçônicas, que reuniam homens que já tinham ligações fora da maçonaria, fosse por serem membros de uma elite urbana, uma profissão comum (o direito, as profissões liberais ou o comércio), ou seu *status* social subalterno comum. Como escreveu o venerável de uma loja em 1785: "Quando não é viável frequentar outros na sociedade civil, é impossível fazê-lo como maçom" (Roche, 1978b, p.273).

Embora a hierarquia jurídica que separava corpos e estados sociais desaparecesse durante o tempo em que os membros trabalhavam juntos na loja, isso não significa que a maçonaria provocasse qualquer mistura social profunda. A igualdade da qual ela se vangloriava era mais aristocrática que democrática, já que baseava paridade putativa entre homens no fato de deterem propriedades sociais idênticas (Richet, 1969, p.1-23). Longe de apresentar um conceito de igualdade absoluto e abstrato, a sociabilidade maçônica buscava considerar os indivíduos independentemente de sua diferente condição social e, nas tensões e conflitos que sofreu, produzir um cruzamento entre os princípios igualitários e a exclusividade, entre o respeito pela diferença social (desvinculado de distinções de ordem social) e a constituição de uma sociedade separada. Seu sucesso pode, portanto, ser visto como resultado de impulsos duais e contraditórios: de um lado, a difusão entre as elites sociais (atingindo níveis bem abaixo da aristocracia) de uma prática de igualdade entre pessoas de fortuna, educação e tempo livre; de outro, a apropriação, por ambientes geralmente excluídos das formas de sociabilidade cultural mais letradas, de um modo de associação menos exigente do ponto de vista intelectual, que secularizava os valores tradicionais e as atividades tradicionalmente cristãs.

O formidável poder de atração da maçonaria na França do século XVIII resultou dessa conjunção de aspirações socialmente contrárias unificadas por uma função crítica comum. A sociedade maçônica era em princípio governada pela moralidade e regulada pela liberdade de consciência, mas esse fato em si fez que se colocasse como juiz da razão de Estado. Embora jurassem lealdade política inquebrantável, as lojas, desligadas da sociedade pelo segredo que era exigido de todos os irmãos, acabou por minar a ordem monárquica ao propor um novo sistema de valores, baseado na ética, que consistia necessariamente um juízo negativo dos princípios do absolutismo.

A velha distinção entre consciência individual e autoridade do Estado foi assim dirigida contra seu intento fundador:

> O que os burgueses, parecendo nem sequer tocar o Estado, criaram em suas lojas – naquele espaço interno secreto dentro do estado – foi um espaço no qual, protegida pelo segredo, a liberdade civil já estava sendo realizada. A liberdade em segredo tornou-se o segredo da liberdade (Koselleck, 1959).

As ações do legislador, os princípios de seu governo e as razões de Estado podem assim ser medidas por uma moralidade que, embora formada numa retirada da sociedade, tornou-se ainda assim "a melhor consciência do mundo". Mais do que a invenção de um conceito moderno de igualdade, democrático à maneira da Revolução, foi sem dúvida essa nova formulação da relação entre moralidade e política que deu à maçonaria seu poder, ao mesmo tempo secreto e crítico.

Essa politização inversa, nascida de uma consciência da distância entre as exigências éticas subjacentes à maçonaria e os princípios específicos, desvinculados de todos os fins morais, que governavam as práticas do poder, combinou-se com outra forma de politização baseada no conjunto de práticas culturais emancipadas da tutela do Estado no início do século XVIII. Graças à formação de um público cujos julgamentos não eram necessariamente os da autoridade acadêmica ou do patrono nobre, ao surgimento de um mercado para produtos culturais que permitia uma autonomia ao menos parcial para todos os que criavam aqueles produtos, e à ampla difusão de recursos que possibilitavam maior circulação da palavra escrita, as pessoas adquiriram os hábitos de livre julgamento e crítica contraditória. A nova cultura política surgida após 1750 era herdeira direta dessas transformações no fato de substituir uma autoridade todo-poderosa, que decidia de forma secreta e inapelável, pela manifestação pública de opiniões individuais e pela disposição de examinar livremente todas as instituições estabelecidas. Portanto, formou-se um público que, mais soberano que o soberano, obrigou a rei a confrontar opiniões contrárias (Baker, 1987b, p.204-46).

No entanto, a formação desse novo espaço público não deve eclipsar as diferenças nas formas pelas quais os vários grupos da sociedade forjaram o elo entre as preocupações diárias e os assuntos de Estado. A definição de política no Antigo Regime não era mais unânime do que no século XX. Diversas definições coexistiam: a política podia ser vista como participação na ordem racional do julgamento crítico e do debate político; como tendo uma estrutura formal regulada por procedimentos judiciais; ou como uma declaração na linguagem tradicional, sensível aos sinais premonitórios e correspondências secretas. Esses vários "modos de produção de opinião" (Bourdieu, 1979, p.463-541), os quais seria danoso caracterizar apressadamente em termos estritamente sociais (estabelecendo assim uma dicotomia entre a política dos letrados e a política do povo), reportam-se às diferentes formas de estruturar o que é politicamente concebível. Para todos que se opunham a isso, o novo campo de discurso que emergiu perto da metade do século XVIII, circunscreveu um espaço comum de afirmações e ações possíveis; mas de maneira alguma eliminou outros tipos de cultura "política" que não eram necessariamente apreendidos como políticos e articulavam em outros termos a relação entre a vida cotidiana e as pretensões do poder de Estado.

Como mostram, todavia, os movimentos de protesto dos camponeses e as reivindicações dos trabalhadores urbanos, a "política" situada fora da política não era de modo algum inerte: suas formas de expressão e suas aspirações fundamentais foram mudando à medida que o século avançava. O espaço público da Revolução pode ser caracterizado como "um espaço político moderno criado num ambiente mental e cultural largamente tradicional" (Baczko, 1989, p.346). Ao afirmar isso, porém, não devemos esquecer que antes do evento revolucionário, as várias formas de experienciar a política não eram mutuamente excludentes nem deixavam de se comunicar entre si. Ainda que o público não fosse o povo, este aprendeu, por meio de porta-vozes escolhidos, a mobilizar os recursos da retórica jurídica e do Iluminismo a tornar conhecidas as suas vontades. Inversamente, a esfera política pública, burguesa em sua base, era assombrada pela figura de um "povo" anônimo, temido e preocupante, excluído, mas sempre invocado. A nova cultura política do século XVIII resultou desses diferentes modos de politização que – cada um à sua própria maneira – agitaram profundamente a ordem tradicional.

8
As revoluções têm origens culturais?

Uma verdadeira revolução precisa de ideias para abastecê-la – sem ideias existe apenas uma rebelião ou um golpe de Estado – e as escoras intelectuais e ideológicas da oposição ao governo são portanto de fundamental importância (Stone, 1972, p.98). A afirmação de Lawrence Stone serve como ponto de partida para este capítulo, que enfocará uma comparação das precondições revolucionárias na Inglaterra e na França.

Se seguirmos a análise de Lawrence Stone e considerarmos todas as revoluções (a Revolução Inglesa no século XVII ou a Revolução Francesa no século XVIII) como não sendo nem puros acidentes produzidos por circunstâncias casuais nem necessidades absolutas cujo momento e modalidades estavam logicamente inscritas em suas próprias causas, minha pergunta é: que lugar devemos atribuir a fatores culturais nas precondições revolucionárias que torne uma ruptura radical desse tipo tanto concebível como desejável? Meu intento de traçar um paralelo entre essas duas revoluções que ocorreram com intervalo de um século e meio não consiste tanto em apontar as semelhanças que possam garantir a construção de um modelo de interpretação geral e sim usar o precedente inglês para sugerir novas questões (ou reviver antigas) para a situação na França.

Primeiro, pode ser proveitoso recordar os cinco fatores decisivos na análise de Stone referentes às precondições intelectuais e culturais da Revolução Inglesa. No capítulo de seu livro intitulado "Novas ideias e valores" ele afirma que os elementos que minaram a adesão à velha ordem política e religiosa foram: 1) aspiração religiosa (puritanismo), 2) referência jurídica (a lei comum a toda a Inglaterra), 3) um ideal cultural (a ideologia do "país" em oposição à corte real), 4) uma atitude mental (o desenvolvimento do ceticismo) e 5) uma frustração intelectual ligada à "crescente percepção de que os números da classe desocupada com educação superior eram cada vez mais rápidos do que oportunidades de emprego adequadas" (ibidem, p.113). Meu propósito não é estabelecer se essa análise é ou não é pertinente às origens da Revolução Inglesa (um tópico bastante discutido) e sim investigar se traços idênticos ou análogos podem ser encontrados na França durante as décadas imediatamente anteriores à Revolução Francesa.

Religião e política

À primeira vista não há diferença evidente entre os dois países. Na Inglaterra do século XVII uma referência cristã justificava assumir uma conduta diferente daquela das autoridades instituídas. Ao afirmar os direitos superiores da consciência e do julgamento individual, ao legitimar a oposição a poderes estabelecidos que estavam traindo os mandamentos divinos, e ao introduzir uma certeza milenar de que uma nova ordem era iminente, as pregações e ensinamentos do puritanismo forneceram a estrutura e os líderes para a Revolução Inglesa e, mais ainda, inauguraram um modo amplamente partilhado de fundamentar o descontentamento e as esperanças dos tempos presentes numa leitura literal da Bíblia. Stone conclui:

> É tão seguro quanto possa ser qualquer generalização ampla da história afirmar que sem as ideias, a organização e a liderança suprida pelo puritanismo não teria havido absolutamente nenhuma revolução (ibidem, p.103).

Na França do século XVIII, ao contrário, um profundo desligamento dos ensinamentos, proibições e instituições do cristianismo preparou a revolução. No Capítulo 5 procurei destacar a cronologia e as modalidades, bem como as razões subjacentes, desse processo de descristianização, que, sob a capa de um respeito conformista pelas práticas obrigatórias, na verdade distanciou segmentos inteiros da população do reino da religião. No entanto, será que isso invalida qualquer paralelo possível com a situação na Inglaterra?

Talvez não, e por dois motivos. O primeiro tem a ver com a importância do jansenismo nos debates políticos que sacudiram a França após a bula *Unigenitus* de 1713 e, mais ainda, com a recusa dos sacramentos a jansenistas praticamente até a metade do século. Não tenho intenção de elaborar uma lista de conexões possíveis entre o jansenismo e o puritanismo (ainda que elas existam, por exemplo, na referência obsessiva à Bíblia e na ênfase sobre a salvação individual); pretendo apenas ressaltar a importância política de um movimento que combinava, primeiro, a teologia da graça; segundo, uma eclesiologia gálica influenciada por Edmond Richer, na qual a infalibilidade da Igreja residia não nas decisões de sua hierarquia mas no consentimento unânime de toda a comunidade de fiéis; e, terceiro, um constitucionalismo parlamentar que considerava a corte de justiça – o Parlamento – o depositário e guardião das leis do reino antigas e fundamentais e considerava o exercício da autoridade do soberano simplesmente um mandato delegado ao rei.

É verdade que após 1770, e em particular após o "golpe" do chanceler Mapeau contra os parlamentos, o movimento jansenista perdeu sua unidade e coerência: "Há muito um composto ideológico, tendia agora a se dissolver em seus elementos constituintes, que passavam então a ficar livres para se recombinar com outros" (Kley, 1987, p.169-201; 1989, p.1-52). Isso explica a separação entre as exigências constitucionais dos parlamentos (que estavam próximos da hierarquia eclesiástica) e as causas jansenistas durante as duas décadas que precederam imediatamente a Revolução Francesa. Explica também por que um significativo número de jansenistas aderiu ao partido "patriota", que estava imbuído de ideias iluministas. Assim, seria um erro exagerar o impacto do jansenismo sustentando que era comparável ao puritanismo. No entanto, da mesma forma que o puritanismo, o jansenismo usou a religião como base para uma crítica radical tanto do despotismo eclesiástico como do ministerial, que, ao menos em alguns lugares (Paris é um exemplo), acostumou as pessoas a não confiar nas autoridades constituídas.

Além disso, e este é um segundo motivo para investigar o paralelo religioso entre Inglaterra e França, a descristianização não significa necessariamente dessacralização. Vários traços associados ao puritanismo – a certeza puritana de que defendiam uma causa justa, a primazia que davam ao julgamento moral independente em relação aos pronunciamentos da autoridade, a expectativa de regeneração social – tinham correspondências no movimento que, mesmo antes de 1789, investiu novos valores (familiares, patrióticos e cívicos) com a intensidade afetiva e espiritual tradicionalmente reservada à crença cristã. Referências a Antiguidade grega e romana substituíram as citações bíblicas, fornecendo tanto um léxico como uma estética para essa transferência de sacralidade. Por exemplo, o novo paradigma de pintura (afirmado nas obras-primas de David apresentadas no *Salon carré* – o *Bélisaire* [1781], o *Serment des Horaces* [1784], o *Mort de Socrate* [1787] e o *Brutus* [1789] – refletiam uma concepção de representação inspirada por Diderot ("Se quando alguém está fazendo uma pintura, ele pressupõe espectadores, tudo está perdido") colocada a serviço da celebração da virtude cívica (Fried, 1980, p.147-8). Pela escolha de temas clássicos, patrióticos e políticos, porém mais ainda por uma forma que deixava de lado as regras e convenções acadêmicas, a pintura de David na última década do Antigo Regime buscava produzir uma emoção, um entusiasmo e uma perda de noção de si mesmo no espectador que traziam consigo algo da experiência religiosa para a experiência estética. A calorosa recepção que o público frequentador dos *Salons* dava a essas obras contrastava agudamente com a reticência por parte da crítica acadêmica (que se concentrava em apontar as deficiências do pintor), indicando que para muitos o sagrado podia, daí em diante, ser experienciado fora das estruturas formais da Igreja institucionalizada (Crow, 1985, p.210-54). Assim é inegável que a eclosão de um sentimento comparável em intensidade, se não em conteúdo, com as aspirações do puritanismo contribuiu para a ruptura ocorrida com a Revolução Francesa.

A linguagem do Direito

A segunda matriz da Revolução Inglesa do século XVII foi a ideologia jurídica da lei costumeira inglesa – a lei comum. A lei comum fez mais do que prover uma base para as exigências da oposição (em questões como a limitação das prerrogativas reais em nome da honorável Constituição Inglesa ou a defesa dos direitos individuais contra os abusos do Estado): ela forneceu uma linguagem e um repertório de referências pelos quais os assuntos políticos podiam ser formulados. "Esse legalismo intensivo foi tão penetrante como o puritanismo em seu efeito sobre a estrutura mental do século XVII." (Stone, 1972, p.104.) Em que medida isso também é verdade na França do século XVIII? Como vimos, na França os recursos linguísticos da lei e dos procedimentos jurídicos ajudaram a transformar conflitos específicos, localizados, de natureza privada, em causas gerais e públicas. Era o caso, por exemplo, dos processos judiciais instituídos pelas comunidades rurais contra os senhores ou pelos trabalhadores urbanos – artífices, artesãos, diaristas de forma geral – contra seus patrões, ou nas estratégias usadas nos memoriais jurídicos para invocar – e constituir – a opinião pública.

Os procedimentos para a convocação das Assembleias Primárias preparatórias para a instituição da Assembleia Geral, bem como o processo de elaboração dos *cahiers de doléances* fornecem o quadro mais claro da enorme influência da referência jurídica nos anos de agonia do Antigo Regime (Chartier, 1981, p.68-93). Um grupo social – detentores de cargos públicos, representando o rei ou os senhores, e homens da lei, advogados, procuradores, notários – desempenharam um papel proeminente nesse processo. Foram esses homens que habitualmente presidiram as Assembleias das comunidades rurais, em conformidade com o artigo 25 da lei eleitoral de 24 de janeiro de 1789, que estipulava que as Assembleias Primárias deviam ser presididas pelo juiz do distrito em questão ou, na ausência dele, um funcionário público. Em alguns locais as comunidades ignoraram a injunção e designaram seu próprio *syndic* ou *consul* como oficial presidente, mas em geral a regra foi respeitada e a presidência foi concedida a um funcionário senhorial ou homem da lei, que com frequência vinha da cidade, assim como numerosos juízes senhoriais, *procureurs*, *fiscaux*, *baillis* ou *châtelains* eram advogados ou notários que viviam nas cidades. A posição de oficial presidente dava a esses homens notável influência na compilação dos *cahiers de doléances* para as Assembleias Primárias, e isso era ainda mais verdadeiro quando um mesmo homem detinha presidências múltiplas dentro do distrito senhorial que controlava. Isso significava que certos "intelectuais rurais" (como George Lefebvre os chamou) desempenharam um papel de maior importância na anotação das queixas, da mesma forma que os oficiais presidentes – homens da lei – das Assembleias tinham em fazer circular os *cahiers* modelos.

A apropriação dos conselhos por parte dos juristas também é evidente em sua esmagadora presença nas Assembleias no nível de *bailliage*. As comunidades rurais muitas vezes escolhiam esses homens como seus representantes para as Assembleias do Terceiro Estado. Na *bailliage* de Troyes, por exemplo, detentores de cargos públicos, homens da lei, e membros das profissões liberais, que representavam 7% de todos os habitantes da *bailliage* presentes nas Assembleias Primárias, constituíam 28% dos delegados rurais. Na *sénéchaussée* de Draguignan, as mesmas cifras eram, respectivamente, 4% e 45%. Nas Assembleias da *bailliage* inteira esses delegados rurais encontravam delegados das cidades, que também tendiam a vir do mesmo meio: 40% dos delegados urbanos em Rouen eram funcionários públicos, homens de profissões relacionadas com o direito, e (em menor escala) membros das profissões liberais; o mesmo se dava com relação a 42% dos delegados urbanos em Troyes e 67% em Nancy.

Portanto, não é nenhuma surpresa que os homens de toga dominassem os comitês encarregados de elaborar os *cahiers* das *bailliages* maiores. Eles forneceram doze relatores de vinte em Orléans, quinze de 24 em Troyes, e treze de catorze em Draguignan. Essa preponderância também pode ser encontrada nos comitês encarregados de escrever os *cahiers* das *grands bailliages*, que se reuniam após as sessões das *bailliages* principais e secundárias. Em Orléans, onze de dezesseis membros do comitê eram funcionários públicos ou advogados; em Troyes, três em dez eram funcionários senhoriais, dois eram advogados e quatro eram alcaides ou membros dos Conselhos Municipais. Além disso, os *cahiers* no nível da *bailliage* baseavam-se com mais frequência no *cahier* da maior cidade do distrito, que era elaborado por um comitê onde os funcionários públicos e juristas eram ou maioria (em Orléans, Toulouse e Besançon) ou em número igual aos mercadores atacadistas (Rouen e Troyes).

Assim fica claro que em todos os níveis a representação era mantida com firmeza nas mãos do mundo togado. A Assembleia eleita no final do processo eleitoral refletiu esse domínio: dos 648 delegados do Terceiro Estado para a Assembleia Geral, 151 eram advogados (23% dos delegados do Terceiro Estado) e 218 eram funcionários públicos na área judicial (34%), aos quais podemos acrescentar catorze notários e 33 delegados com postos municipais (Lemay, 1977, p.341-63). Ao todo, portanto, cerca dois terços dos futuros membros da Assembleia Constituinte vinham dos ambientes que maior influência tinham sobre os procedimentos eleitorais e na elaboração dos *cahiers*.

Os *cahiers* trazem uma clara marca da cultura jurídica e administrativa. Primeiro, na sua própria forma: a maioria dos *cahiers* das Assembleias Primárias organiza suas reivindicações por artigos (mais raramente, sob cabeçalhos). A *bailliage principal* de Montbrison pode servir de exemplo: 60% dos *cahiers* daquele distrito organizam suas reivindicações sob categorias explícitas. A maioria dos *cahiers* assim organizados limita-se a enumerar as exigências, em geral de forma rudimentar (*premièrement* ou *primo*, 2º, 3º, e assim por diante), às vezes mais enfaticamente (*première doléance, seconde doléance, troisième doléance* e assim por diante). Uma minoria de *cahiers* torna a organização por artigos mais explícitos, utilizando *item* ou *article*, amiúde abreviado como *art.*, ou *Ier art.* etc.). Esse também é o modo de apresentação de 150 em 154 *cahiers* na *bailliage principal* de Rouen e de 116 em 133 *cahiers* de Semur-en-Auxois. Os *cahiers* que deixam de seguir esses padrões são de dois tipos distintos. Alguns expressam as queixas de camponeses de uma forma que se aproxima do fluxo de discurso espontâneo, sem parágrafos ou ordem de prioridade; outros, redigidos por intelectuais locais, rompem com o modo de apresentação por artigos para usar uma retórica repleta de zelo reformista e influências iluministas.

Duas tradições se situavam por trás da forte predominância da composição por artigos. A primeira, a tradição notarial, acostumada à enumeração, à descrição ordenada de bens e a colocar em ordem os últimos desejos de um autor de testamento. A segunda, a tradição administrativa, inspirava-se no estilo dos éditos e decretos, sendo reforçada no século XVIII por censos e levantamentos mais frequentes. A comparação entre as formas dos *cahiers* em 1614 e 1789 atesta claramente a difusão, em um século e meio, de um estilo de redação baseado na análise, classificação e priorização. Mesmo quando aparecem divididos em artigos, os *cahiers* de 1614 estão pobremente organizados; a articulação é fraca na apresentação das reclamações e estas carecem das indicações ordinais explícitas que fazem com que os *cahiers* de 1789 sejam tão fáceis de apreender. A diferença entre os dois conjuntos de *cahiers* é uma clara medida dos avanços num modo de pensar e escrever jurídico e burocrático por parte dos homens que seguravam a pena por ocasião da convocação da Assembleia Geral.

O vocabulário dos *cahiers* é outro sinal da influência da cultura jurídica. O léxico do Iluminismo raramente aparece neles. Numa amostra de oito *cahiers* da *bailliage* de Semur-en-Auxois, a palavra *instruction* aparece apenas oito vezes, bem como *raison*; *luxe* e *préjugé* aparecem três vezes, *éducation* duas vezes, e *lumières*, *bonheur* e *progrès* apenas uma vez (Robin, 1970, p.294-8). Em três *cahiers* das *communautés de métier* (associações profissionais) em Reims, embora a palavra *lumières* apareça sete vezes no *cahier* dos fabricantes de espelhos e estofadores, *bonheur* aparece somente cinco vezes, *instruction* apenas quatro vezes, *humanité* duas vezes e *progrès* nem uma vez sequer (Burguière, 1967, p.303-39). Além disso, certas palavras que parecem novas tendem a ser usadas num sentido mais antigo, como é o caso de *constitution* ou *liberté*. A conclusão é clara:

> De forma maciça, o vocabulário do Iluminismo, em plena fermentação por trinta anos, ainda não havia atingido o mundo dos

> pequenos juristas, juízes, homens de posição intermediária nas profissões liberais, regentes e professores, ou até mesmo os burgueses das cidades menores (que eram tão rurais quanto urbanos) que manejavam a pena ou davam forma a reivindicações (Dupront, 1967, p.158).

O vocabulário que vinha espontaneamente à cabeça para exprimir as reclamações das comunidades era "de estrutura e esqueleto jurídico, elaborado durante ao menos os dois últimos séculos dentro da moldura das instituições da monarquia francesa" (idem). Tomado como um todo, oferece uma visão tradicional de distritos administrativos, *status* social, os aspectos formais de representação e instituições. Nos *cahiers* das cidades médias da *bailliage* de Semur-en-Auxois, os dez substantivos encontrados com mais frequência são, na ordem: *article(s)* – 226 ocorrências, *état(s)* – 139, *droit(s)* – 62, *impôt* – 59, *ordre(s)* – 51, *deputés* – 44, *majesté* – 42, *assemblée(s)* – 38, *juges* – 33 e *province* – 29. Até mesmo o vocabulário de denúncia e reforma pertence à linguagem tradicional, como no caso da palavra *abus*, já frequente em 1614, e com termos designando o corpo social e político. Nos *cahiers* de Borgonha, *habitants* é usado com mais frequência que *citoyens*; *royaume* é mais frequente que *nation*. Em Reims, *nation* é frequente nos *cahiers* das corporações profissionais – exceto nas profissões mais pobres, que preferem a mais expressão mais antiga *peuple(s)* – mas a palavra é usada passivamente:em vez de implicar qualquer exigência de poder, o termo exprime apenas a relação tradicional de submissão à autoridade real. O termo *citoyen* também levou tempo para pegar: muitas vezes ele compete com seu aparente oposto, *sujets*, ou era absorvido no vocabulário de uma sociedade de ordens e estados, e na aparentemente paradoxal *ordre de citoyens*.

Os modos jurídicos de apresentação e o vocabulário legal nos *cahiers* serviam para a formulação de reclamações concretas, deixando pouco espaço para exigências mais diretamente inspiradas pela literatura filosófica. Denúncias de abusos arbitrários de poder, demandas de direitos individuais, chamados para uma declaração de direitos que garantisse a soberania da nação, igualdade cívica entre os cidadãos, liberdades individuais e o direito de propriedade contribuem, juntos, para não mais que 5% das reivindicações em qualquer corpo de *cahiers* – rurais ou urbanos, primários ou no nível de *bailliage*. Na *bailliage* de Troyes, tais exigências gerais constituem somente 0,8% das reivindicações nos *cahiers* das comunidades rurais, 2,4% das associações e comunidades urbanas, 1,2% daquelas nas maiores cidades do distrito, e 0,4% no *cahier* da *bailliage*. Para a *bailliage* de Rouen as porcentagens são, respectivamente, 2,4%, 3,5%, 3,5% e 2,9%; na *bailliage* de Orléans são 0,8%, 2,4%, 1,2% e 2%. Um exame das reivindicações confirma, portanto, a avaliação dos *cahiers* feita por Daniel Mornet: "Para dizer a verdade, as ideias ocupam pouco espaço nelas e, menos ainda, as ideias filosóficas" (1933, 1967, p.454).

Os *cahiers de doléances* não foram de forma alguma o único meio de expressão política na França do fim do século XVIII. Seu vulto não deve nos levar a concluir que a linguagem da jurisprudência foi o único idioma disponível para a expressão de críticas e expectativas. A defesa das liberdades individuais e a exigência de um novo equilíbrio entre a Monarquia e a sociedade encontraram apoio em duas outras fontes além da antiga tradição jurídica da lei costumeira: nas definições filosóficas dos direitos do homem, conforme elaboradas no Iluminismo, e nas teorias de representação política absolutista, parlamentar e administrativa, que competiam entre si. O debate público na metade do século, entre a Monarquia e sua oposição, criou uma esfera de discurso autônomo à parte da referência jurídica.

Entretanto, como demonstram amplamente os *cahiers*, no final do Antigo Regime a linguagem do Direito continuava a fornecer um recurso fundamental para a formulação tanto dos antagonismos que estavam fragmentando a sociedade como das esperanças de reformas endereçadas ao soberano. A hegemonia intelectual do Iluminismo fracassou, portanto, em destruir a cultura jurídica carregada por uma hoste de homens detentores de cargos públicos e praticantes da jurisprudência, cuja linguagem ao mesmo tempo expressava e distorcia as aspirações daqueles que compareceram às assembleias primárias em 1789. O novo espaço público aberto pela Revolução não destruiu essa cultura jurídica, como mostra o fato de que, em 1789 e 1790, o argumento político, como praticado por grande número de advogados, tendia a lançar a retórica jurídica na forma consagrada de catecismo ao proclamar a nova ordem (Hébrard, 1989, p.53-81).

A Corte e a cidade

A terceira origem cultural da revolução de 1642 mencionada por Lawrence Stone é "a ideologia do 'país'": "Espalhada por poetas e pregadores, e estimulada pelos boletins de notícias sobre os fatos da Corte, ela era definida mais claramente como a antítese a esse grupo de referência negativa" (Stone, 1972, p.105). Existiria na França algum equivalente dessa antítese Corte/país, que na Inglaterra foi responsável por desacreditar tanto a Corte como a cidade (Londres) em nome de uma moral e de um ideal puritanos, de um modo de vida patriarcal e tradicional e de uma feroz ligação às instituições políticas locais?

Se considerarmos o papel reduzido da corte após a morte de Luís XIV, a resposta poderia parecer "não". Três processos contribuíram para a perda de importância da Corte. Primeiro, com Luís XV e Luís XVI, Versalhes tornou-se meramente uma residência real entre muitas. As incessantes mudanças do soberano entre a capital, o palácio de Versalhes e um ou outro castelo, privaram a Corte da estabilidade geográfica que ela conhecera desde 1682 e, na mesma moeda, enfraqueceu seriamente a identificação de uma forma de cerimonial (o cerimonial de etiqueta da Corte) com a instalação do poder num único local, Versalhes (Solnon, 1987, p.421-46).

Segundo, o ritual da Corte também havia sido atenuado pela crescente "privatização" da realeza. Seria, é claro, um erro exagerar o contraste com o reinado anterior: Luís XIV não construiu apenas as grandes salas de recepção no palácio de Versalhes mas também numerosos *petits cabinets* para desfrutar prazeres mais íntimos. Por outro lado, embora Luís XV tenha remodelado o palácio e seus jardins para satisfazer suas paixões privadas (desenho, botânica, agronomia e objetos decorativos de madeira), foi por sua iniciativa que a "obra palaciana" empreendida por seu predecessor foi completada (a Capela e a Ópera, a inauguração do Salão de Hércules nos grandes apartamentos, a finalização da decoração de esculturas da Fonte de Netuno e a instalação dos Ministérios fora do palácio, em edifícios separados mais bem adaptados para suas funções) (Himelfarb, 1984-6, p.261-9). Não obstante, a compreensão que Luís XV tinha de sua profissão de rei e, mais tarde, a compreensão de Maria Antonieta de suas tarefas como rainha, foram sentidas como rupturas com uma representação da monarquia popular e ritualizada. O recolhimento do soberano a uma esfera íntima de família e amigos, livre dos rigores da etiqueta e longe da vista tanto da Corte como do povo, foi sentida como um rompimento destrutivo com o ritual da corporificação da monarquia.

À medida que o século ia se escoando, a Corte foi perdendo seu papel de guia estético. Já na época da Regência, a liderança nas críticas e julgamentos havia se transferido para a cidade – isto é, para as várias formas de sociabilidade (salões, clubes, revistas) que constituíam a esfera literária em Paris. Era em Paris que as obras eram avaliadas, reputações criadas e desfeitas, e o mundo das artes e letras governado. No final do século, Louis-Sébastien Mercier registrou esse fato, aparentemente sem demonstrar desprazer:

> A palavra corte não mais inspira reverência entre nós como na época de Luís XIV. As opiniões reinantes já não são recebidas da corte; ela já não decide reputações de qualquer tipo; agora ninguém mais diz, com ridícula pompa, "A corte pronunciou-se desta maneira." Os julgamentos da corte são contrariados; diz-se abertamente que a corte não entende nada; que ela não tem ideias sobre o assunto [e] nem poderia ter; ela não está a par... A corte perdeu, portanto, a ascendência que tinha com relação às belas artes, às letras, e a tudo que hoje diz respeito a isso. No século passado, as preferências de um homem da corte ou de um príncipe eram citadas e ninguém ousava contradizê-las. A perspicácia [*le coup d'oeil*] não era tão imediata naquela época, nem tão bem formada: as pessoas precisavam depender do julgamento da Corte. A filosofia (eis aqui outro de seus crimes) alargou o horizonte, e Versalhes, que constitui apenas um ponto no quadro, ficou incuída.

Mercier conclui passando de uma comparação entre a Corte e a cidade para outra, entre a capital e as províncias: "É da cidade que vem a aprovação ou desaprovação adotada no restante do reino" (1782-3, p.261-4).

O papel diminuído da Corte como foco de poder visível, teatro para o cerimonial público e responsável pelos padrões estéticos poderia assim invalidar qualquer comparação com a Inglaterra, onde a ideologia do "país" foi brandida contra um poderoso modelo político e cultural. No entanto, mesmo despida parcialmente de seus atributos anteriores, a Corte francesa manteve-se uma força poderosa para fixar o imaginário coletivo ou instilar nele alguma rejeição. Os boletins e libelos espalhavam uma imagem negativa de uma Corte que era destrutiva e depravada. Entre os "livros proibidos" de maior vendagem em Troyes, vendidos por Bruzard de Mauvelain entre 1783 e 1785, havia quatro títulos criticando a corte: *Les fastes de Louis XV*, de Buffonidor (Villefranche, 1782), a obra que Mauvelain mais encomendou para a *Société typographique* de Neuchâtel (onze vezes) e com maior número de exemplares (84); *L'espion dévalisé*, de Baudoin de Guémadeuc (Neuchâtel, 1782), com dez encomendas e 37 exemplares pedidos; *La vie privée, ou, apologie de Mgr. Le duc de Chartres* [A vida privada ou apologia de Monsenhor, duque de Chartres], de Théveneau de Morande (Londres, 1784), encomendado cinco vezes num total de sete exemplares; e *La vie privée de Louis XV* [A vida privada de Luís XV], de Mouffle d'Angerville (Londres, 1781), pedido apenas três mas com um total de dezoito exemplares (Darnton, 1976, p.11-83).

Essas obras, escritas por panfleteiros que se especializaram no gênero, e avidamente procuradas por todo o reino, utilizavam a denúncia do falecido monarca e seu favorito (Luís XV, que morreu em 1774, e Du Barry) para rotular a Corte daquela época como igualmente culpada de prodigalidade e torpeza, como é ilustrado com abundantes anedotas sobre as grandes personagens do reino. Explícita ou implicitamente, todos esses textos traçavam uma ligação entre a corrupção do soberano e os cortesãos, a degeneração da Monarquia num despotismo oriental, o desperdício de fundos públicos e a miséria do povo. *Les fastes de Louis XV*, por exemplo, afirma:

> Luís XV sempre foi o mesmo – ou seja, sempre se manteve mergulhado na libertinagem e na vida dissoluta. Apesar das misérias do povo e das calamidades públicas, a prodigalidade e devassidão de sua amante cresceu tanto que em poucos anos ela teria envolvido todo o reino se a morte do sultão não tivesse colocado um fim a isso (ibidem, p.62).

Escândalos financeiros e políticos durante a década de 1780 emprestaram uma realidade contemporânea às denúncias ao falecido rei. Em fevereiro de 1781, a publicação de *Compte rendu au Roi*, de Necker, que listava os beneficiários de pensões e subsídios reais, provocou a fúria dos leitores e alimentou polêmicas contra a Corte. O texto foi um verdadeiro campeão de vendas. Publicado pela Imprimerie Royale, teve dezessete edições (inclusive uma da *Société typographique* de Neuchâtel) e obteve 29 resenhas ou análises nos periódicos correntes. *La Gazette des Gazettes*, publicada pela *Societé typographique* de Bouillon, estimou o número de exemplares de *Compte rendu...* em 40 mil, um número que é sem dúvida menor do que a cifra verdadeira e que teria sido insuficiente para satisfazer a enorme demanda (Perrot, 1982-6, p.254).

Em 1785 e 1786 o grupo de panfleteiros subsidiados pelo banqueiro Clavière, que incluía Brissot, Dupont de Nemours e Gorsas (e que frequentemente ocultava sua identidade sob a prestigiosa assinatura de conde de Mirabeau), escoriava as especulações financeiras da Corte como forma de atingir Calonne, o *controleur général*. Uma estreita ligação era assim estabelecida entre a defesa de interesses especiais (as do banqueiro de Genebra, que jogava no mercado de valores) e uma crítica radical da corte e do governo (Calonne em primeiro lugar), que eram acusados, numa retórica rousseausística e moralizante, de provocar a alta no mercado, colocando dessa forma os bens acima do alcance do público geral. Por meio das suas guerras de panfletos, facções rivais no câmbio tinham assim um impacto político imediato, que funcionava contra Colonne, a quem denunciavam de manipulador operando em favor de seu próprio enriquecimento (o que, aliás, não estava longe da verdade) exatamente quando ele posava de reformador das finanças do Estado (Darnton, 1989-90, p.124-39).[1] Finalmente, foi durante esses mesmos dois anos que o caso do colar de diamantes comprometeu de maneira irremediável a rainha e, com ela, toda a Corte (Maza, 1990). Inflamado pelos

1 Darton (1964), no capítulo 9, cita, entre outras obras, a revista do livreiro Hardy em 1788: "Não se podia ler esta peça [a *Histoire du siège de Paris*] sem derramar uma torrente de lágrimas, tão verdadeira era considerada, comovente e bem-feita. A pessoa sentia-se comovida, simultaneamente pela tristeza, indignação e terror pelo que estava por vir". Ver também Popkin, 1989, p.368-94.

panfleteiros, todo o país se ergue na França do século XVIII – como na Inglaterra do século XVII – contra uma Corte que se tornou detestável pelo que se vislumbrava e se imaginava ali.

A capital e as províncias

> Existem, porém, outras maneiras de descrever a versão francesa dessa antítese. A primeira nos traz de volta a Tocqueville e sua tese central: "Como a centralização administrativa era uma instituição do Antigo Regime e não, como muitas vezes se pensa, uma criação da Revolução ou do período napoleônico" (Tocqueville, 1967).

Tocqueville incluía entre as consequências dessa importante mudança (que provocou a destruição de todos os poderes intermediários, o desaparecimento das liberdades locais e a equalização das condições sociais) a brecha que se abriu entre a capital e as províncias. Uma nova antítese substituiu a velha oposição entre cidade e Corte: "Como na França, mais do que em qualquer outro país europeu, as províncias vieram a ficar sob o jugo da metrópole, que atraía para si tudo que era mais vital na nação" (ibidem, livro 2, cap. 7, p.146-52). Por ser a sede do governo central, que ocupava toda a esfera da autoridade pública, a capital tornou-se onipotente e apropriou-se de toda a atividade intelectual ("nessa época Paris havia absorvido a vida intelectual de todo o país à custa das províncias") e toda a atividade econômica ("além de ser simultaneamente um centro de negócios e de comércio, uma cidade de consumidores e daqueles que buscam o prazer, Paris havia agora se desenvolvido numa cidade manufatureira") (ibidem, p.148-50).

A validade da análise de Tocqueville é menos importante aqui do que a oposição entre capital e província, que retrata a capital como inexoravelmente atraente e desesperadamente destrutiva. Da metade do século XVIII em diante, uma quantidade razoável de ensaios, novelas e peças teatrais deu expressão literária à díade cultural formada por Paris e pelas províncias, em geral comparando suas diferenças para satirizar os costumes e hábitos da capital.[2]

Dois textos, publicados com um intervalo de vinte anos, podem servir como exemplos disso. Em *La capitale des Gaules, ou, la nouvelle Babylone* (1759), Fougeret de Monbron, um fino exemplo da "literatura da baixa vida", aderiu ao ataque ao luxo que havia sido popular entre os escritores desde 1730. Para provar (contra os apologistas do luxo, basicamente Voltaire) que "o luxo é a gangrena de todos os corpos políticos", ele mostrava um provinciano recém-chegado a Paris com o objetivo de frequentar os círculos literários boêmios e o pernicioso papel de uma capital pervertida pela jogatina, espetáculos teatrais e libertinagem:

> Deve-se admitir que na verdade Paris deve seu esplendor e suas riquezas unicamente à escassez e exaustão das províncias, esgotadas pelos seus próprios habitantes. Quantas [pessoas] vemos diariamente que, seduzidas pelas atrações que oferecem prazer e licenciosidade, vêm a Paris para dissipar em duas ou três noites de vida devassa o que costumava bastar para mantê-las em casa honradamente por anos a fio! Quantos pais desumanizados consomem ali o patrimônio de seus filhos! Quantos filhos, perdidos na devassidão, devoram ali a herança de seus pais! Quanta gente jovem destinada a ocupar cargos distintos nas províncias e em quem suas famílias depositaram suas mais ardentes esperanças chegaram a essa perigosa Babilônia para consumir suas fortunas inteiras bem como sua inocência e seu bom nome! (Monbron , 1970, p.145-6.)

Embora esse exercício literário e sua retórica convencional não impliquem necessariamente sinceridade de opinião (mesmo

2 Perrot, 1975, p.1026 (que lista 21 títulos publicados entre 1737 e 1793). Ver também Davies, 1982; Fahmy, 1981.

que as publicações da época tenham levado *La capitale des Gaules* a sério e respondido de acordo), ele na verdade trai um lugar-comum igualmente presente entre os estatísticos políticos hostis a capitais com excesso de população e que podem ser vistas, à sua própria maneira, como uma "ideologia do 'País'".

O tom é similar na obra de Mercier, *Tableau de Paris*, publicada em 1782:

> Antigamente, as estradas entre a capital e as províncias não eram nem abertas nem frequentadas. Cada cidade conservava as gerações mais jovens de filhos, que viviam entre os muros que haviam assistido ao seu nascimento e davam apoio a seus pais na velhice. Hoje o jovem vende sua herança para gastar sua parte longe dos olhos da família: ela seca seu conteúdo para poder brilhar por um instante no trono da licenciosidade.

As seduções imaginadas da capital têm um efeito igualmente forte nas mulheres jovens das províncias:

> Ela está ávida por novidades da cidade. É a primeira a exclamar, "Ele vem de Paris! Está chegando direto da corte!" Ela já não vê graça, senso ou riqueza à sua volta. As adolescentes que escutam esses relatos imaginam, exagerando todos os traços [da cidade], o que a experiência algum dia com toda certeza irá contradizer; correm a se render a essa epidemia que arremessa toda a juventude das províncias no abismo da corrupção (Mercier, 1782-3, p.296-99).

Ao longo de toda a obra, Mercier opõe Paris e as províncias (agora transformadas em clichê literário), usando o surrado tema do parisiense nas províncias como forma de ridicularizar seu senso de superioridade:

> Quando um parisiense sai de Paris, nunca para de falar sobre a capital nas províncias. Ele compara tudo que vê com seus próprios

> hábitos e costumes; finge achar ridículo qualquer coisa diferente; quer que todo mundo mude suas ideias para agradá-lo e satisfazê--lo... Ele imagina que se sobressai elogiando apenas Paris e a corte (ibidem, p.87-8).

Mercier também inverteu o tema para mostrar o homem de letras da província que veio para a capital, comentando assim as diferenças culturais entre Paris e as outras cidades do reino:

> Paris abasteceu a literatura com pelo menos tantos grandes homens quanto o resto do reino... Se se levar em conta que jamais houve um homem famoso nascido nas províncias que não tenha vindo a Paris para sua formação, que não tenha vivido ali por escolha e não tenha morrido lá, incapaz de abandonar essa grande cidade apesar de todo seu amor pelo seu local de nascimento, essa raça de homens iluminados, todos concentrados no mesmo lugar enquanto as outras cidades do reino oferecem áridas charnecas de incrível esterilidade, torna-se objeto de profunda meditação sobre as causas verdadeiras e subjacentes que precipitam todos os homens de letras para a capital e ali os mantêm como por encanto (ibidem, p.21-7).

Le tableau de Paris, um dos livros proibidos de maior circulação, alimentava a imaginação provinciana com uma representação da capital ao mesmo tempo atraente e insaciável. Essa representação reforçou a defesa das províncias, que foi expressa de diversas formas durante o século XVIII, desde histórias locais patrocinadas pelas academias provinciais (metade delas tinha um projeto desse tipo) até "histórias naturais" escritas por geógrafos, e de inventários administrativos da riqueza e recursos das várias regiões até descrições físicas e nosológicas de topografias médicas (Chartier, 1978, p.412-4).

Uma segunda maneira de compreender a oposição entre país e Corte no contexto francês durante o fim do século XVIII consiste, segundo Norbert Elias, numa descrição do processo que levou à Revolução como exaustão de uma "tensão de equilíbrio" que, estabelecendo a Corte como contrapeso necessário ao poder dos detentores de cargos judiciais e financeiros, tornou possível a dominação de um rei absoluto (Elias, 1969b). Visto dessa forma, o poder do soberano dependia diretamente do equilíbrio que tornava os dois grupos dominantes – a aristocracia da corte e a *bourgeoisie de la robe* (a magistratura) – suficientemente independentes para mantê-las livres da tentação de colocar em risco a ordem que assegurava seu poder social, embora competindo entre si o bastante para tornar impossível uma união contra o rei. A Corte era uma instituição essencial para esse arranjo. De um lado, sujeitava os rivais mais antigos e mais imediatos do rei ao controle direto dele; de outro, por meio da cessão e retenção de subsídios reais, permitia a consolidação de fortunas nobres que eram intensamente testadas por uma ética econômica que gerava gastos proporcionais não às receitas, mas às exigências de *status* social. Isso explica o papel central da Corte na estratégia monárquica da reprodução da tensão social:

> A tensão e equilíbrio entre os vários grupos sociais, e a atitude resultante, altamente ambivalente, desses grupos ao próprio legislador, por certo não era criada pelo rei. Mas uma vez estabelecida sua constelação, [era] de vital importância para ele preservá-la em toda sua precariedade (Elias, 1969a, p.274).

No século XVIII, porém, essa estrutura de tensões, congelada numa definição herdada do reinado de Luís XIV, não foi mais capaz de absorver novos padrões sociais e conseguia apenas repetir os conflitos existentes entre os padrões antigos: o rei, a aristocracia e os parlamentos. O aumento de poder social de grupos que antes haviam sido removidos com facilidade dos mecanismos de dominação instituiu uma ruptura decisiva entre a autoperpetuadora distribuição de poder, daí por diante assumida por "elites de monopólios" rivais, mas inter-relacionadas, gerando a realidade de um novo equilíbrio entre forças, equilíbrio este favorável aos "estratos privilegiados". É por isso que foi impossível conservar, e também impossível reformar, a sociedade da Corte – definida, segundo Elias, como formação social nas quais as relações e os padrões de dominação eram organizados com base na existência de uma corte:

> Mesmo que acontecesse com frequência, em particular nas várias lutas de poder na corte nas últimas décadas da Monarquia, que os representantes de um desses principais quadros tentassem limitar os privilégios e o poder de outro, o meio do poder estava realmente distribuído de forma muito parelha, e o interesse comum de manter os privilégios tradicionais contra a crescente pressão dos estratos desprivilegiados eram grandes demais para permitir que de um lado tivesse um decisivo aumento de poder sobre o outro. A distribuição equitativa do poder entre as elites monopolistas, cuja manutenção Luís XIV havia conscientemente defendido como condição para fortalecer sua própria posição de poder, agora se autorregulava. Todas as partes mantinham uma fiscalização aguçada para assegurar que seus próprios privilégios, seu próprio poder, não fossem reduzidos. E como toda reforma de regime ameaçava o poder e privilégios existentes de uma elite em relação à outra, nenhuma reforma era possível. As elites privilegiadas ficaram congeladas no equilíbrio consolidado por Luís XIV (Elias, 1969b, p.401).

Mais uma vez, minha intenção não é testar a pertinência desse modelo explicativo, que possui o significativo mérito de não reduzir o processo social que culminou na Revolução a uma oposição supersimplificada entre a aristocracia e a burguesia – supersimplificada porque pelo menos alguns grupos dentro da aristocracia e da burguesia constituíam elites monopolistas privilegiadas e eram, sob esse aspecto, tão vinculadas entre si quanto a competição existente entre eles (talvez ainda mais).

É claro que ainda precisamos identificar mais precisamente os estratos desprivilegiados cujo novo poder levou ao ponto de ruptura do velho equilíbrio de tensões (evitando, porém, a armadilha de caracterizar a burguesia excluída dessa aliança como imediatamente "capitalista"). Em todo caso, essa perspectiva permite uma compreensão melhor do significado mais profundo dos ataques contra a Corte encontrados em boletins manuscritos e panfletos impressos. Mais do que denunciar pessoas reais ou profanar os símbolos da Monarquia por meio da difamação da corte, eles procuravam destruir um dos pilares fundamentais da Monarquia absoluta (os outros eram o monopólio fiscal e o monopólio do uso legítimo da força) e, com isso, a configuração social que a havia autorizado e perpetuado.

A erosão da autoridade

Lawrence Stone menciona um quarto fator em suas reflexões sobre as origens ideológicas da Revolução Inglesa: a erosão da autoridade. Na família, no estado e na Igreja, "a difusão do ceticismo, que lentamente erodia a crença nos valores tradicionais e nas hierarquias tradicionais", causou "uma verdadeira crise de confiança" (Stone, 1972, p.108-10). Diversos capítulos no presente volume (mencionando a circulação de livros "filosóficos", mudanças no comportamento cristão e modificações na percepção da pessoa real) buscaram mensurar a importância e o significado, na França do século XVIII, dos exemplos mais óbvios de desligamento das crenças tradicionais. Ainda que se deva manifestar alguma reserva, citar explicitamente exceções e desvios, e, ocasionalmente, reconhecer a necessidade de revisão de afirmações exageradamente abruptas acerca de determinadas relações (como, por exemplo, entre livro, leitura e crença), o quadro geral parece bastante claro: depois de 1750, e talvez mesmo antes, uma atitude crítica passou a existir dentro de um largo segmento da população francesa. Embora não declarada explicitamente em pensamento ou discurso organizado, essa nova atitude induziu o povo a abandonar suas ações tradicionais, rejeitar a obediência inculcada e perceber fontes de poder antes vistas como objetos de admiração e reverência de forma mais desligada, irônica ou desconfiada. Nesse sentido, é legítimo reconhecer uma erosão da autoridade nas décadas que precederam também a Revolução Francesa. Suas modalidades, sua linguagem e as formas pelas quais se traduziu em ações não foram as mesmas que na Inglaterra do século XVII – longe disso –, mas seus efeitos foram da mesma ordem. Ou seja, ela preparou as mentes da população para um colapso súbito e radical de uma ordem que já fora esvaziada de seus poderes de persuasão.

Intelectuais frustrados e radicalismo político

Lawrence Stone acrescenta um último fator ao seu conjunto de causas da Revolução Inglesa: "super-expansão educacional". Os efeitos psicológicos e políticos desse fenômeno foram consideráveis:

> A extraordinária expansão das matrículas em Oxford e Cambridge significou a criação de um pequeno exército de pequena nobreza desempregada ou subempregada, cujo treinamento os havia equipado para posições de responsabilidade, mas para quem as vias da oportunidade estavam obstruídas. Nem a burocracia central, nem o exército, nem a expansão colonial na Irlanda, nem mesmo os redutos da lei eram capazes de absorvê-los. O resultado foi frustração e ressentimento em meio a grande número de nobres, cavaleiros e fidalgos. Segundo, as universidades estavam desligando de seus quadros clérigos com diplomas em número que excedia em muito a capacidade da Igreja de absorvê-los. Eles inundaram as paróquias mal-remuneradas com poucas perspectivas de promoção... Muitos

> outros graduados preenchiam as funções de lentes nas cidades, e alguns poucos conseguiram ser acolhidos como capelães privados em lares nobres. Todos se ressentiam de uma sociedade que lhes havia dado treinamento excessivo e não conseguia empregá-los, e muitos naturalmente mergulharam no radicalismo político e religioso (ibidem, p.113-4).

Houve, portanto, uma estreita ligação entre a formação de uma larga população de "intelectuais alienados" (tomando emprestado o termo de Mark Curtis, 1962)[3] e o surgimento de uma ideologia crítica do estado e da Igreja.

Podia esse mesmo estado de coisas ser encontrado na França um século e meio depois? Ou, formulando a pergunta em outros termos, teria a França nas últimas décadas do século XVIII experimentado um desequilíbrio semelhante entre o número de estudantes diplomados pelas universidades e o número de postos disponíveis a eles? A resposta obviamente depende do desnível entre as aspirações subjetivas de todos aqueles que esperavam que o diploma obtido lhes assegurasse uma posição à qual esse diploma tradicionalmente daria acesso, por um lado e, por outro, das oportunidades objetivas de sucesso, dada a mudança na situação do mercado de trabalho. Estritamente falando, uma resposta a essa pergunta pressupõe que seja possível comparar dois fenômenos conjunturais – o número de estudantes universitários buscando graduação e o mercado de empregos e benefícios ao qual aspiram. Infelizmente, nenhuma das duas coisas é fácil de determinar.

A dificuldade deriva basicamente das características especiais do sistema universitário na França. Havia um bom número de universidades (28 no fim do século XVIII), não havia uma hierarquia forte entre elas, e eram extremamente heterogêneas,

---

3 Sobre o tópico de "intelectuais alienados", ver também Chartier, 1982, p.389-400

com algumas faculdades oferecendo apenas instrução enquanto outras forneciam a graduação, algumas atraindo estudantes de longe e outras com um recrutamento mais local. Tais diferenças de função e prestígio dificultavam a coleta de dados acerca delas, ainda mais porque os arquivos universitários franceses permitem apenas a elaboração de séries de dados descontínuos e apenas relativamente tarde nesse período (Julia & Revel, 1986-9, p.25-486).[4]

Mesmo assim, uma conclusão emerge claramente da comparação entre o número de diplomas concedidos: houve enorme aumento de graduados nas faculdades de direito durante as três últimas décadas do Antigo Regime. Isso é verdade em relação ao século inteiro. Nas onze universidades cujos dados estão disponíveis, se tomarmos como base 100 o número de bacharéis graduados em direito por década para 1680 – 89, o índice foi de apenas 126 para os anos 1750, mas após essa data subiu para 141 durante a década de 1760, 164 anos 1770 e 176 na década de 1780. Esse crescimento espetacular, que constituiu o ponto alto do século para todas as universidades, também superou os mais elevados níveis alcançados no final do século XVII (quando os dados são disponíveis), após a reforma de estudos do direito em 1679. Portanto, qualquer que seja nossa escala de observação – no mesmo século ou de um século a outro – fica claro que os últimos trinta anos do Antigo Regime viram uma produção de graduados em direito até então jamais observada. O número médio de bacharéis em direito, que permaneceu em 680 em 1680-89 e entre 800 e 900 de 1.710 a 1.750, subiu para 1.200 durante a década de 1780.

O padrão não é o mesmo em teologia e medicina. Em teologia, na verdade, o número de diplomas concedidos caiu, aumentou e depois caiu novamente durante o século XVIII. Para bacharéis em teologia, o ponto crucial veio durante a década de

---

4 Todos os dados sobre universidades francesas aqui usados foram extraídos desse estudo.

1750 em Paris, a de 1720 em Avignon e a de 1690 em Tolouse, onde um segundo declínio seguiu-se a um pequeno aumento nos anos 1740. A mesma tendência se mostra verdadeira para os detentores da *licence*, cujo número médio por década se reduziu em Paris a partir dos anos 1750. À sua maneira, portanto, os dados seriais das matrículas nas universidades antecipam e refletem o desligamento em relação às instituições da Igreja que enfraqueceram o recrutamento do clero e abriram caminho a carreiras na Igreja para os recém-chegados – os filhos de mercadores e camponeses.

Doutorados em medicina mostram grande variação de uma universidade a outra. Em algumas, o número de diplomas de doutorado concedidos cresceu (como em Montpellier começando na década de 1730 ou em Estrasburgo de 1760 em diante); em outras diminuiu (como em Aix-en-Provence ou Avignon, onde o número de novos doutores por década caiu a um nível mais baixo que no século XVII). De modo geral, porém, houve um nítido aumento, com uma média anual de 160 doutorados em medicina durante os anos 1780, em contraste com apenas 75 por ano entre 1700 e 1709. Não obstante, a proporção de doutores em medicina para bacharéis em direito, que era de um para oito no fim do século XVIII (contra um para quatro nas Províncias Unidas na mesma época), ressalta a alta preponderância de juristas no sistema universitário francês durante o Antigo Regime.

Podemos então concluir que houve uma superprodução de juristas? Um estudo exaustivo do mercado em posições a que graduados em direito poderiam aspirar é, obviamente, uma tarefa impossível a essa altura, mas diversos exemplos regionais confirmam um desequilíbrio criado pelo aumento do número de bacharéis em direito. Em Toulouse, no fim do Antigo Regime, a lista de *avocats* foi às alturas (com 215 *avocats* no Parlamento, contra apenas 87 em 1740), os recém-chegados aumentaram de modo significativo (em média 7,5% ao ano entre 1764 e 1789 contra 3,8% por ano durante a primeira metade do século), e a corporação ficou mais jovem (mais da metade dos *avocats* de Tolouse ainda não tinham quarenta anos em 1789). Um dos resultados foi o aumento no número de advogados que jamais chegaram a defender uma causa: era fato para 160 dos trezentos homens nas listas da ordem entre 1760 e 1790, e para 173 em 215 *avocats* no levantamento parlamentar de 1788 (Berlanstein, 1975).

O mesmo vale para Besançon e Franche-Comté em geral. Um número mais elevado de advogados (elevado demais) significava que alguns não tinham casos para defender ou não tinham acesso ao Parlamento, onde as posições eram monopolizadas pelas famílias que já as detinham. Tampouco podiam conseguir posições de secretariar o rei (que conferiam *status* de nobreza); o preço era alto demais para os recursos de que dispunham. Frustrados em suas esperanças de promoção social, privados de clientela, ignorados pelos funcionários dos tribunais monárquicos, os advogados no fim do Antigo Regime eram maltratados pela sua época. Portanto, não é de surpreender que argumentassem em favor dos direitos do talento contra os privilégios herdados, ou que (em Franche-Comté e outros) tivessem aderido abertamente ao partido dos patriotas (Gresset, 1978a; 1978b, p.85-93).

No fim do Antigo Regime, por conseguinte, havia um impressionante contraste entre as oportunidades de emprego oferecidas aos detentores de títulos de doutores em medicina e os bacharéis em direito. Médicos recém-diplomados que quisessem estabelecer uma prática nas cidades maiores, onde as posições eram controladas pelo corpo de *docteurs-régents* (se a cidade tivesse uma universidade) ou pelo *collège des médecins*, nem sempre encontravam uma situação que atendesse suas expectativas. No entanto, a baixa proporção de médicos no reino (um médico para cada 12 mil habitantes, contra um para cada 3 mil nas Províncias Unidas) oferecia-lhes possibilidades. Situação semelhante não se dava com os bacharéis em direito, que, embora livres para adotar o título de *avocat* (que não era um cargo), arriscavam-se a descobrir que pouco proveito isso lhes trazia.

A tensão entre cargos disponíveis e expectativas encontrou uma expressão específica e particularmente aguda no mundo das letras (Darnton, 1971, p.81-115). Depois de 1760, de fato, grande número de escritores se viu excluído de posições e rendimentos a que aspiravam, fossem posições acadêmicas, "gratificações" e pensões concedidas pela Monarquia, ou sinecuras relacionadas com instituições oficiais. Estas, da mesma forma que as indicações para os tribunais monárquicos, eram monopolizadas pela geração de autores nascidos durante as décadas de 1720 e 1730, que repeliam tenazmente novos candidatos. Houve consequências importantes desse golfo no mundo das letras, entre os "possuidores" (com frequência do partido dos *Philosophes*) e os desempregados "não possuidores". Uma delas foi que, em crescente número, os autores sem emprego ou situação social foram forçados a criar suas próprias instituições, que não eram as do mundo literário (cafés, sociedades literárias, "museus" e liceus) e a aceitar, para ganhar a vida, quaisquer empregos menores que o mundo editorial do Iluminismo lhes oferecesse.

Segundo, o hiato entre os dois grupos estimulava uma hostilidade recíproca, provocando ao mesmo tempo escárnio da *canaille de la littérature* por parte dos autores estabelecidos (como em certas passagens de Voltaire e Mercier, ou no *Petit almanach de nos grands-hommes*, de Rivarol [1788]), e ressentimento amargo por parte dos "Rousseaus viscerais" quando outros ocupavam cargos que eles consideravam seus por direito. Mesmo quando paga e a serviço de um partido ou facção, a elaboração de panfletos era um bom jeito de denunciar o "*establishment*" do Iluminismo, os líderes das instituições culturais ou os detentores do poder estatal que haviam destruído os sonhos e uma carreira brilhante e lucrativa. Mediante um mecanismo (comum durante o Antigo Regime) que imputava todas as enfermidades sociais à política, escritores frustrados passaram a responsabilizar o rei, sua corte e seus ministros pelas suas vidas fracassadas. Isso sem dúvida explica o ódio feroz à velha ordem em geral presente em panfletos encomendados, cujos autores se julgavam vítimas de uma injustiça intolerável.

Portanto, a França do século XVIII também tinha seus "intelectuais alienados". Advogados sem causa e escritores sem emprego haviam organizado seus futuros com base numa representação obsoleta do valor de um diploma universitário ou de uma prova de talento. Num mercado saturado, onde grande número de cargos era monopolizado, as posições às quais essas pessoas aspiravam se revelavam além do alcance delas, forçando-as a aceitar empregos menos prestigiosos e mal-pagos e até mesmo (no caso dos escritores) tarefas desonrosas. Ambos os grupos desempenharam um papel decisivo no processo pré-revolucionário –os escritores pelo crescente número de panfletos e libelos escritos; os advogados demonstrando liderança em campanhas do partido patriota e na preparação da Assembleia Geral. Essa afirmação não implica qualquer retorno a uma interpretação antiga que vê no desejo de vingança dos intelectuais malsucedidos uma causa da Revolução; simplesmente enfatiza que em um grande segmento dos grupos mais intensamente envolvidos na crítica às autoridades, uma consciência ferida de um destino infeliz pode ter provocado um desvinculamento radical de uma sociedade considerada responsável por seus infortúnios. O colapso de uma ordem tão contrária à justa recompensa ao mérito e ao talento era facilmente aceito e até mesmo ardentemente desejado.

As precondições culturais e intelectuais para uma revolução na Inglaterra do início do século XVII e na França do fim do século XVIII têm, portanto, alguns pontos em comum. As referências não são, obviamente, as mesmas em dois lugares e tempos diferentes, e a expectativa de uma nova ordem não é expressa em termos idênticos. Não obstante, essas duas situações históricas mostram uma configuração semelhante, combinando o desapontamento de um largo segmento das classes intelectuais, a erosão de uma autoridade todo-poderosa, a imputação dos males sociais à pessoa que detinha o poder soberano e uma esperança amplamente compartilhada por uma nova era. Esse complexo de pensamentos e afetos, de realidade objetiva e percepção subjetiva, talvez constitua a condição necessária para trazer todas as revoluções para o campo do possível. Em todo caso, isso ficou claramente evidente, com suas modalidades particulares, no reino que viria a produzir a Revolução de 1789.

Conclusão

As formas específicas que a Revolução Francesa assumiu parecem tudo menos necessárias quando observadas no curso de longo prazo das mudanças culturais que transformaram os atos e pensamentos dos franceses do Antigo Regime. Um primeiro paradoxo é que a Revolução reintroduziu uma violência em larga escala num país no qual, por mais de um século, o "processo de civilização" (para usar o termo de Norbert Elias) fizera progressos notáveis, reduzindo e circunscrevendo radicalmente a violência. Parece ter havido uma clara ruptura entre o comportamento revolucionário, que fez amplo uso tanto da violência espontânea dos tumultos populares como da violência institucionalizada do Terror, e a pacificação da esfera social que um monopólio estatal de recurso à força havia tornado possível.

A brutalidade não fora completamente eliminada – longe disso, como prova a conduta agressiva típica das relações entre vizinhos, no mundo do trabalho e dentro da família, tanto em áreas rurais como urbanas. Apesar disso, após a metade do século

XVII, ao obrigar os indivíduos a manter um controle mais rígido sobre seus impulsos, a censurar suas emoções e a refrear seus atos espontâneos, o Estado judicial e administrativo reduziu de modo considerável o limiar de violência que o corpo social seria capaz de tolerar. Há numerosos sinais dessa importantíssima evolução: crimes de sangue e violência contra pessoas se reduziram entre os casos de criminalidade "legal" (isto é, crimes conhecidos e punidos pelas cortes de justiça, que iam ficando cada vez mais absorvidas pelos crimes contra a propriedade). O tipo mais antigo de revolta, caracterizado por fúria impiedosa, desapareceu e foi substituído por confrontos que utilizavam o meio mais pacífico de recorrer às cortes de justiça ou de expressar reivindicações políticas. O recurso privado à força para resolver diferenças pessoais e familiares declinou. Onde a violência persistiu (arraigada como estava nos padrões de conduta populares), as autoridades prestavam pouca atenção a ela, uma vez que não ameaçava a ordem estabelecida e raramente era dirigida aos notáveis da sociedade.

Embora a Revolução Francesa esteja longe de ser redutível à violência que empregou ou autorizou, o acontecimento fez vir à superfície padrões de comportamento que aparentemente tinham sido erradicados e esquecidos. Este não é o foro apropriado para mensurar ou interpretar a violência revolucionária, sejam os tumultos populares, o Terror ou as campanhas militares, mas apenas para refletir sobre as possíveis conexões entre fenômenos contraditórios como a pacificação (ao menos relativa) da sociedade do Antigo Regime e o uso maciço da força durante a Revolução. Reconhecer uma descontinuidade total entre esses dois fatos seria postular que em um de seus aspectos concretos e fundamentais a Revolução não teve origens e, longe de ter raízes em seu século, rompeu com sua época, e para pior.

Essa noção merece ser discutida. De um lado, as formas mais espontâneas de violência revolucionária mostram claramente os limites do esforço para erradicar a brutalidade. No fim do século

XVIII, o processo de civilização não havia transformado todos os habitantes do reino. A estrutura de personalidade que instilava nos indivíduos mecanismos estáveis e rigorosos de autocontrole, substituindo a repressão externa por proibições e repressões autoimpostas, ainda não era universal. As maneiras rudes tanto de camponeses como da população urbana atestam claramente a persistência de outra forma de ser com maior liberdade de expressar emoção. Com a Revolução, os mecanismos que haviam mantido essa violência popular semiabafada nos limites da esfera privada, ruíram por terra, proporcionando aos hábitos arcaicos de comportamento punitivo uma chance de ressurgir na esfera das relações com a autoridade.

De outro lado, em suas formas institucionais, a violência revolucionária gerou a complementação lógica do movimento que dava ao Estado o monopólio do exercício legítimo da força. Nesse sentido, nem o fato de recorrer ao Terror, nem os seus mecanismos em si, estavam em contradição com a perene tentativa da Monarquia de reservar apenas a si mesma o uso do poder público. No entanto, houve dois traços originais: a força foi utilizada para obrigar todos os cidadãos a usar a força contra os inimigos da nação e foi instituída uma violência administrativa cujo propósito era a proteção da comunidade civil, mas que se tornou acessível para soluções políticas de conflitos na esfera individual. Exatamente da mesma maneira que as cortes da Inquisição davam forma, linguagem e legitimidade a denúncias inspiradas por interesses totalmente seculares, os tribunais revolucionários possibilitaram mobilizar a violência do Estado para resolver (muitas vezes de forma expedita) grande número de tensões privadas alimentadas por amargura acumulada, por ódio inexpiável e por rivalidades que originalmente pouca ligação tinham com o destino da república.

Uma vez passado o Terror (se foi necessário para a Revolução ou se foi um descarrilamento dela não está em discussão aqui), a evolução de longo prazo continuou, e ao Estado foi atribuída a tarefa essencial de usar seus poderes de coerção para reprimir o comportamento individual. Momentaneamente interrompido por um retorno a padrões de conduta arcaicos e uso maciço da violência estatal, o processo de civilização retornou ao curso que havia trilhado desde a metade do século XVII, instilando por toda parte uma forma de economia psíquica que, antes de 1789, ainda não era a de todos os homens e mulheres franceses. A descontinuidade entre a violência revolucionária e a pacificação das relações sociais que a precedeu talvez tenha sido menos pronunciada do que poderia parecer. Precisamente pelo fato de a apropriação da força pelo Estado monárquico ser ao mesmo tempo adiantada porém incompleta, permitiu simultaneamente um retorno a padrões mais antigos de comportamento e a instituição de uma violência política em larga escala segundo formas cuidadosamente reguladas.

Também é paradoxal que o longo processo de invenção da esfera privada tenha culminado com a instituição da dominação plena da esfera pública. Ao dar início à Revolução, a França pareceu lançar-se na política, sem conceder espaço algum para os prazeres e paixões do indivíduo. Todo um conjunto de práticas que antes de 1789 eram deixadas para a preferência pessoal, expostas ao alcance da autoridade monárquica, foi invadido e devorado por decretos estatais. Esses incluíam a moda no vestir, o contexto e os objetos da vida cotidiana, as convenções da coabitação familiar e até mesmo a linguagem. Em sua determinação para estabelecer transparência absoluta e entusiasmo unânime, a Revolução tencionava colocar todos os aspectos da vida sob escrutínio público. Ao fazê-lo, esperava exorcizar os perigos da esfera privada – o domínio dos interesses contraditórios, os prazeres egoístas e os empreendimentos secretos. A natureza pública de todos os atos tornou-se a condição e a moeda da nova ordem.

Também aqui houve um rompimento abrupto com duas tendências anteriores que sustentavam a emergência do privado. De um lado, havia o processo de privatização do comportamento, que estabelecia uma divisão estrita entre a conduta permitida e requerida em público e a conduta que deveria permanecer afastada dos olhos da comunidade, fosse por exigência da civilidade, fosse por ser preferível para a felicidade pessoal. De outro, havia o processo de desprivatização da autoridade pública que, desligando o poder estatal dos interesses individuais, criava outra esfera na qual esses interesses podiam se refugiar. A Revolução e sua paixão exclusiva por tornar tudo público assim incongruente numa época em que as pessoas desfrutavam de uma nova e mais íntima organização da vida comum. As alegrias da livre convivência, os confortos da vida em família e os prazeres da solidão parecem uma preparação pobre para as imperiosas exigências políticas que atacaram o reino em 1788 e se mantiveram agarradas a ele por toda uma década.

Ainda assim, subjacente ao nível da oposição aberta, existia uma forte continuidade entre a nova cultura pública e a esfera do indivíduo. De fato, foi a constituição do privado como forma de experiência e conjunto de valores que possibilitou a emergência de um espaço ao mesmo tempo autônomo e crítico da autoridade estatal. Assumindo para si mesmas os imperativos éticos negados pela razão do Estado, praticando o livre exercício da faculdade de julgamento, e anulando a obediência obrigatória a uma sociedade de ordens e corpos, as instituições e formas de sociabilidade baseadas nos direitos das pessoas privadas criaram uma esfera de discurso dentro do tecido da Monarquia absoluta que acabou por minar seus princípios.

Esse novo espaço público, construído sobre práticas intelectuais pertencentes à ordem do indivíduo privado, alimentava-se dos conflitos próprios da esfera privada de duas maneiras. Primeiro, atribuindo significação política a simples disputas familiares ou conjugais (uma estratégia das *mémoires judiciales*); segundo, estigmatizando o monarca e seus associados próximos com a revelação de seus hábitos corruptos (um procedimento predileto dos libelos clandestinos). Mesmo além do pequeno número de pessoas que participavam diretamente dessa nova sociabilidade política, a população acostumou-se a ver os assuntos individuais transformados em causas genéricas. Esse procedimento não se restringia à literatura panfletária mas também se encontrava por trás dos processos judiciais instituídos pelas comunidades rurais contra seus senhores ou pelos trabalhadores urbanos contra seus patrões. A onipresença da política imposta pela Revolução não contradizia, portanto, a privatização da conduta e do pensamento que a precedeu. Ao contrário: foi precisamente a construção de um espaço de liberdade de ação, removida da autoridade estatal e apoiada sobre o indivíduo que permitiu o aparecimento de um novo espaço público que era ao mesmo tempo herdado da e transformado pela energia criativa da política revolucionária.

Portanto, a Revolução Francesa teve suas raízes no século que se encerrava, mesmo onde pareceu mais vistosamente opor-se à velha evolução. Será que isso quer dizer que ela teve, portanto, origens culturais e que essas origens podem ser designadas com absoluta certeza? Uma visão desse tipo pressupõe, em princípio, que o evento e sua origem pertençam a um conjunto de fatos distintos, claramente separados, ligados por uma relação causal. A obra clássica de Daniel Mornet pensa nesses termos, que são os mesmos que este volume forçosamente aceitou como hipótese de trabalho. Mas não se deve permitir que essa visão obscureça duas outras perspectivas que alteram os termos da questão. A primeira sustenta que o evento revolucionário teve impulso e dinâmica próprios, que não estavam contidos em nenhuma de suas condições de possibilidade. Nesse sentido, a Revolução não teve origens, estritamente falando. Sua crença absoluta de que representava um novo começo tinha um valor performativo: ao anunciar uma ruptura radical com o passado, instituiu tal ruptura.

Mas o lado das ações humanas baseadas na reflexão e na vontade não nos conta necessariamente o significado dos processos históricos. Tanto Tocqueville como Cochin enfatizaram que na verdade os participantes da Revolução fizeram exatamente o oposto do que diziam e pensavam estar fazendo. Os revolucionários proclamaram uma ruptura absoluta com o Antigo Regime, mas na verdade fortaleceram e completaram seu trabalho de centralização. As elites esclarecidas alegavam estar contribuindo para o bem comum em *sociétés de pensée* pacíficas e leais ao rei, mas na verdade estavam inventando os mecanismos do Terror e da democracia jacobina. A pertinência das análises de Tocqueville e Cochin não está em discussão aqui; eu os cito pela advertência que eles fornecem a qualquer historiador exageradamente ávido de pensar na Revolução de acordo com as categorias que ela própria se deu – sendo a mais evidente a crença na descontinuidade radical entre a nova era política e a velha sociedade. As origens do evento revolucionário e sua inteligibilidade não podem ser determinadas pela consciência de seus próprios atores. O fato de os revolucionários acreditarem na absoluta eficácia da política – que eles julgavam capaz de simultaneamente reconstituir o corpo social e regenerar o indivíduo – não nos obriga a compartilhar de sua ilusão de um novo advento.

Daí a minha preferência pela segunda perspectiva, que considera os períodos da Revolução e do Iluminismo inscritos em conjunto num processo de longo prazo que os incluía e se estendia além deles, compartilhando, de formas diferentes, os mesmos fins e expectativas similares. Alphonse Dupront expressa bem essa noção:

> O mundo do Iluminismo e da Revolução Francesa se apresenta como duas manifestações (ou epifenômenos) de um processo maior – o processo de definição de uma sociedade de homens independentes sem mitos ou religiões (no sentido tradicional do termo); uma sociedade "moderna"; uma sociedade sem passado e sem tradições; [uma sociedade] do presente, totalmente aberta para o futuro. As verdadeiras ligações de causa e efeito entre um e outro são as da dependência comum em relação a um fenômeno histórico mais abrangente e mais completo do que eles próprios (1963, p.21).

Essa visão oferece uma forma diferente de formular o problema das origens, que implica uma consideração distinta das condições que tornaram possível o evento revolucionário – um evento que constituiu, indissoluvelmente, tanto uma emancipação da velha ordem definida e garantida por suas transcendências como uma forma de voltar contra o Estado, e sua razão de Estado, a liberdade de consciência e as elevadas exigências éticas que esse mesmo Estado abandonara para a esfera individual pelo menos dois séculos antes.

Bibliografia

AGULHON, M. *Pénitents et francs-maçons dans l'ancienne Provence*. Paris: Fayard, 1968.

ANDRIÈS, L. Les florilèges littéraires pendant la Révolution. *Littérature* 69, "Intertextualité et Révolution", 1988.

ARTIER, J. Etude sur la production imprimée de l'année 1764. *Ecole nationale des chartes. Position des thèses soutennues par les élèves de la promotion de 1981*. Paris: Ecole des Chartes, 1981.

AUERBACH, E. *Mimesis. Dargestelte Wirklich in der abendlärdischen Literatur.* Berna: Francke AG Verlag, 1946. Cap. 15. [Disponível em francês como *Mimésis. La représentation de la realité de la littérature occidentale.* Paris: Gallimard, 1968.] [*Mimesis, the Representation of Reality in Western Literature.* Trad. Willard R. Trask. Princeton: Princeton University Press, 1953.]

AUGUSTIN, P. Caron de Beaumarchais. La folle journée ou le Mariage de Figaro. In: ______. *Théâtre*. Paris: Flammarion, GF, 1965.

______. *Racine's Phèdre; Beaumarchais's Figaro's Marriage*. Trad. Robert Lowell & Jacques Barzun. New York: Farrar, Straus and Cudahy, 1961.

BACZKO, B. *Comment sortir de la Terreur. Thermidor et la Révolution*. Paris: Gallimard, 1989.

BAKER, K. M. *Inventing the French Revolution*: Essays on French political Culture in the Eighteenth Century. Cambridge: Cambridge University Press, 1990a.

______. Controlling French History: the Ideological Arsenal of Jacob--Nicolas Moreau. In: ______. *Inventing the French Revolution*: Essays on French Political Culture in the Eighteenth Century. Cambridge: Cambridge University Press, 1990b.

______. Politics and Public Opinion under the Old Regime: Some Reflections. In: CENSER, J. R.; POPKIN, J. D. (Ed.). *Press and Politics in Pre-revolutionary France*. Berkeley: University of California Press, 1987b. [Reimpresso como Public Opinion as Political Invention. In: BAKER, K. M. *Inventing the French Revolution*: Essays on French Political Culture in the Eighteenth Century. Cambridge: Cambridge University Press, 1990.]

______. Representation. In: ______ (Ed.). *The French Revolution and the Creation of Modern Political Culture*. Oxford e New York: Pergamon Press, 1987a. v.1. The political culture of the Old Regime. [Reimpresso como Representation Redefined. In: ______. *Inventing the French Revolution*: Essays on French Political Culture in the Eighteenth Century. Cambridge: Cambridge University Press, 1900.]

______. On the Problem of the Ideological Origins of the French Revolution. In: LACAPRA, D.; KAPLAN, S. L. (Ed.). *Modern European intellectual history*: Reappraisals and New Perspectives. Ithaca: Cornell University Press, 1982.

BARBIER, E. J. F. *Journal d'un bourgeois de Paris sous le règne de Louis XV.* Paris: Union Générale d'Editions, 1963.

BARNY, R. Rousseau dans la Révolution: le personnage de Jean-Jacques et les débuts du culte révolutionnaire (1780-1791). *Studies on Voltaire and the Eighteenth Century* 246. Oxford: Voltaire Foundation, 1986.

BARRET-KRIEGEL, B. *Les historiens et la monarchie*. Paris: Presses Universitaires de France, 1988. v.1. Jean Mabillon. v.4. La République incertaine.

BECKMANN, F. Französische Privatbibliotheken. Untersuchungen zu Literatursystematik und Buchbesitz im 18 Jahrhundert. *Archiv für Geschichte des Buchwesens* 31, 1988.

BÉCLARD, L. *Sébastien Mercier, sa vie, son oeuvre, son temps; d'après des documents inédits... Avant la Révolution 1740-1789*. Paris: H. Champion, 1903.

BERCÉ, Y.-M. *Histoire des croquants. Etudes des soulèvements popularaires au XVIIe siècle dans le Sud-Ouest de la France*. Genebra: Librairie Droz, 1974. 2v.

BERKEVENS-STEVELINCK, C. *Prosper Marchand. La vie et l'oeuvre, 1678--1756*. Leiden e New York: E. J. Brill, 1987.

BERLANSTEIN, L. R. *The Barristers of Toulouse in the eighteenth century (1740-1793)*. Baltimore: Johns Hopkins University Press, 1975.

BIDEAU, A; BARDET, J.-P. Fluctuations chronologiques ou début de la revolution contraceptive? In: DUPÂQUIER, J. et al. *Histoire de la population française*. Paris: Presses Universitaires de France, 1988. 2v. v.2. De la Renaissance à 1789.

BIOU, J. Le Rousseauisme, idéologie de substitution. *Roman et Lumières au XVIIIe siècle*. Paris: Editions Sociales, 1970.

BIRN, R. Profit of Ideas: *Privilèges en librairie* in the Eighteenth-Century France. *Eighteenth-Century Studies* 4, 1970-1971.

BLOCH, M. *Le rois thaumaturges. Etude sur le caractère surnaturel attribué à la puissance royale particulièrement en France et en Angleterre*. Paris: Gallimard, 1983. Cap. 5. Le miracle royal au temps de luttes religieuses et d'absolutisme. [*The Royal Touch:* Sacred Monarchy and Scrofula in England and France. Trad. J. E. Anderson. Londres: Routledge and Kegan Paul/ Montreal: McGill – Queen's University Press, 1973. Cap. 5. The Royal Miracle During the Wars of Religion and the Absolute Monarchy.]

BOËS, A.; DAWSON, R. L. The Legitimation of Contrefaçons and the Police Stamp of 1777. *Studies on Voltaire and the Eighteenth Century* 230, 1985.

BOURDIEU, P. *Le sens pratique*. Paris: Les Editions de Minuit, 1980.

______. *La distinction. Critique social et jugement*. Paris: Les Editions du Minuit, 1979. Cap. 8. Culture et politique. [Disponível em inglês como *Distinction*: a Social Critique of the Judgement of Taste. Trad. Richard Nice. Cambridge: Harvard University Press, 1984. Cap. 8. Culture and Politics.]

BOUREAU, A. *Le simple corps du roi. L'impossible sacralité des souverains français XVe – XVIIIe siècle*. Paris: Les Editions de Paris, 1988.

BURGUIÈRE, A. Société et culture à Reims à la fin du XVIIIe siècle: la diffusion des "Lumières" analysée à travers les cahiers de doléance. *Annales E.S.C.* 22, 1967.

BURKE, P. *Popular Culture in Early Modern Europe*. New York: Harper and Row, 1978.

CASSIRER, E. *Kants Leben und Lehre*. Berlim: Cassirer, 1918. [Disponível em inglês como *Kant's life and Thought*. Trad. Jane Haden. New Haven: Yale University Press, 1981.]

CERTEAU, M. de. La formalité des pratiques. Du système religieux à l'éthique des Lumières (XVIIe-XVIIIe). In: ______. *L'écriture de l'histoire*. Paris: Gallimard, 1975. [Disponível em inglês como The Formality of Practices: from Religious Systems to the Ethics of the Elightenment (the Seventeenth and Eighteenth Centuries). In: ______. *The Writing of History*. Trad. Tom Conley. New York: Columbia University Press, 1988.]

CHARTIER, R. Du livre au lire. Les pratiques citadines de l'imprimé 1660-1780. In: ______. *Lectures et lecteurs dans la France d'Ancien Régime*. Paris: Editions du Seuil, 1987a. [Disponível em inglês como Urban reading practices 1660-1780. In: ______. *The Cultural Uses of Print in Early Modern France*. Trad. Lydia G. Cochrane. Princeton: Princeton University Press, 1987.]

______. Représentations et pratiques: lectures paysannes au XVIIIe siècle. In: ______. *Lectures et lecteurs dans la France d'Ancien Régime*. Paris: Editions du Seuil, 1987b. [Disponível em inglês como Figures of the 'Other': Peasant Reading in the Age of the Enlightenment. In: ______. *Cultural History*: between Practices and Representations. Trad. Lydia G. Cochrane. Ithaca: Cornell University Press, 1988.]

______. Du rituel au for privé: les chartes de mariage lyonnaises au XVIIe siècle. In: ______ (Ed.). *Les usages de l'imprimé (XVe-XIXe siècle)*. Paris: Fayard, 1987c. [Disponível em inglês como From Ritual to the Hearth: Marriage Charters in Seventeenth-century Lyons. In: ______ (Ed.). *The Culture of Print*: Power and the Uses of Print en Early Modern Europe. Trad. Lydia G. Cochrane. Princeton: Princeton University Press, 1989.]

______. Stratégies éditoriales et lectures populaires, 1530-1660. In: ______. *Lectures et lecteurs dans la France d'Ancien Régime*. Paris: Editions du Seuil, 1987d. [Disponível em inglês como Publishing Strategies and what the People Read, 1530-1660. In: ______. *The Cultural Uses of Print in Early Modern France.* Trad. Lydia G. Cochrane. Princeton: Princeton University Press, 1987.]

______. Livres bleus et lectures populaires. In: ______. *Lectures et lecteurs dans la France d'Ancien Régime.* Paris: Editions du Seuil, 1987e. [Disponível em inglês como The *Bibliothèque bleue* and Popular Reading. In: ______. *The Cultural Uses of Print in Early Modern France.*. Trad. Lydia G. Cochrane. Princeton: Princeton University Press, 1987.]

______. Figures littéraires et expériences sociales: la littérature de la gueeserie dans la Bibliothèque bleue. In: ______. *Lectures et lecteurs dans la France d'Ancien Régime.* Paris: Editions du Seuil, 1987f. [Disponível em inglês como The Literature of Roguery in the *Bibliothèque bleue*. In: ______. *The Cultural Uses of Print in Early Modern France.*. Trad. Lydia G. Cochrane. Princeton: Princeton University Press, 1987.]

______. Pamphlets et gazettes. In: MARTIN, H.; CHARTIER, R. (Ed.). *Histoire de l'édition française.* Paris: Promodis, 1982-6. 4v. v.1. Le livre conquérant. Du Moyen Age au milieu du XVIIe siècle.

______. Espace social et imaginaire social. Les intellectuels frustrés au XVIIe siècle. *Annales E.S.C.* 37, 1982. [Disponível em inglês como Time and Understand: the "Frustrated Intellectuals". In: ______. *Cultural History*: between Practices and Representations. Trad. Lydia G. Cochrane. Ithaca: Cornell University Press, 1988.]

______. Culture, lumières, doléances: les cahiers de 1789. *Revue d'Histoire Moderne et Contemporaine* 28, 1981. [Disponível em inglês como From words to texts: the *cahiers de doléances*. In: ______. *The Cultural Uses of Print in Early Modern France.* Trad. Lydia G. Cochrane. Princeton: Princeton University Press, 1987.]

______. Les deux Frances. Histoire d'une géographie. *Cahiers d'Histoire*, 1978. [Disponível em inglês como The two Frances: the history of a geographical idea. In: ______. *Cultural History*: between Practices and Representation. Trad. Lydia G. Cochrane. Ithaca: Cornell University Press, 1988.]

______. L'imprimerie em France à la fin d l'Ancien Régime: l'état général des imprimeurs de 1777. *Revue Française de l'Histoire du Livre* 6, 1973.

______; NAGLE, J. Doléances rurales: le bailliage de Troyes. In: CHARTIER, R.; RICHET, D. (Ed.). *Représentations et vouloir politiques. Autour des Etats généraux de 1614*. Paris: Editions de l'Ecole des Hautes Etudes en Sciences Sociales, 1982.

CHÂTELLIER, L. *L'Europe des dévots*. Paris: Flammarion, 1987. [Disponível em inglês como *The Europe of the Devots*: The Catholic Reformation and the Formation of a New Society. Trad. Jean Birrell. Cambridge: Cambridge University Press/ Paris: Editions de la Maison des Sciences de l'Homme, 1989.]

CHAUNU, P. Postface. In: DUPÂQUIER, J. et al. *Histoire de la population française*. Paris: Presses Universitaires de France, 1988. 2v.

______. *La mort à Paris, XVIe, XVIIe et XVIIIe siècles*. Paris: Fayard, 1978.

______. Malthusianisme démographique et malthusianisme économique. Réflexions sur l'échec industriel de la Normandie à l'époque du démarrage. *Annales E.S.C.* 27, 1972.

CHIFFOLEAU, J. Les "banalités" paroissiales. In: GOFF, J. L.; RÉMOND, R. (Ed.). *Histoire de la France religieuse*. Paris: Editions du Seuil, 1988. 2v. v.2. Fraçois Lebrun (Ed.). Du christianisme flamboyant à l'aube des Lumières.

COCHIN, A. *Les Sociétés de Pensée et la Révolution en Bretagne (1787-1788)*. Paris: H. Champion, 1925.

______. *Les sociétés de pensée et la démocratie moderne*. Paris: Plon-Nourrit et cie., 1921. [Paris: Copernic, 1978.]

CONDORCET. *Esquisse d'un tableau historique des progrès d'esprit humain*. Paris: Flammarion, GF, 1988. [*Sketch for A Historical Picture of the Progress of the Human Mind*. Trad. June Barraclough. London: Weidenfeld and Nicolson, 1955.]

CORNEILLE, P. *Nicomède*. In: ______. *Oeuvres complètes*. Paris: Editions du Seuil, L'Intégrale, 1963, 1970.

______. *The Chief Plays of Corneille*. Trad. Lacy Lockett. Princeton: Princeton University Press, 1952.

CORNETTE, J. Fiction et realité de l'état baroque (1610-1652). In: MÉCHOULAN, H. (Ed.). *L'état baroque. Regards sur la pensée politique de la France du premier XVIIe siècle*. Paris: J. Vrin, 1985.

CORSINI, S. La contrefaçon du livre sous l'Ancien Régime. In: MOUREAU, F. *Les Presses Grises*. Paris: Aux Amateurs de Livres, 1988.

COURTINE, J.-F. L'héritage scolastique dans la problématique théo-logo-politique de l'âge classique. In: MÉCHOULAN, H. (Ed.). *L'Etat baroque. Regards sur la pensée politique de la France du premier XVIIe siècle.* Paris: Librairie Philosophique J. Vrin, 1985.

CRAVERI, B. *Madame du Deffand e il suo mondo.* Milano: Adelphi Editori, 1982.

CROW, T. E. *Painters and Public Life in Eighteenth-century Paris.* New Haven: Yale University Press, 1985.

CURTIS, M. H. The Alienated Intellectuals of Early Stuart England. *Past and Present* 23, 1962.

D'ALEMBERT, J. L. R. Explication détaillé du système des connaissances humaines. *Discours préliminaire de l'Encyclopédie.* Paris: Editions Gonthier, Méditations, 1965. [Detailed Explanation of the System of Human Knowledge. *Preliminary Discourse to the Encyclopedia of Diderot.* Trad. Richard N. Schwab e Walter E. Rex. Indianapolis: Bobbs-Merrill, Libray on Liberal Arts, 1963.]

DAVIES, S. Paris and the provinces in eighteenth-century prose fiction. *Studies on Voltaire and the Eighteenth Century* 214. Oxford: Voltaire Foundation, 1982.

DAVIS, J. C. L'affaire de Prades en 1751-1752 d'après deux rapports de police. *Studies on Voltaire and the Eighteenth Century* 245. Oxford: Voltaire Foundation, 1986.

DARNTON, R. Ideology on the Bourse. In: VOVELLE, M. (Ed.). *Image de la Révolution Française.* Communications présentées lors du Congrès Mondial pour le Bicentenaire de la Révolution, Sorbonne, Paris, 6-12 july 1989. Paris e Oxford: Pergamon Press, 1989-90. 4 v.

______. Philosophy under the Cloak. In: ______; ROCHE, D. (Ed.). *Revolution in Print*: the Press in France 1775–1800. Berkeley: University of California Press, em colaboração com a New York Public Library, 1989.

______. Livres philosophiques. In: BARBER, G.; COURTNEY, C. P. (Ed.). *Enlightenment Essays in Memory of Robert Shackleton.* Oxford: The Voltaire Foundation, 1988.

______. The Factors of Literary Life in Eighteenth-century France. In: BAKER, K. M. (Ed.). *The French Revolution and the Creation of Modern Political Culture.* Oxford e New York: Pergamon Press, 1987a. v.1. The Political Culture of the Old Regime.

______. Un colporteur sous l'Ancien Régime. *Censures. De la Bible aux larmes d'Eros.* Paris: Editions du Centre Georges Pompidou, 1987b.

______. Philosophers Trim the Tree of Knowledge: the Epistemological Strategy of the *Encyclopédie*. In: ______. *The Great Cat Massacre and Other Episodes in French Cultural History.* New York: Basic Books, 1984a.

______. A Police Inspector Sorts his Files: the Anatomy of the Republic of Letters. In: ______. *The Great Cat Massacre and Other Episodes in French cultural history.* New York: Basic Books, 1984b.

______. Readers Respond to Rousseau: the Fabrication of Romantic Sensitivity. In: ______. *The Great Cat Massacre and Other Episodes In French Cultural History.* New York: Basic Books, 1984c.

______. A Clandestine Bookseller in the Provinces. In: ______. *The Literary Underground of the Old Regime.* Cambridge: Harvard University Press, 1982.

______. Le livre prohibé aux frontières: Neuchâtel. In: MARTIN, H.-J.; CHARTIER, R. (Ed.). *Histoire de l'édition française*. Paris: Promodis, 1982-6.

______. *The Business of Enlightenment*: A Publishing History of the *Encyclopédie* 1775-1800. Cambridge: Belknap Press, Harvard University Press, 1979.

______. Trade in the Taboo: the Life of a Clandestine Book Dealer in Prerevolutionary France. In: KORSHIN, P. J. (Ed.). *The Widening Circle*: Essays on the Circulation of Literature in Eighteenth-century Europe. Philadelphia: University of Pennsylvania Press, 1976.

______. The High Enlightenment and the Low-life of Literature in Pre-revolutionary France. *Past and Present* 51, 1971. [Reimpresso *The Literary Underground of the Old Regime*. Cambridge: Harvard University Press, 1982.]

______. Trends in Radical Propaganda on te Eve of the French Revolution (1782-1788). Diss. Ph. D., Universidade de Oxford, 1964. Cap. 9. The Final Assault on the Government.

DELOFFRE, F. (Ed.). *Agréables conférences de deux paysans de Saint-Ouen et de Montmorency sur les affaires du temps (1649-1651). Edition critique.* Lyons: Annales de l'Univeristé de Lyon, 1962.

DELUMEAU, J. *Le catholicisme entre Luther et Voltaire.* Paris: Presses Universitaires de France, Nouvelle Clio 30 bis, 1971. [*Catholicism between Luther and Voltaire: a New View of the Counter-reformation*. Trad. Jeremy Moiser. Londres: Burns and Oats/ Philadelphia: Westminster Press, 1977.]

DESCARTES, R. *Discours de la méthode*. In: ______. *Oeuvres complètes*. Paris: Gallimard, Bibliothèque de la Pléiade, 1953. [*Descartes's Discourse on Method*. Trad. Laurence J. Lafleur. Indianapolis: Bobbs-Merrill, Liberal Arts Press, 1960.]

DIBON, P. Communication in *Republica Litteraria* of the 17th Century. *Res Publica Litterarum* 1, 1978.

DICTIONNAIRE Universel français et latin, vulgairment appelé Dictionnaire de Trévoux. Nova ed. Paris, 1771.

DIDEROT, D. *Sur la liberté de la presse*, texto parcial. In: PROUST, J (Ed.). Paris: Editions Sociales, Les Classiques du Peuple, 1964.

______. Lettre historique et politique sur le commerce de la librairie. In: ______. *Oeuvres completes*. Paris: Le Club Français du Livre, 1963--1973. 15v.

DUPRONT, A. *Du sacré. Croisades et pèlerinages, images et langage*. Paris: Gallimard, 1987.

______. Formes de la culture de masses: de la doléance politique au pélerinage panique (XVIIIe-XXe siècle). *Niveaux de culture et groupes sociaux*. Actes du colloque réuni du 7 au 9 mai 1966 à l'Ecole Normale Supérieure, Paris. Paris e The Hague: Mouton, 1967.

______. Livre et culture dans la société française du 18e siècle: refléxions sur une enquête. *Livre et société dans la France de XVIIIe siècle*. Paris e The Hague: Mouton, 1965.

______. *Les lettres, les sciences, la religion et les arts dans la société française de la deuxième moitié du dix-huitième siècle*. Paris: Centre de Documentation Universitaire, 1963.

DUPUY, R. De la Révolution à la Chouannerie. Paysans en Bretagne 1788-94. Paris: Flammarion, 1988.

DURAND, Y. (Ed.). *Cahiers de doléances des paroisses du bailliage de Troyes pour les Etats généraux de 1614*. Paris: Presses Universitaires de France, 1966.

DURANTON, H.; FAVRE, R.; LABROSSE, C.; RÉTAT, P. Etude quantitative des périodiques de 1734. In: RÉTAT, P.; SGARD, J. (Ed.). *Presse et histoire au XVIIIe siècle. L'année 1734*. Paris: Editions du CNRS, 1978.

EHRARD, J.; ROGER, J. Deux périodiques français du XVIIIe siècle: le *Journal des Savants* et les *Mémoires de Trévoux*. *Livre et société dans la France du XVIIIe siècle*. Paris e The Hague: Mouton, 1965-70. 2v.

ELIAS, N. *The History of Manners*: the Civilizing Process. Trad. Edmund Jephcott. New York: Pantheon Books, 1978. v.1.

______. *Über den Prozess der Zivilisation, Soziogenetische und Psychogenetische Untersuchungen* [1939]. Frankfurt-am-Main: Suhrkamp, 1969a. [Edição reimpressa pela Suhrkamp Taschenbuch Wissenschaft, 1978-9.] [Disponível em inglês como *Power and Civility*: the Civilizing Process. Trad. Edmund Jephcott. Nova York: Pantheon Books, 1982.]

______. *Die höfische Gesellschaft. Untersuchungen zur Soziologie des Königtums und der höfischen Aristokratie mite einer Enleitung*: Soziologie und Geschichtwissenchaft. Neuwied: Hermann Luchterhand Verlag, 1969b. [Disponível em inglês como *The court society*. Trad. Edmund Jephcott. Oxford: Blackwell, 1983.]

ENCYCLOPÉDIE, ou Dictionnaire raisonné des sciences, des arts et des métiers. Lausanne e Berna: Sociedades tipográficas, 1778-81. 36 vols.

ENGELSING, R. Die Periodes der Lesergeschichte in der Neuzeit. Das statistische Ausmass und die soziokulturelle Bedetung der Lektüre. *Archiv für Geschichte des Buchwesens* 10, 1970.

ESTIVALS, R. La Statistique bibligraphique de la France sous la monarchie au XVIIIe siècle. Paris e The Hague: Mouton, 1965.

FAHMY, J. M. Voltaire et Paris. *Studies on Voltaire and the Eighteenth Century* 195. Oxford: Voltaire Foundation, 1981.

FARGE, A. Familles: l'honneur et le secret. In: ARIÈS, P.; DUBY, G. (Ed.). *Histoire de la vie privée*. Paris: Editions du Seuil, 1986a. v.3. De la Renaissance aux Lumières. [Disponível em inglês como The Honor and Secrecy of Families In: ARIÈS, P.; DUBY, G. (Ed.). *A History of Private Life*. Trad. Arthur Goldhammer. Cambridge: Belknap Press da Harvard University Press, 1989. v.3. Passions of the Renaissance.]

______. *La vie fragile. Violence, pouvoirs et solidarités à Paris au XVIIIe siècle*. Paris: Hachette, 1986b.

______; REVEL, J. *Logiques de la foule. L'affaire des enlèvements d'enfants Paris 1750*. Paris: Hachette, 1988.

______; FOUCAULT, M. *Le désordre des familles. Lettres de cachet des Archives de la Bastille*. Paris: Gallimard/ Julliard, Collection Archives, 1982.

FEBVRE, L. De Lanson à Daniel Mornet. Un renoncement? In: ______. *Combats pour l'histoire*. Paris: Armand Colin, 1953.

FÉLIBIEN, A. *Description sommaine du château de Versailles*. Paris: G. Desprez, 1674. Apud POMMIER, E. Versailles, l'image du souverain. In: NORA, P. (Ed.). *Les lieux de mémoire*. Paris: Gallimard, 1984-86. 2v.

FLANDRIN, J.-L. *Familles, parenté, maison, sexualité dans l'ancienne société*. Ed. rev. Paris: Editions du Seuil, 1984. [Disponível em inglês como *Families in Former Times*: Kinship, Household and Sexuality. New York: Cambridge University Press, 1979.]

______. *Les amours paysannes. Amour et sexualité dans les campagnes de l'ancienne France (XVIe-XIXe siècle)*. Paris: Editions Gallimard/ Juliard, Collection Archives, 1975.

FLEURY, E. Le peuple em dictionnaires (fin XVII–XVIIIe siècle). *Diplôme d'Etudes Approfondies*. Paris: Ecole des Hautes Etudes em Sciences Sociales, 1986, texto datilografado.

FOGEL, M. *Les cérémonies de l'information dans la France du XVIe au milieu du XVIIIe siècle*. Paris: Fayard, 1989.

______. Propagande, communication, publication: points de vue et demande d'enquête pour la France de XVIe-XVIIe siècle. *La culture et l'idéologie dans la genèse de l'Etat moderne*. Actes de la table ronde organisée par le Centre de la Recherche Scientifique et l'Ecole Française de Rome, Rome, 15-17 October 1984. Rome: Ecole Française de Rome, 1985.

FORT, B. Voice of the Public: Carnivalization of Salon Art in Prerevolutionary France. *Eighteenth-Century Studies* 22, 3, 1989.

FOUCAULT, M. Un cours inédit. *Le Magazine Littéraire*, 207, 1984.

______. Afterword: the Subject and the Power. In: DREYFUS, H. L.; RABINOW, P. (Ed.). *Michel Foucault*: beyond Structuralism and Hermeneutics. Chicago: University of Chicago Press, 1982.

______. Nietzsche, Genealogy, History. In: ______. *Language, Counter--Memory, Practice*: Selected Essays and Interviews. Trad. Donald F. Bouchard e Sherry Simon. Ithaca: Cornell University Press, 1977.

______. *Surveiller et punir*: naissance de la prison. Paris: Gallimard, 1975. [Disponível em inglês como *Discipline and Punish*: the Birth of the Prison. Trad. Alan Sheridan. New York: Pantheon Books, 1977.]

______. Nietzsche, la généalogie, l'histoire. *Hommage à Jean Hyppolite*. Paris: Presses Universitaires de France, 1971.

______. Réponse au cercle d'épistémologie. *Cahiers pour l'Analyse 9*, Généalogie des Sciences. Eté, 1968.

FRIED, M. *Absorption and Theatricality*: Painting and Beholder in the Age of Diderot. Berkeley: University of California Press, 1980.

FROESCHLÉ-CHOPARD, M.-H.; FROESCHLÉ-CHOPARD, M. *Atlas de la Réforme pastorale en France de 1550 à 1790*. Paris: Editions du CNRS, 1986.

FUNCK-BRENTANO, F. *Archives de la Bastille, la formation du dépôt*. Dole: C. Blind, 1890.

FURET, F. *Penser la Révolution Française*. Paris: Gallimard, 1978a. [*Interpreting the French Revolution*. Trad. Elborg Forster. Cambridge: Cambridge University Press/ Paris: Editions de la Maison des Sciences de l'Homme, 1981.]

______. Augustin Cochin: la théorie du jacobinisme. In: ______. *Penser la Révolution Française*. Paris: Gallimard, 1978b. [Disponível em inglês como "Augustin Cochin: the Theory of Jacobinism". In: ______. *Interpreting the French Revolution*. Trad. Elborg Forster. Cambridge: Cambridge University Press/ Paris: Editions de la Maison des Sciences de l'Homme, 1981.]

______. La "librairie" du royaume de France au 18e siècle. *Livre et société dans la France du XVIIIe siècle*. Paris e The Hague: Mouton, 1965-70. 2v.

GALPERN, A. N. *The Religions of the People in the Sixteenth-century Champagne*. Cambridge: Harvard University Press, 1976.

GAYOT, G. *La Franc-Maçonnerie française. Textes et pratiques (XVIIIe-XIXe siècles)*. Paris: Editions Gallimard/ Julliard, Collection Archives, 1980.

GEMBICKI, D. *Histoire et politique à la fin de l'Ancien Régime*: Jacob-Nicolas Moreau, 1717-1803. Paris: A. G. Nizet, 1979.

GENET, J.-P. La mesure et le champ culturel. *Histoire et Mesure* 2, 1, 1987.

GIESEY, R. E. The king imagined. In: BAKER, K. M. (Ed.). *The French Revolution and the Creation of Modern Political Culture*. Oxford e New York: Ergamon Press, 1987a. 2v. v.1. The Political Culture of the Old Regime.

______. Cérémonial et puissance souveraine. France, XVe-XVIIe siècles. *Cahiers des Annales 41*. Trad. Jeannie Carlier. Paris: Armand Colin, 1987b.

______. Modèles de pouvoir dans les rites royaux français. *Annales E.S.C.* 41, 1986.

______. *The Royal Funeral Ceremony in Renaissance France*. Genève: Librairie Droz, 1960.

GOODMAN, D. Enlightened Salons: the Convergence of Female and Philosophic Ambitions. *Eighteenth-Century Studies* 22, 3, 1989.

GOUBERT, P.; DENIS, M. *1789 les français ont la parole... Cahiers de doléances des États Généraux*. Paris: Julliard, 1964. Collection Archives.

GOULEMOT, J. M. Pouvoirs et saviors provinciaux au XVIIIe siècle. *Critique* 397-398, 1980.

GRESSET, M. *Gens de justice à Besançon*: de la conquête par Louis XIV à la Révolution Française, 1674-1789. Paris: Bibliothèque Nationale, 1978a. 2v.

______. L'état d'esprit des avocats comtois à la veille de la Révolution. *Actes du 102e Congrès National des Sociétés Savantes (Limoges, 1977), Section d'Histoire Moderne et Contemporaine*. Paris: Bibliothèque Nationale, 1978b. 2v. v.1. *Contributions à l'histoire des mentalités de 1610 à nos jours*.

GRIVEL, M. *Le commerce de l'estampe à Paris au XVIIe siècle. Histoire et civilisation du livre 16*. Genebra: Librairie Droz, 1986.

GROSCLAUDE, P. *Malesherbes témoin et interprète de son temps*. Paris: Librairie Fischbacher, 1961.

GUMBRECHT, H. U.; REICHARDT, R. Philosophe, Philosophie. In: REICHARDT, R.; SCHMITT, E. (Ed.). *Handbuch Politisch-sozialer Grundbegriffe in Frankreich 1680-1820*. Munique: R. Oldenbourg Verlag, 1985. 10v.

HABERMAS, J. The Public Sphere: an Encyclopaedia Article (1964). *New German Critique* 1, 3, 1974.

______. *Strukturwandel der Öffentlichkeit, Untersuchungen zu einer Kategorie der bürgerlichen Gesellschaft*. Neuwied: Hermann Luchterhand Verlag, 1962. [Disponível em francês como *L'espace public. Archélogie de la publicité comme dimension constitutive de la societé bourgeoise*. Trad. Marc B. De Launay. Paris: Payot, 1978.] [Disponível em inglês como *The*

Structural Transformation of the Public Sphere: an Inquiry into a Category of Bourgeois Society. Trad. Thomas Burger & Frederick Lawrence. Cambridge: Polity Press/ Cambridge, Mass.: MIT Press, 1989.]

HAFER, H. (Ed.). *Louis-Sébastien Mercier précurseur et sa fortune. Avec des documents inédits. Recueil d'études sur l'influence de Mercier.* München: Wilhelm Fink Verlag, 1977.

HALÉVY, R. L'idée et l'événement. Sur les origines intellectuelles de la Révolution Française. *Le Débat 38*, 1986.

______. Les loges maçonniques dans la France d'Ancien Régime. Aux origines de la sociabilité démocratique. *Cahiers des Annales* 40. Paris: Librairie Armand Colin, 1984.

HANLEY, S. *The Lit de Justice of the King of France*: Constitutional Ideology in Legend, Ritual, and Discourse. Princeton: Princeton University Press, 1983.

HÉBRARD, J. Les cathéchismes de la première Révolution. In: ANDRIÈS, L. (Ed.). *Colporter la Révolution*. Ville de Montreuil: Bibliothèque Robert-Desnos, 1989.

HIMELFARB, H. Versailles, functions and légendes. In: NORA, P. (Ed.). *Les lieux de mémoire*. Paris: Gallimard, 1984-86. 2v. v.2. La nation.

HOGGART, R. *The Uses of Literacy: Changing Patterns in English Mass Culture.* Fairlawn N.J.: Essential Books, 1957.

HOHENDAHL, P. Jürgen Habermas: The Public Sphere (1964). *New German Critique* 1, 3, 1974.

JOUHAUD, C. Littérature et societé: naissance de l'écrivain. *Annales E.S.C.*, jul.-ago. 1988.

______. *Mazarinades. La Fronde des mots.* Paris: Aubier, 1985a.

______. Propagande et action au temps de la Fronde. *Culture et idéologie dans la genèse de l'Etat moderne*. Actes de la table ronde organisée par le Centre National de la Recherche Scientifique et l'Ecole Française de Rome. Rome, 15-17 October 1984. Roma: L'Ecole Française de Rome, 1985b.

JULIA, D. Déchristianisation ou mutation culturelle? L'exemple du Bassin parisien au XVIIIe siècle. In: CASSAN, M.; BOUTIER, J.; LEMAÎTRE, N. (Ed.). *Croyances, povoirs et société. Des limousins aux français. Etudes offertes à Louis Perouas*. Treignac: Editions Les Monédières, 1988a.

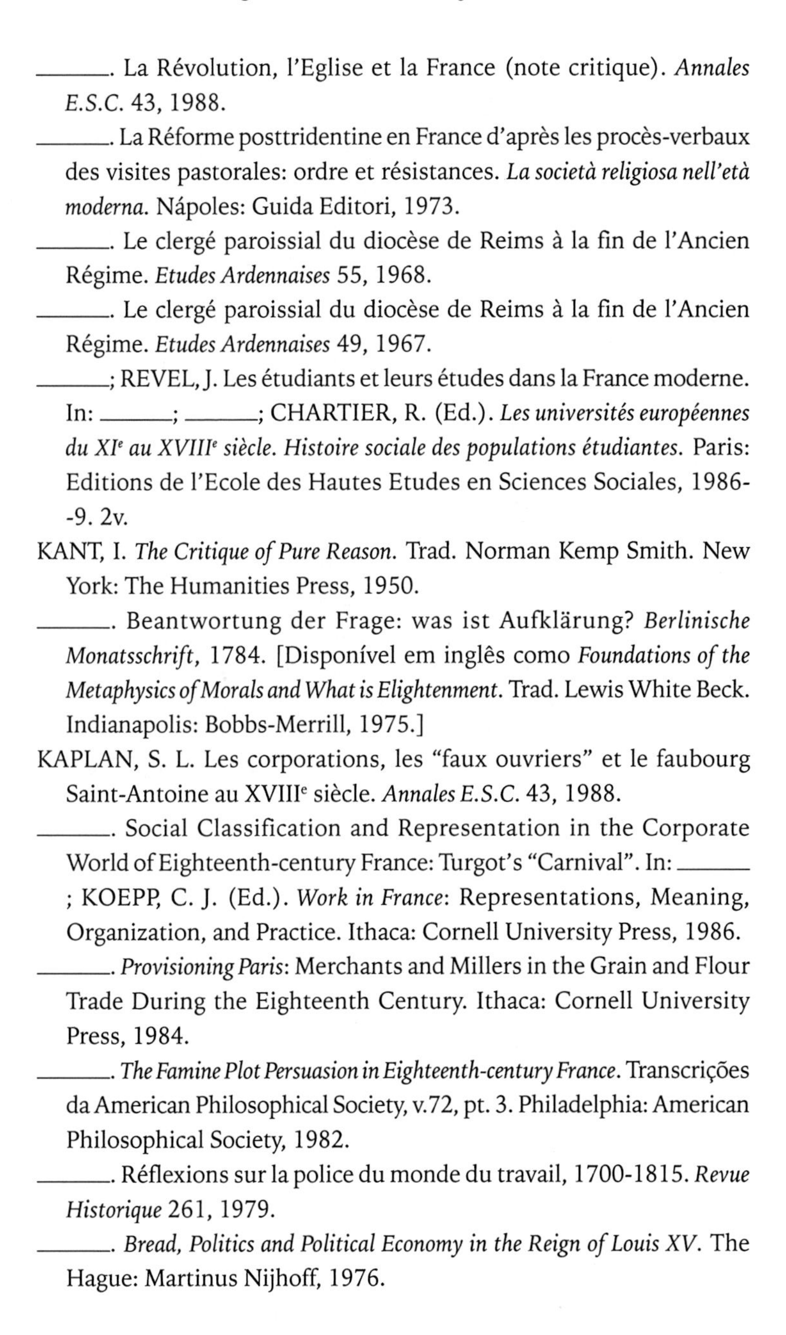

______. La Révolution, l'Eglise et la France (note critique). *Annales E.S.C.* 43, 1988.

______. La Réforme posttridentine en France d'après les procès-verbaux des visites pastorales: ordre et résistances. *La società religiosa nell'età moderna*. Nápoles: Guida Editori, 1973.

______. Le clergé paroissial du diocèse de Reims à la fin de l'Ancien Régime. *Etudes Ardennaises* 55, 1968.

______. Le clergé paroissial du diocèse de Reims à la fin de l'Ancien Régime. *Etudes Ardennaises* 49, 1967.

______; REVEL, J. Les étudiants et leurs études dans la France moderne. In: ______; ______; CHARTIER, R. (Ed.). *Les universités européennes du XIe au XVIIIe siècle. Histoire sociale des populations étudiantes*. Paris: Editions de l'Ecole des Hautes Etudes en Sciences Sociales, 1986-9. 2v.

KANT, I. *The Critique of Pure Reason*. Trad. Norman Kemp Smith. New York: The Humanities Press, 1950.

______. Beantwortung der Frage: was ist Aufklärung? *Berlinische Monatsschrift*, 1784. [Disponível em inglês como *Foundations of the Metaphysics of Morals and What is Elightenment*. Trad. Lewis White Beck. Indianapolis: Bobbs-Merrill, 1975.]

KAPLAN, S. L. Les corporations, les "faux ouvriers" et le faubourg Saint-Antoine au XVIIIe siècle. *Annales E.S.C.* 43, 1988.

______. Social Classification and Representation in the Corporate World of Eighteenth-century France: Turgot's "Carnival". In: ______; KOEPP, C. J. (Ed.). *Work in France*: Representations, Meaning, Organization, and Practice. Ithaca: Cornell University Press, 1986.

______. *Provisioning Paris*: Merchants and Millers in the Grain and Flour Trade During the Eighteenth Century. Ithaca: Cornell University Press, 1984.

______. *The Famine Plot Persuasion in Eighteenth-century France*. Transcrições da American Philosophical Society, v.72, pt. 3. Philadelphia: American Philosophical Society, 1982.

______. Réflexions sur la police du monde du travail, 1700-1815. *Revue Historique* 261, 1979.

______. *Bread, Politics and Political Economy in the Reign of Louis XV*. The Hague: Martinus Nijhoff, 1976.

KLEY, D. K. Van. The Estates General as Ecumenical Council: the Constitutionalism of Corporate Consensus and the *Parlement*'s Ruling of September 25, 1788. *Journal of Modern History* 61, 1, 1989.

______. The Jansenist Constitutional Legacy in the French Prerevolution. In: BAKER, K. M. (Ed.). *The French Revolution and the creation of modern political culture*. Oxford e New York: Pergamon Press, 1987. 2v. v.1. The Political Culture of the Old Regime.

______. *The Damiens Affair and the Unraveling of the Ancient Régime, 1750--1770*. Princeton: Princeton University Press, 1984.

KORS, A. C. *D'Holbach's coterie*: an Enlightenment in Paris. Princeton: Princeton University Press, 1976.

KOSELLECK, R. *Kritik und Krise. Eine Studie zur Pathogenese der bürgerlichen Welt*. Fribourg e Munique: Verlag Karl Albert, 1959. [*Critique and Crises:* Enlightenment and the Pathogenesis of Modern Society. Cambridge: MIT Press, 1988.]

LABROSSE, C. *Lire au XVIIIe siècle. La Nouvelle Héloïse et ses lectures*. Lyon: Presses Universitaires de Lyon, 1985.

______; RÉTAT, P.; DURANTON, H. *L'instrument périodique. La fonction de la presse au XVIIIe siècle*. Lyon: Presses Universitaires de Lyon, 1985.

LADURIE, E. L. R. Révoltes et contestations rurales en France de 1675 à 1788. *Annales E.S.C.* 29, 1974.

LANDES, J. B. *Women and the Public Sphere in the Age of the French Revolution*. Ithaca: Cornell University Press, 1988.

LANSON, G. L'histoire littéraire et la sociologie. *Revue de Métaphysique et de Morale*, 1904.

______. Programme d'études sur l'histoire provinciale de la vie littéraire en France. *Revue d'Histoire Moderne et Contemporaine*, 1903.

LASLETT, P.; OOSTERVEEN, K.; SMITH, R. M. (Ed.). *Bastardy and its Comparative History*: Studies of Illegitimacy and Marital Nonconformism in Britain, France, Germany, Sweden, North America, Jamaica and Japan. Londres: Edward Arnold/ Cambridge: Harvard University Press, 1980.

LECOQ, A.-M. La symbolique de l'Etat. Les images de la monarchie des premiers Valois à Louis XIV. In: NORA, P. (Ed.). *Les lieux de mémoire*. Paris: Gallimard, 1984-86. 2v.

LE GOFF, J. Reims, ville du sacre. In: NORA, P. (Ed.). *Les lieux de mémoire*. Paris: Gallimard, 1984-86. 2v.

LEITH, J. Les trois apothéoses de Voltaire. *Annales Historiques de la Révolution Française* 34, 1979.

LEMAY, E.-H. La composition de l'Assemblée Nationale Constituante: les hommes de la continuité? *Revue d'Histoire Moderne et Contemporaine* 24, 1977.

LONGNON, J. (Ed.). Louis XIV. *Mémoires*. Paris: Tallandier, 1978.

LOUGH, J. *Writer and Public in France from the Middle Ages to the Present Day*. Oxford: Clarendon Press, 1978.

______. Luneau de Boisjermain v. the Publishers of the *Encyclopédie*. *Studies on Voltaire ant he Eighteenth Century* 23, 1963.

LÜSEBRINK, H.-J. L'Histoire des Deux Indes et ses extraits. Un mode de dispersion textuelle au XVIIIe siècle. *Littérature* 69, "Intertexualité et Révolution", 1988.

______ (Ed.). *Histoires curieuses et véritables de Cartouche et de Mandrin*. Paris: Montalba, Bibliothèque bleue, 1984.

______. L'affaire Cléreaux. Rouen, 1786-1790. Affrontements idéologiques et tensions institutionnelles autour de la scène judiciaire de la fin du XVIIIe siècle. *Studies on Voltaire and the Eighteenth Century* 191, 1980.

______; REICHARDT, R. *Die Bastille. Zur Symbolgeshichte von Herrschaft und Freiheit*. Frankfurt-am-Main: Fischer Taschenbuch Verlag, 1990. [Disponível em francês como La "Bastille" dans l'imaginaire social de la France à la fin du XVIIIe siècle (1774–1799). *Revue d'Histoire Moderne et Contemporaine*, 1983.]

MALESHERBES, C. G. de. *Mémoires sur la librairie et sur la liberté de la presse*. Introdução e notas de Graham E. Rodmell. North Carolina Studies in the Romance Languages and Literatures. Chapel Hill: University of North Carolina Press, 1979.

______. Remontrances relatives aux impôts, 6 mai 1775. In: BADINTER, E. (Ed.). *Les "Remontrances" de Malesherbes 1771–1775*. Paris: Union Générale d'Editions 10/18, 1978.

MANDROU, R. *Des humanistes aux hommes de science (XVIe et XVIIe siècles)*. Paris: Fayard, 1988. [Disponível em inglês como *From Humanism to Science*: 1480 to 1700. Trad. Brian Pearce. Harmondsworth e New York: Penguin Books, 1978.]

MARCETTEAU, A.; VARRY, D. Les bibliothèques de quelques acteurs de la Révolution de Louis XVI à Robespierre. *Mélanges de la Bibliothèque de la Sorbonne*. Paris: Aux Amateurs de Livres, 1989. v.9. Livre et Révolution.

MARIN, L. *Le portrait du roi*. Paris: Les Editions de Minuit, 1982. [*Portrait of the King*. Trad. Marha M. Houle. Minneapolis: University of Minnesota Press, 1988.]

MARKOFF, J. Images du roi au début de la Révolution. In: VOVELLE, M. (Ed. ger.). *L'image de la Révolution Française*: communications présentées lors du Congrès Mondial pour le Bicentenaire de la Révolution, Paris, Sorbonne, 6-12 juillet 1989. Paris e Oxford: Pergamon Press, 1989-90. 4v.

MARTIN, H.-J. Une croissance séculaire. In: ______; CHARTIER, R. (Ed.). *Histoire de l'édition française*. Paris: Promodis, 1982-6. 4v. v.2. Le livre triomphant, 1660-1830.

______; LECOQ, M. et al. *Livres et lecteurs à Grenoble. Les registres du libraire Nicolas (1645-1668)*. Genebra: Librairie Droz, 1977. 2v.

MAZA, S. The Diamond Necklace Affair Revisited (1785-1786): The Case of the Missing Queen. In: HUNT, L. (Ed.). *Eroticism and the Body Politic in France*. Baltimore: Johns Hopkins University Press, 1990.

______. Le tribunal de la nation: les mémoires judiciaires et l'opinion publique à la fin de l'Ancien Régime. *Annales E.S.C.*, 1987.

MÉNÉTRA. *Journal of my life*. Trad. Arthur Goldhammer. New York: Columbia University Press, 1986.

MERCIER, L.-S. Censeurs royaux. *Tableau de Paris*. Amsterdam, 1783--8a. 12v.

______. Libelles. *Tableau de Paris*. Amsterdam, 1783-8b. 12v.

______. Estampes licencieuses. *Tableau de Paris*. Amsterdam, 1783-8c. 12v.

______. Placards. *Tableau de Paris*. Amsterdam, 1783-8d. 12v.

______. A la Royale. *Tableau de Paris*. Amsterdam, 1783-8e. 12v.

______. Vieilles enseignes. *Tableau de Paris*. Amsterdam, 1783-8f. 12v.

______. Bouquiniste. *Tableau de Paris*. Amsterdam, 1783-8g. 12v.

______. Petits formats. *Tableau de Paris*. Amsterdam, 1783-8h. 12v.

______. Loueurs de livres. *Tableau de Paris. Nouvelle édition corrigée et augmentée*. Amsterdam, 1782-3. 8v.

MERRICK, J. W. *The Desacralization of the French Monarchy in the Eighteenth Century*. Baton Rouge: Louisiana State University Press, 1990.

MONBRON, F. de. *Le cosmopolite ou le citoyen du monde suivi de la capitale des Gaules ou la nouvelle Babylone*. Bordeaux: Editions Ducros, 1970.

MORIN, A. *Catalogue descriptif de la Bibliothèque bleue de Troyes (Almanachs exclus)*. Genebra: Librairie Droz, 1974.

MORNET, D. *Les origines intellectuelles de la Révolution Française – 1715--1787*. Paris: Armand Colin, 1933, 1967.

______. *Histoire de la littérature française classique, 1600-1700, ses caractères véritables et ses aspects inconnus*. Paris: Armand Colin, 1940.

______. Les enseignements des bibliothèques privées (1750-1780). *Revue d'Histoire Littéraire de la France*, jul.-set. 1910.

______. *Les sciences de la nature en France au XVIIIe siècle*. Paris: Armand Colin, 1911.

______. *Le sentiment de la nature en France. De Jean-Jacques Rousseau à Bernardin de Saint-Pierre*. Paris: Hachette, 1907.

ODDOS, J.-P. Simples notes sur les origines de la Bibliothèque bleue. In: DOTOLI, G. *La 'Bibliothèque bleue' nel Seicento o della letteratura per il popolo*. Bari: Adriatica/ Paris: Nizet, 1981.

OZANAM, D. La disgrâce d'un premier commis: Tercier et l'affaire de l'esprit (1758-1759). *Bibliothèque de l'Ecole de Chartes* 113, 1955.

OZOUF, M. L'opinion publique. In: BAKER, K. M. (Ed.). *The French Revolution and the creation of modern political culture*. Oxford e New York: Pergamon Press, 1987. v.1. The Political Culture of the Old Regime.

______. Le Panthéon. L'Ecole Normale des morts. In: NORA, P. (Ed.). *Les lieux de mémoire*. Paris: Gallimard, 1984. 2v. v.1. La Republique.

______. *La fête révolutionnaire 1789-1799*. Paris: Gallimard, 1976. [Disponível em inglês como *Festivals and the French Revolution*. Trad. Alan Sheridan. Cambridge: Harvard University Press, 1988.]

PAILHÈS, J.-L. En marge des bibliotèques: l'apparition des cabinets de lecture. In: JOLLY, C. (Ed.). *Histoire des bibliothèques françaises*: Les bibliothèques sous l'Ancien Régime 1530-1789. Paris: Promodis/ Editions du Cercle de la Librairie, 1988.

PASCAL, B. Pensées. In: LAFUMA, L. (Ed.). *Oeuvres complètes*. Paris: Editions du Seuil, L'Integrale, 1963. [*Pascal's Pensées*. Trad. H. F. Stewart. London: Routledge and Kegan Paul, 1950.]

PEROUAS, L. *Le diocèse de La Rochelle de 1648 à 1724. Sociologie et pastorale*. Paris: SEVPEN, 1964.

PERROT, J.-C. Nouveautés: l'économie politique et ses livres. In: MARTIN, H.-J.; CHARTIER, R. (Ed.). *Histoire de l'édition française*. Paris: Promodis, 1982-6. 4v. v.2. Le livre triomphant. 1660-1830.

______. *Génèse de la ville moderne. Caen au XVIIIe siècle*. Paris e The Hague: Mouton, 1975. 2v.

POISSON, J.-P.; CHETAIL, J. Foi et au-delà dans les clauses religieuses des testaments déposés au Sénat de Savoie au XVIIIe siècle. *The Gnomon*: Revue Internationale d'Histoire du Notariat 54, mar. 1987.

POMMIER, E. Versailles, l'image du souverain. In: NORA, P. (Ed.). *Les lieux de mémoire*. Paris: Gallimard, 1984-86. 2v.

POPKIN, J. Pamphlet Journalism at the End of the Old Regime. *Eighteenth-Century Studies* 22, 3, 1989.

______. Recent Western German Work on the French Revolution. *Journal of Modern History* 59, dez. 1987.

PORCHNEV, B. *Les soulèvements populaires en France de 1632 à 1648*. Paris: SEVPEN, 1963.

PROUST, J. *Diderot et l'Encyclopédie*. Paris: Armand Colin, 1967.

______. Pour servir à une édition critique de la *Lettre sur le commerce de la librairie*. *Diderot Studies* 3, 1961.

QUINET, E. *La Révolution*. Paris: A. Lacroix, Verbeckhoven et cie, 1865. [Reimpressão: "Timidité d'esprit des hommes de la Révolution", p.185-90 e "Du tempérament des hommes de la Révolution et de celui des hommes des révolutions religieuses". Paris: Belin, Littérature politique, 1987, p.513-5.]

REICHARDT, R. Bastille. In: ______; SCHMITT, E. (Ed.). *Handbuch politisch-sozialer Grundbegriffe in Frankreich 1680-1820*. Munique: R. Oldenbourg Verlag, 1988. 10v.

RENWICK, J. *Voltaire et Morangiès 1772-1773, ou, Les Lumières l'ont échappé belle*. Studies on Voltaire and the Eighteenth Century 202. Oxford: Voltaire Foundation, 1982.

RÉTAT, P. (Ed.). *L'attenant de Damiens. Discours sur l'enlèvement au XVIIIe siècle*. Paris: Editions du CNRS/ Lyons: Presses Universitaires de Lyon, 1979.

REVEL, J. Marie-Antoinette. In: FURET, F.; OZOUF, M. (Ed.). *Dictionnaire critique de la Révolution française*. Paris: Flammarion, 1988. [Disponível em inglês como *A Critical Dictionary of the French Revolution*. Trad. Arthur Goldhammer. Cambridge: Belknap Press da Harvard University Press, 1989.]

RICHET, D. Autour des origines idéologiques lointaines de la Révolution: Elites et despotisme. *Annales E.S.C.* 24, 1969.

RIDEHALGH, A. Preromantic Attitudes and the Birth of a Legend: French Pilgrimages to Ermenonville, 1778–1789. *Studies on Voltaire and the Eighteenth Century* 215, 1982.

ROBESPIERRE. Sur les rapports des idées religieuses et morales avec les principes républicaines et sur les fêtes nationales. *Textes choisis*. Paris: Editions Sociales, 1958; 1974. 3v. v.3. Novembre 1793-Juillet 1794.

ROBIN, R. *La société française em 1789*: Semur-en-Auxois. Paris: Plon, 1970.

ROCHE, D. La police du livre. In: MARTIN, H.-J.; CHARTIER, R. (Ed.). *Histoire de l'édition française*. Paris: Promodis, 1982-6.

______ (Ed.). *Journal de ma vie. Jacques-Louis Ménétra, compagnon vitrier au 18e siècle*. Paris: Montalba, 1982.

______. Lumières et engagement politique: la coterie d'Holbach dévoilée. *Annales E.S.C.* 33, 1978a. [Disponível em *Les républicains des lettres. Gens de culture et lumières au XVIIIe siècle*, Paris: Fayard, 1988.]

______. *Le siècle des lumières en province. Académies et académiciens provinciaux, 1680-1789*. Paris e The Hague: Mouton, 1978b. 2v.

______. Les primitifs du rousseauisme. Une analyse sociologique et quantitative de la correspondance de J.-J. Rousseau. *Annales E.S.C.* 26, 1971.

ROOT, H. L. *Peasants and king in Burgundy*: Agrarian Foundations of French Absolutism. Berkeley: University of California Press, 1987. Cap. 5. Challenging the Seigneurie: Community Contentions on the Eve of the Revolution.

ROSS, M. The Author as Proprietor: Donaldson v. Becket and the Genealogy of Modern Authorship. *Representations* 23, 1988.

SANDT, U. v. de. Le Salon de l'Académie de 1759 à 1781. *Diderot et l'art de Boucher à David. Les Salons*: 1759-1781. Paris: Editions de la Réunion des Musées Nationaux, 1984.

SAUVY, A. Livres contrefaits et livres interdits. In: MARTIN, H.-J.; CHARTIER, R. (Ed.). *Histoire de l'édition française*. Paris: Promodis, 1982-6.

SAUZET, R. L'acculturation des masses populaires. In: GOFF, J. L.; RÉMOND, R. (Ed.). *Histoire de la France religieuse*. Paris: Editions du Seuil, 1988. 2v.

SCHLEICH, T. *Aufklärung und Revolution. Die Wirkungsgeschichte Gabriel Bonnot de Mablys in Frankreich (1740–1914)*. Stuttgart: Klett-Cotta, 1981.

SGARD, J. *Bibliographie de la presse classique (1600-1789)*. Genève: Editions Slatkine, 1984.

______. La multiplication des périodiques. In: MARTIN, H.; CHARTIER, R. (Ed.). *Histoire de l'édition française*. Paris: Promodis, 1982-6. 4v.

SOLNON, J.-F. *La cour de France*. Paris: Fayard, 1987.

SONENSCHER, M. *Work and Wages*: Natural Law, Politics, and Eighteenth-century French Trades. Cambridge: Cambridge University Press, 1989. Cap. 8. Conflict and the Courts.

______. Journeymen, the Courts and the French Trades 1781-1791. *Past and Present* 114, fev. 1987.

______. Les sans-culottes de l'an II: repenser le langage du travail dans la France révolutionnaire. *Annales E.S.C.* 40, 1985.

SPINK, J. S. Un abbé philosophe: l'affaire de J.-M. de Prades. *Dix--Huitième Siècle* 3, 1971.

STONE, L. *The Causes of the English Revolution 1529-1642*. New York: Harper Torchbook, 1972.

TACKETT, T. *Religion, Revolution and Regional Culture in Eighteenth-century France*: The Ecclesiastical Oath of 1791. Princeton: Princeton University Press, 1985.

______. L'histoire sociale du clergé diocésain dans la France du XVIIIe siècle. *Revue d'Histoire Moderne et Contemporaine*, 1979.

______. *Priest and Parish in Eighteenth-century France. A Social And Political Study of the Curés of Dauphiné*. Princeton: Princeton University Press, 1977.

TAINE, H. *Les origines de la France contemporaine* (1876). Paris: Robert Laffont, 1986. v.1. L'Ancien Régime.

______. *L'Ancien Régime*. Paris: Robert Laffont, 1966. v.1. Les origines de la France contemporaine. [*The Ancient Regime*, nova ed. rev. Trad. John Durand. New York: H. Holt, 1986.]

TEYSSÈDRE, B. *L'art au siècle de Louis XIV*. Paris: Le Livre de Poche, 1967. Cap. 5. Versailles, vivant folie, 1666-1678.

TOCQUEVILLE, A. de. *L'Ancien Régime et la Révolution*. Paris: Gallimard, 1967. [*The Old Regime and the French Revolution*. Trad. Stuart Gilbert. Garden City: N.Y.: Doubleday, 1955.]

______. *L'Ancien Régime et la Révolution*. Paris: Gallimard, 1958. v.2. Fragments et notes inédites sur la Révolution.

TOUSSAERT, J. *Le sentiment religieux en Flandre à la fin du Moyen-Age*. Paris: Plon, 1963.

TRUANT, C. M. Independent and Insolent: Journeymen and Their "Rites" in the Old Regime Workplace. In: KAPLAN, S. L.; KOEPP, C. J. (Ed.). *Work in France*: Representations, Meaning, Organization, and Practice. Ithaca: Cornell University Press, 1986.

VERNIER, J.-J. (Ed.). *Cahiers de doléances du bailliage de Troyes (principal et secondaire) et du bailliage de Bar-sur-Seine por les Etats généraux de 1789*. Troyes, 1909-11.

VEYRIN-FORRER, J. Livres arrêtés, livres estampillés: traces parisiennes de la contrefaçon. In: MOUREAU, F. (Ed.). *Les presses grises. La contrefaçon du livre (XVIe-XIXe siècles)*. Paris: Aux Amateurs de Livres, 1988.

VIALA, A. *Naissance de l'écrivain. Sociologie de la littérature à l'âge classique*. Paris: Editions du Minuit, 1985.

VOLTAIRE. *The Works of Voltaire*. Trad. William F. Fleming. Paris: E.R. Dumont, 1901. 42v.

______. *Oeuvres complètes*. Paris: Garnier Frères, 1878-79. 52v.

VOVELLE, M. *La révolution contre l'eglise. De la raison à l'être suprême*. Bruxelas: Editions Complexe, 1988.

______. La sensibilité pré-revolutionnaire. In: HINRICHS, E.; SCHMITT, E.; VIERHAUS, R. (Ed.). *Vom ancien regime zur französischen Revolution. Forschungen und Perspektiven*. Göttingen: Vandenhoeck e Ruprecht, 1978.

______. *Religion et révolution. La déchristianisation de l'an II*. Paris: Hachette, 1976.

______. *Piété baroque et déchristianisation en Provence au XVIIIe siècle*. Les attitudes devant la mort d'après les clauses des testaments. Paris: Plon, 1973.

WALTER, E. Les auteurs et le champ littéraire. In: MARTIN, H.-J.; CHARTIER, R. (Ed.). *Histoire de l'éditon française*. Paris: Promodis, 1985-6, 4v. v.2. Le Livre triumphant. 1660-1830.

WALZER, M. (Ed.). *Regicide and Revolution*: Speeches at the Trial of Louis XVI. Trad. Marian Rothstein. Cambridge: Cambridge University Press, 1974.

WARNER, M. *The Letters of the Republic*: Publications and the Public Sphere in Eighteenth-century America. Cambridge: Harvard University Press, 1990.

WEBER, W. Learned and General Musical Taste in Eighteenth-century France. *Past and Present* 89, 1980.

WOODMANSEE, M. The Genius and the Copyright: Economic and Legal Conditions of the Emergence of the "Author". *Eighteenth-Century Studies* 17, 4, 1984.

Leituras complementares

Toda reflexão sobre as origens culturais da Revolução Francesa deve começar por uma releitura dos "clássicos": Aléxis de Tocqueville, *L'Ancien Régime et la Révolution* (1856; Paris: Gallimard, 1967), disponível em inglês como *The Old Régime and the French Revolution*, trad. Sutart Gilbert (Garden City, N.Y.: Doubleday, 1955); Hippolyte Taine, *L'ancien régime* (1875; Paris: Robert Laffont, 1986), disponível em inglês como *The Ancient Regime*, nova ed. rev., trad. John Durand (Nova York: H. holt, 1896); e Daniel Mornet, *Les origines intellectuelles de la Révolution Française 1715-1787* (1933; reimpressão, Paris: Armand Colin, 1967).

Dois guias fornecem uma introdução à cultura do Iluminismo: Jean Starobinski, *L'invention de la liberté. 1700-1789* (Genebra: Skira, 1964), disponível em inglês como *The invention of Liberty, 1700-1789*, trad. Bernard C. Swift (Genebra: Skira, 1964); Alphonse Dupront, *Les lettres, les sciences, la religion et les arts dans la société française de la deuxième moitié du dix-huitième siècle* (Paris: Centre de Documentation Universitaire, 1963).

Para uma série de definições, complementares ou contraditórias, da cultura política francesa do século XVIII, ver Jürgen Habermas, *Strukturwandel der Öffentlichkeit. Untersuchungen zu einer Kategorie der bürgerlichen Gesellschaft* (Neuwied: Hermann Lughterhand Verlag, 1962), disponível em inglês como *The Structural Transformation of the Public Sphere: An Inquiry into a Category of Bourgeois Society*, trad. Thomas Burger em associação com Frederick Lawrence (Cambridge, Mass.: MIT Press, 1989); François Furet, *Penser la Révolution Française* (Paris: Gallimard, 1978, revista e corrigida 1983), disponível em inglês como *Interpreting the French Revolution*, trad. Elborg Forster (Cambridge: Cambridge University Press, Paris: Editions de la Maison des Sciences de l'Homme, 1981); Mona Ozouf, *L'homme régénéré. Essais sur la Révolution Française* (Paris: Gallimard, 1989); Keith Michael Baker, *Inventing the French Revolution: Essays on French Political Culture in the Eighteenth Century* (Nova York: Cambridge University Press, 1990). Pode-se acrescentar o trabalho cooperativo: Keith Miachael Baker (Ed.) *The French Revolution and the Creation of Modern Political Culture*, 2 vs. (Oxford e Nova York: Pergamon Press, 1987), v.1, *The Political Culture of the Old Regime*. Sobre o lugar das mulheres na nova politica cultural, ver Joan B. Landes, *Women and the Public Sphere in the Age of the French Revolution* (Ithaca: Cornell University Press, 1988).

Uma referência fundamental, publicada em alemão, ajuda enormemente a compreensão de sentidos comumente sustentados ou conflitantes nas principais noções do vocabulário político do Antigo Regime: Rolf Reichardt e Eberhard Schmitt, *Handbuch politisch-sozialer Grundbegriffe in Frankreich, 1680-1820*, 10 vs. até a presente data (Munique: R. Oldenbourg Verlag, 1985-).

A evolução de longo prazo da monarquia, conforme foi passando dos cerimoniais públicos para a sociedade da corte, pode ser apreendida de duas obras de Ralph E. Giesey: *The Royal Funeral Ceremony in Renaissance France* (Genebra: Librairie Droz, 1960), e *Cérémonials et puissance souveraine. France XVe-XVIIe*

siècles. Trad. Jeannie Carlier. Cahiers des Annales 41 (Paris: Armand Colini, 1987); e da obra fundamental de Norbert Elias, *Die Höfische Gesellschaft. Untersuchungen zur Soziologie des Königtums und her höfischen Aristokratie mit einer Enleitung: Soziologie und Geschightwissenschaft* (Darmstadt e Neuwied: Hermann Luchterhand Verlag, 1969), disponível em inglês como *The Court Society*, trad. Edmund Jephcott (Oxford: Blackwell, 1983).

Sobre o tema da "dessacralização" do rei e da monarquia, ver Michael Walzer, *Regicide and Revolution: Speeches at the Trial of Louis XVI*, trad. Marian Rothstein (Cambridge: Cambridge University Press, 1974); Dale K. Van Kley, *the Damiens Affair and the Unraveling of the Ancien Régime, 1750-1770* (Princeton: Princeton University Press, 1984); Arlette Farge e Jacques Revel, *Logiques de la foule. L'affaire des enlèvements d'enfants, Paris, 1750* (Paris: Hachette, 1988); Jeffrey W. Merrick, *The Desacralization of the French Monarchy in the Eighteenth Century* (Baton Touge: Louisiana State University Press, 1990).

Para uma visão abrangente do movimento que levou da Reforma Católica à descristianização do Iluminismo, ver Jean Delumeau, *Le catholicisme entre Luther et Voltaire* (Paris: Presses Universitaires de France, Nouvelle Clio 30 bis, 1971), disponívelem inglês como *Catholicism between Luther and Voltaire: A New View of the Counter-Reformation*, trad. Jeremy Moiser (Philadelphia: Westminster Press, e Londres: Burns and Oats, 1977); Jacques Le Goff e René Rémond (Eds.) *Histoire de la France religieuse*, 4 vols. (Paris: Editions du Seuil, 1988), v.2, *Du christianisme flamboyant à l'aube des Lumières*, (Ed.) François Lebrun (1988) e v.3, *Du roi Très Chrétien à la laïcité républicaine.* (Ed.) Philippe Joutard (no prelo). Vários aspectos do processo de descristianização são elucidados em Michel Vovelle, *Pieté baroque et déchristianisation en Provence au XVIIIe siècle. Les attitudes devant la mort d'après les clauses des testaments* (Paris: Plon, 1973); Pierre Chaunu, *La mort à Paris. XVIe, XVIIe, XVIIIe siècles* (Paris: Fayard, 1978); e Timothy Tackett, *Religion, Revolution and Regional Culture in Eighteenth-Century France: The*

Ecclesiastical Oath of 1791 (Princeton: Princeton University Press, 1986). Para uma visão ampla, um artigo que merece consideração é Michel de Certeau, "La formalité des pratiques. Du système religieux à l'éthique des Lumières (XVIIe-XVIIIe)", reimpresso em Certeau, *L'écriture de l'histoire* (Paris: Gallimard, 1975), p.153-212, disponível em inglês como *The Writing of History*, trad. Tom Conley (New York: Columbia University Press, 1988).

Progressos na literatura são mensurados em Fraçois Furet e Jacques Ozouf, *Lire et écrire. L'alphabétisation des français de Calvin à Jules Ferry* (Paris: Editions du Minuit, 1977), disponível em inglês como *Reading and Writing: Literacy in France from Calvin to Jules Ferry* (Cambridge: Cambridge University Press, 1982). Para as mudanças na educação básica e secundária, ver Roger Chartier, Marie-Madeleine Compère e Dominique Julia, *L'éducation en France du XVIe au XVIIIe siècle* (Paris: SEDES, 1976); Willem Frijhoff e Dominique Julia, *Ecole et société dans la France d'Ancien Régime. Quatre exemples: Auch, Avallon, Condom, Gisors* (Paris: Armand Colin, 1975); Marie-Madeleine Compère, *Du collège au lycée (1500-1850). Généalogie de l'enseignement secondaire français* (Paris: Gallimar, 1985). Sobre o recrutamento universitário, ver Dominique Julia e Jacques Revel. (Eds.) *Les universités europénnes du XVIe au XVIIIe siècle. Histoire sociale des populations étudiantes*, 2 vs. (Paris: Editions de l'Ecole des Hautes Etudes en Sciences Sociales, 1986-1989), v.2, *France* (1989). Sobre educação feminina, ver Martine Sonnet, *L'éducation des filles au temps des Lumières* (Paris: Cerf, 1987). Harvey Chisick, *The Limits of the Reform in the French Enlightenment: Attitudes toward the Education of Lower Classes in Eighteenth-Century France* (Princeton: Princeton University Press, 1981), descreve a resistência do Iluminismo à educação popular. Uma visão geral do trabalho na sociologia histórica da educação é fornecida por Serge Bonin e Claude Langlois, eds., *Atlas de la Révolution Française*, 4 vs. (Paris: Editions de l'Ecole des Hautes Etudes en Sciences Sociales, 1987-), v.2, *L'enseignement 1760-1815* (Ed.). Dominique Julia (1987).

A importância e o impacto da circulação de panfletos e livros proibidos são estudados nas várias obras de Robert Darton: *The Business of Enlighenment: A Publishing History of the Encyclopédie, 1775-1800* (Cambridge, Mass.: Belknap Press Harvard University Press, 1979); *The Literary Underground of the old Regime* (Cambridge, Mass.: Harvard University Press, 1982); *The Great Cat Massacre and Other Episodes in French Cultural History* (New York: Basic Books, 1984). Estas obras completam e retificam as perspectivas propostas nos dois volumes de *Livre et société dans la France du XVIIIe siècle*, 2 vs. (Paris e The Hague: Mouton, 1965–1970).

Sobre a imprensa de periódicos, ver Jack R. Censer e Jeremy D. Popkin, eds., *Press and Politics in Pré-Revolutionary France* (Berkeey: University of Califórnia Press, 1987); Claude Labrosse e Pierre Rétat, com Henri Duranton, *L'instrument périodique. La function de la presse au XVIIIe siècle* (Lyons: Presses Universitaires de Lyon, 1985). Uma referência fundamental é Jean Sgard, *Bibliographie de la presse classique (1600-1789)* (Genebra: Editions Slatkine, 1984).

Para uma história estendida da produção de livros e das práticas deleitura entre os séculos XVI e XVIII, ver Roger Chartier, *Lectures et lecteurs dans la France d'Ancien Régime* (Paris: Editions du Seuil, 1987), disponível em inglês como *The Cultural Uses of Print in Early Modern France*, trad. Lydia G. Cochrane (Princeton: Princeton University Press, 1987); Robert Darnton e Daniel Roche, eds., *Revolution in Print: The Press in France, 1775-1800* (Berkeley: University of California Press, em colaboração com a New York Public Library, 1989). Um primeiro apanhado de estudos acerca da atividade de publicação no Antigo Regime pode ser encontrada em Henri-Jean Martin e Roger Chartier, ed. ger., *Histoire de l'édition française*, 4 vs. (Paris: Promodis, 1982-86), v.1, *Le livre conquérant. Du Moyen Age au milieu du XVIIe siècle* (1982; reimpresso 1989), e v.2, *Le livre triomphant. 1660-1830* (1984; reimpresso 1990).

Mudanças afetando a condição do escritor entre os séculos XVII e XVIII estão assinaladas em John Lough, *Writer and Public in France: From Middle Ages to the Present Day* (Oxford: Clarendon Press, 1978). Para mais sobre o mesmo tópico, ver Alain Viala, *Naissance de l'écrivain. Sociologie de la littérature à l'âge classique* (Paris: Les Editions de Minuit, 1985); os vários estudos de Robert Darnton nas obras já citadas; Eric Walter, "Les auteurs et le champ littéraire", *Histoire de l'Edition Française* 2:382-99.

O estudo fundamental sobre sociabilidade intelectual no século XVIII é Daniel Roche, *Le Siècle des Lumières en province. Académies et académiciens provinciaux, 1680-1789*, 2 vs. (Paris e the Hague: Mouton, 1978). Para Maçonaria, ver duas obras que chegam a conclusões contraditórias: Gerard Gayot, *La Franc-Maçonnerie française. Textes et pratiques (XVIIIe-XIXe siècles)* (Paris: Gallimard/Julliard, 1980); Ran Halévi, *Les loges maçoniques dans la France d'Ancien Régime. Aux origines de la sociabilité démocratique*. Cahiers des Annales 40 (Paris: Armand Colin, 1984). Sobre os salões, Carolyn C. Lougee, *Les Paradis des Femmes: Women, Salons and social Stratification in Seventeenth-Century France* (Princeton: Princeton University Press, 1976); Benedetta Craveri, *Madame du Deffand e il suo mondo* (Milão: Adelphi Editori, 1982); e Dena Goodman, "Enlightened Salons: The Convergence of Female and Philosophic Ambitions", *Eighteenth-Century Studies* 22, 3 (1989): 329-50. Sobre o ambiente e as práticas que fundamentaram a República das Letras, ver Daniel Roche, *Les républicains des lettres, gens de culture et lumières au XVIIIe siècle* (Paris: Fayard, 1988).

A formação de um público que era simultaneamente uma realidade social e um tribunal de julgamento está no cerne do trabalho de Thomas Crow, *Painters and Public Life in Eighteenth-Century Paris* (New Haven: Yale University Press, 1985); Michel Fried, *Absorption and Thetricality: Painting and Beholder in the Age of Diderot* (Berkeley: University of Califórnia Press, 1980); William Weber, "Learned and General Taste in Eighteenth-Century France", *Past and Present* 89 (1980): 58-85.

Sobre a cultura parisiense, focalizando as práticas populares, ver Daniel Roche, *Le peuple de Paris. Essais sur la culture populaire*

(Paris: Aubier Montagne, 1981), disponível em inglês como *The People of Paris: An Essay in Popular Culture in the Eighteenth--Century*, trad. Mark Evans e Gwyne Lewis (Berkeley: University of California Press, 1987); Jacques-Louis Ménétra, *Journal de ma vie. Jacques-Louis Ménétra, compagnon vitirier au 18e siècle*, apresentado por Daniel Roche (Paris: Montalba, 1982), disponível em inglês como *Journal of My Life*, ed. Daniel Roche, trad. Arthur Goldhammer (Nova York: Columbia University Press, 1986); Robert Isherwood, *Farce and Fantasy, Popular Entertainment in Eighteenth-Century Paris* (Nova York: Oxford University Press, 1986); Arlette Farge, *La vie fragile. Violence, pouvoirs et solidarités à Paris au XVIIIe siècle* (Paris: Hachette, 1986).

Sobre mudanças na sensibilidade durante a última década do Antigo Regime, ver a dissertação inédita de Robert Darton, "Trends in Radical Propaganda on the Eve of the French Revolution (1782-1788)" (Universidade de Oxford, 1964); Darnton, *Mesmerism and the End of the Enlightenment in France* (1968; reimpressão, Cambridge, Mass.: Harvard University Press, 1970). Sobre dois dos mitos mais fortemente presentes na mentalidade dos franceses do século XVIII, ver Steven L. Kaplan, *The Famine Plot Persuasion in Eighteenth-Century France*. Transactions of the American Philosophical Society, n.s. v. 72, pt. 3 (Philadelphia: American Philosophical Society, 1982); Hans-Jürgen Lüsebrink e Rolf Reichardt, *Die Bastille. Zur Symbolgeschichte von Herrschaft und Freiheit* (Frankfurt-am-Main: Fischer Taschenbuch Verlag, 1990).

Há uma vasta gama de obras sobre os *cahiers de doléances* de 1789. Pode-se ler George V. Taylor, "Revolutionary and Nonrevolutionary Content in the *Cahiers* de 1789: An Interim Report", *French Historical Studies* (1972): 479-502; Gilbert Shapiro e Philip Dawson, "Social Mobility and Political Radicalism: The Case of the French Revolution of 1789", em *The Dimensions of Quantitative Research in History*, ed. William O. Aydelotte, Allan G. Bogue e Robert William Fogel (Princeton: Princeton university Press, 1972), p.159-91; Roger Chatier, "Culture, Lumières, doléances: les cahiers de 1789", *Revue d'Histoire Moderne et Contemporaine* 28 (1981): 63-93, disponível in inglês como "From Words to Texts. The *Cahiers de doléances* of 1789", em Chartier, *The Cultural Uses of Print in Early Modern France*, p.110-44; John Markoff, "Some Effects of Literacy in Eighteenth-Century France", *Journal of Interdisciplinary History*, 17, 2 (1986): 311-33.

As relações entre a esfera privada da existência e o espaço público são abordadas, de várias maneiras, por Reinhardt Koselleck, *Kritik und Krise. Eine Studie zur Pathogenese der bürgerlichen Welt* (Fribourg: Verlag Karl Albert, 1959; Franfurt-am-Main: Suhrkamp, 1976), disponível em inglês como *Critique and Crisis: Enlightenment and the Pathogenesis of Modern Society* (Cambridge, Mass.: MIT Press, 1988); Arlette Farge e Michel Foucault, *Le désordre des familles. Lettres de cachet des Archives de la Bastille* (Paris: Gallimard/Julliard, Collection Archives, 1982); Philippe Ariès e Georges Duby, eds., *Histoire de la vie privée*, 4 vs. (Paris: Editions du Seuil, 1986), v.3, *De la Renaissance aux Lumières*, ed. Roger Chartier (1986), disponível em inglês como *A History of Private Life* (Cambridge, Mass.: Belknap Press da Harvard University Press, 1987-1988), v. 3, *Passions of the Renaissance*, trad. Arthur Goldhammer; Sarah Maza, "Le tribunal de la nation: les mémoires judiciaires à la fin de l'Ancien Régime", *Annales E. S. C.* 42 (1987): 73-90; Maza, "Domestic Melodrama as Political Ideology: The Case of the Comte de Sanois", *American Historical Review* 94, 5 (1989): 1249-65.

SOBRE O LIVRO

Formato: 14 x 21 cm
Mancha: 23 x 43 paicas
Tipologia: Iowan Old Style 10/14
Papel: Chamois Fine Dunas 80 g/m² (miolo)
Cartão Supremo 250 g/m² (capa)
1ª edição: 2009

Edição de Texto
Thais Totino Richter (Preparação)
Geisa Mathias de Oliveira (Revisão)
Oitava Rima Prod. Editorial (Atualização Ortográfica)

Editoração Eletrônica
Oitava Rima Prod. Editorial